기독교 이해 그리고 삶

▸ QR코드를 활용한 실용적 안내

스마트폰 어플리케이션 QR Code Reader로 스캔하면 주 저자인 '이준우' 교수의 친절한 동영상 안내로 연결됩니다!

기독교 이해 그리고 삶

이준우 · 윤승태 · 김은우 공저

서현사

| 머리말 |

이 책은 기독교 대학에 재학하고 있는 학부 학생들을 위해 집필되었다.

대학은 학생들에게 학문 교수와 인격을 배양하는 과제를 안고 있다. 그래서 대학은 그 설립 목적에 부합한 교육이념을 설정하고 이에 준해서 인간 육성에 진력해야 한다. 이에 따라 당연히 기독교 대학은 기독교적 가치관을 바탕으로 해서 그 교육이념과 목적을 달성하기 위하여 최선을 다해야 한다. 실제로 우리나라에 있는 대부분의 기독교 대학들은 기독교 정신에 근거하여 설립되었다. 이렇게 설립된 기독교 대학들은 학생들에게 기독교를 효과적으로 전달함으로써 기독교적인 리더십을 실현하는 데 그 목적을 두고 있다. 그리고 이러한 설립목적을 이루기 위한 일환으로써 기독교 대학들은 채플을 운영하고, '기독교 이해' 혹은 '기독교와 현대사회' 등과 같은 이름으로 불리는 기독교 정체성을 함양하는 교과목들을 개설해놓고 있다.

그런데 문제는 적지 않은 학생들이 기독교 대학의 설립목적을 위해 운영하고 있는 채플과 '기독교 이해' 영역의 수업을 긍정적이고 적극적인 마음으로 수용하기보다는 부정적이고 소극적인 마음으로 '평가절하'하고 있는 것으로 나타났다. 그러한 학생들은 기독교인 학생이든, 비기독교인 학생이든 불만으로 가득 차 있고, 심지어 학교 당국이나 '교목실'에 대해 적대적인 마찰을 빚거나 갈등을 불러일으키는 경우도 있다. 그러나 우리는 대개 피교육자 과정 가운데 있는 학생들이 사회적인 경험이나 폭넓은 인간관계 혹은 자기성찰의 능력을 결여하고 있기 때문에 자신들의 교육과정 자체를 객관적으로 평가하기에는 미흡한 부분이 있음을 감안해야 한다. 오히려 그들의 마음을 이해하면서 예수님과 같은 마음으로 정성껏 그들에게 다가가야 한다. 채플과 '기독교 이해' 영역의 수업이 참으로 유익하고, 의미 있을 뿐만 아니라 흥미롭게 운영되어야 하는 것이다.

이렇게 '기독교 이해' 영역의 수업을 효과적으로 진행해 나가기 위해서는 우선 뛰어난 실력과 열정을 갖고 있는 교수진이 필요하며, 다음으로는 좋은 교재와 양질의 교육환경이 요구된다. 감사하게도 최근 기독교 대학들은 교육 환경에 대한 투자를 과거 어느 때보다도 많이 하고 있어서 교육 환경에 대한 염려는 크지 않지만 교수진에 대한 문제는 해결하기가 어려운 것이 현실이다. 이런 상황 속에서 '기독교 이해' 영역의 교과목을 효과적으로 운영하기 위한 가장 최선의 방법은 역시 '좋은 교재를 만드는 것'이라고 생각한다.

바로 여기에 본 저자들이 《기독교 이해 그리고 삶》을 집필한 이유가 있다. 기독교 대학에 재학하고 있는 학부 학생들에게 쉽고 재미있게 기독교를 이해하도록 노력해야 할 책임을 최선으로 감당하고자 비록 저자들의 능력은 부족하지만 의기투합하여 《기독교 이해 그리고 삶》이라는 제목의 이 책을 쓰고, 출판하게 된 것이다. 그래서 이 책이 사용되는 교육 현장마다 수많은 대학생들이 기독교의 진리를 바르게 깨닫고, 하나님을 향한 믿음을 가졌으면 하는 것이 저자들의 간절한 소망이며 기도제목이다.

교실은 교육이 실현되는 현장이다. 교실의 영성이란 바로 그 교육의 현장에서 하나님의 임재를 경험하고 의식하는 것을 의미한다. 적어도 '기독교 이해' 영역의 교과목을 '교수-학습'하는 우리의 교실만큼은 예수님이 앉아 계신다는 것을 생각만이 아니라 실제로 경험될 수 있어야 한다. 그러면 그 교실에서는 커다란 능력이 나타나게 될 것이다.

그 능력은 어떤 것일까? '기독교 이해' 영역의 수업이 진행되는 그 교실의 선생은 교수가 아닌 예수님이시다. 그리고 수업의 주인은 학생이다. 예수님은 학생을 정말 사랑하신다. 그래서 다른 수업은 몰라도 적어도 '기독교 이해' 영역의 이 시간은 예수님의 뜻을 전달하는 매체로서 교수가 그 역할을 다해야 한다. 이렇게 되면 선생이신 예수님은 지식에 얽매이지 않고, 진리를 추구할 것이다. 진리에 대한 깨달음과 행동하는 삶은 분리되지 않는다. 교실의 경계는 무너지고 생활 전체가 교실이 될 것이다. 답을 가르치기보다는 답을 얻을 수 있는 원리를 깨닫게 할 것이다. 어렵고 복잡한 학문적 용어 대신에 누구나 이해할 수 있는 쉬운 대화 가운데서 핵심을 찌르는 질문과 실천을 향한 부름이 있으며, 평생 잊혀지지 않는 유머와 교훈으로 감격할 것이다.

이 책에는 이런 예수님의 뜻이 고스란히 담겨지도록 노력하였다. 즉, 예수님이 지금 학생들 앞에서 말씀하시고자 하는 그 메시지가 책의 내용이 되고, 그것이 교수를 통해 강의되어 현실 속에 펼쳐져 학생들이 예수님을 통해 진정한 기독교를 알아가게끔 하는 것이 이 책이 세상에 나오게 된 가장 큰 이유다.

예수님은 정말 학생들과 '함께' 하셨고, '보여' 주셨으며 '제자' 삼으셨다. 학생들이야말로 그 교실의 주인공이다. 그 교실은 학생을 위하여 존재하는 것이다. 예수님의 교실에서 교수는 무엇인가? 그는 "와 보라!"라고 말한다. 교수는 학생들을 진리의 본체이신 예수님께로 인도하는 안내자일 뿐이다. 교수는 학생들을 향하여 서지 않고 학생들과 함께 서서 예수님을 바라본다. 그 교실의 교수와 학생은 겸손하고 정직하고 성실해야 한다. 그들은 질문에 함께 답하고, 부름에 함께 응해야 한다.

그런데 일반 대학과 마찬가지로 기독교 대학의 교실에서도 교수와 학생 간의 긴장이 매우 큰 것 같다. 그리고 상당히 지식 전달 중심의 교육으로 일관된다. 교수는 마치 지식 장사꾼 같은 느낌을 받는다. 요즘처럼 '대학구조개혁'이니 '대학의 혁신'이라고 하는 거대 이슈들이 난무하는 가운데에서 교수들은, 생존하기 위해 몸부림치며 살기에 '학생'의 발전과 성숙보다는 자신의 연구실적과 학생들의 강의평가에 모든 역량을 집중하고 있는 실정이다. 대학의 강의실과 연구실이 살벌해지고 삭막해져버린 지 오래되었다. 기독교 대학도 시류에서 벗어나지 못하고 있다. '기독교 이해' 영역의 강좌도 메마른 기독교 지식이 나열되는 잡화점과 같이 변모하고 있는 것으로 보인다.

기독교 대학의 교실마다, 아니 적어도 '기독교'를 가르치는 수업 현장에서라도 웃음이 자주 터져 나오면 얼마나 좋을까? 찬양하는 소리가 종종 복도로 흘러나오고, 기도와 신앙고백의 떨리는 음성도 간간히 들려왔으면 한다.

그래서 꿈꾸어 본다. 성경이 강의 중간 중간에 자주 인용되고, 교수 연구실의 문은 대체로 열려 있으며, 학생들이 자유롭게 드나드는 그날을 말이다. 교수들이 학생들과 교실에서, 연구실에서, 식당에서, 길에서도 대화하기를……. 또 교수가 높은 곳에 서서 백묵이나 보드마카를 들고, 큰소리로 말하기보다는 학생들과 함께 앉아서 질문하고 고민하기를……. 학생들도 언제나 질문할 수 있고 자기의 의견을 허심탄회하게 말할 수 있기를 바란다.

기독교적 이념을 갖고 있는 기독교 대학의 교실에서는 정직이 매우 중요하다. "하나님이여, 내 속에 정한 마음을 창조하시고 내 안에 정직한 영을 새롭게 하소서."라고 고백했던 시편 기자처럼 정직이야말로 영성에 따라 가장 민감하게 나타나는 현상이다. 그러나 교수들과 학생들은 정직에 대해서 너무도 무심하다. 왜 시험기간마다 책상과 교실 벽에는 빼곡히 깨알 같은 전공내용이 적혀져 있는지, 무척 속이 상한다. 왜 우리 교수들은 때때로 시험에 정직할 수 없었던 학생이 찾아와 고백하고 수정하는 일을 경험할 수 없는지 안타깝다. 정직은 단지 시험시간이나 출석, 과제제출 과정에서만 적용되는 것이 아니다. 학문 앞에서 위선을 벗어버리는 것까지 포함된다. 모르면서 아는 체하고, 혹시 무식이 탄로날까 침묵의 늪에 가라앉아버리는 것을 떨쳐버리는 것이다.

그래서 '기독교의 이해' 영역의 수업에서 이 책을 사용하는 교수들은 좀 더 소탈하고 친밀할 필요가 있다. 그들은 권위를 주장하기보다는 학생들에게 다가가려는 노력을 아끼지 말아야 한다. 그렇게 하면 학생들에게 권위를 인정받는다. 그들은 학생 위에 군림하기보다는 동료와 친구가 되려고 애써야 한다. 예수님이 우리의 강의실에 계신다면 교수와 하생 모두 겸손한 태도를 보이지 않을 수 없을 것이다. 지식의 근본이신 예수님 앞에서 누가 자기의 지식을 자랑할 것인가! 뿐만 아니라 겸손함과 동시에 온유함, 성실함도 잃어버릴 수 없다. 모두가 자발적이고 진지하게 서로를 배려하면서 진실한 예배의 자세로 교실에서 주님과 동행하게 될 것이다. 우리의 교실에 그런 영성이 종종 발견될 때, 기독교 대학은 희망이 있다.

기독교 대학의 교실은 교수와 학생 모두에게 광야와 같은 시험의 현장이다. 때때로 교실에서는 교묘하게 시험하는 뱀의 유혹에 노출된다. 예수님의 교실에서 발견되었던 약자에 대한 배려보다는 경쟁에 이긴 강자에 대한 칭송으로 가득 채워지기도 하고, 종교적 독선이 무자비하게 강요되기도 한다. 그러한 상황 아래서 어떤 비기독교인들은 신음하며 한숨을 짓는다. 기독교 신앙을 말하면서 삶이 엉망인 교수와 직원을 보며 기독교 대학이라는 이름이 무색해지기도 한다. 강의가 진행되는 교실의 뒤쪽에서는 아예 엎어져서 자는 학생들도 있고 인터넷의 즐거운 세계 속에 빠져든 학생들도 종종 눈에 띈다. 스마트폰으로 교실 밖의 세계와 접속하여 이런저런 많은 일을 하며 수업을 등한시하기도 한다.

학생들은 지식을 원하는 것이 아니라 진리를 원한다. 기독교 대학은 지금 위기와 도전의 시기에 직면해 있다. 굵은 베옷을 입고 눈물로 회개하며 나가지 않으면 더 이상 발전은 없다. 그 무엇보다도 이 책의 저자를 포함한 '기독교 이해' 영역의 수업을 목사로서 담당하는 교수들이 도덕성과 인격을 회복해서 학생들을 진리로 이끌어 가야 한다. 아이들을 더 사랑해야 한다. 주님처럼 학생들을 품어야 한다. 내 자식처럼 안고 가르쳐야 한다. 눈물로, 가슴으로 가르칠 때, 그들이 마침내 진정한 기독교인이 될 것이다.

이 책이 저자들이 꿈꾸는 기독교 대학과 기독교적 가치관으로 무장한 학생들을 배출하는 데에 실질적인 도움이 되었으면 한다. 이 책은 세 사람의 공저자에 의해 작성되었다. 제1부는 윤승태 목사, 제2부는 김은우 목사, 제3부는 이준우 목사가 초안을 만들었다. 그런 후에 이준우 목사가 처음부터 다시 꼼꼼하게 책의 내용을 다듬었다. 특히 각각의 장에서 차이를 보인 내용의 수준과 범위를 조정하고 문체와 문장, 단어 선정 등에 이르기까지 세 사람의 각기 다른 글쓰기 스타일을 일관되게 묶어내는 작업을 이준우 목사가 총괄하였다.

특히 유용한 자료들을 아낌없이 제공해주신 윤갑수 교수님, 박형순 교수님, 전철민 교수님의 지원에 감사를 드린다. 세 분 모두 정년퇴임하시면서 본인들이 사용하시던 원고와 자료들을 사용할 수 있도록 공저자들에게 허락해주셨다. 그 덕분에 이 책의 틀이 체계적으로 잡힐 수 있었고, 각 주제별로 성경적 통찰을 공저자들이 가지는 데 큰 도움이 되었다. 또한 전체적인 편집을 비롯해 교정과 교열작업을 충실하게 도와준 강남대학교 사회복지전문대학원 박사과정의 박종미 선생에게도 고마운 마음이다.

끝으로 하나님께 모든 영광을 올려 드린다.

2015년 2월

공저자를 대표하여 이 준 우

| 차례 |

제1부 창조는 시작이다

제1장 I 온 세상은 창조에서 출발한다

제2장 I 우리는 어떤 목적에 의해 창조되었는가?

제3장 I 우리에게 부여된 리더십이란?

제4장 I 우리는 만물을 보존해야 하는 의무가 있다

제5장 I 일은 하나님의 선물이다

제2부 인간의 타락은 무엇으로 치유 가능한가?

제6장 I 죄 때문에 자유롭게 살 수 없다

제7장 I 죄에 대한 회복 가능성은 있는가?

제8장 | 죽음은 존엄한가?

제9장 | 매개물로서 문화를 이해한다

제10장 | 행복은 어디에서 오는가?

제3부 기독교는 삶이다

제11장 | 이름뿐인 교회는 싫다

제12장 | 기독교 윤리에서 삶을 비춰 본다

제 1 부

창조는 시작이다

제1장
온 세상은 창조에서 출발한다

아이디
비밀번호
로그인

성경은 "태초에 하나님이 천지를 창조하시니라."는 선포로 시작된다. 여기서 창조는 흔히 쓰는 '창조'라는 단어와는 다르다. 우리가 '발견했다, 창조했다'라는 것의 의미는 새로운 것이 없다는 뜻이다. 성경에서 말한 것처럼 해 아래 새로운 것이 없고, 몰랐던 것이고, 발견 안됐던 것을 알았을 뿐이지 우리가 만들어내는 것이 아니다. 하나님께서 모두 만들어 놓으신 것을 인간이 그 후에 단지 발견했을 뿐이다. 그래서 흔히 사람들이 말하는 '창조'라는 말은 히브리어로 '아사(Asah, make)'라는 단어를 쓰는데 그 뜻은 유(有)에서 유(有)를 만드는 것이다. 즉 있는 것에서 있는 것을 만드는 것이다.

그런데 태초에 하나님이 천지를 창조하셨다고 했을 때 사용한 '창조'라는 단어는 '바라(**ארב**, Bara, create)'이다. 이는 무(無)에서 유(有)를 만들었다는 의미이다. 즉, 하나님이 천지 창조를 하셨을 때는 무(無)에서 유(有)를 만드는 창조라는 것이다. 인간이 만드는 창조는 유(有)에서 유(有)를 만드는 창조이고 하나님께서 만드시는 창조는 무(無)에서 유(有)를 만드는 창조이다. 예를 들면 태초에 하나님이 "빛이 있으라." 하시니 빛이 생겼다. 그 전에는 빛이라는 개념이 없었다. 우주 만물 모든 것은 무(無)였다. 그런데 하나님께서 해와 달, 우주를 만드신 것이다. 또 인간도 어떤 선(先) 물질로 있었던 것이 아니다. 하나님이 무(無)에서 유(有)를 창조한 것이 아담과 하와이다.

그러므로 이 세상 우주 만물은 우연히 생겨나 진화한 것이 아니라 하나님께서 분명한 계획과 뜻을 가지고 창조하신 하나님의 피조물이다. 그러므로 기독교 신앙은 하나님께서 태초에 천지 만물을 창조하셨다는 창조론을 믿는 데서부터 출발한다.

내용검색 검색

1. 보이지 않는 질서

우리 주변에는 보이지 않는 질서가 존재한다. 그러나 대부분의 사람들은 그 사실을 인식하지 못한다. 아니 우리가 속해 있는 지구와 우주 만물에 보이지 않는 특별한 질서가 존재한다는 사실 자체에 대하여 무관심하다. 그러나 우리가 조금만 관심을 기울이면 그 안에 놀라운 질서가 존재함을 곧 알게 된다.

우리가 살고 있는 지구는 생명이 존재할 수 있도록 태양과의 거리를 정확하게 유지하고 있다. 태양 표면을 떠난 빛이 지구까지 오는 데 걸리는 시간은 약 8분 19초다. 만일 태양과 지구의 거리가 조금만 가까워진다면 그 빛의 열에 의하여 극지방에 있는 얼음이 없어지고 생명체는 다 타 죽게 될 것이다. 또 조금만 멀어진다면 빛이 약하여 추워서 다 얼어 죽게 될 것이다.

태양은 지구보다 약 33만 2,000배가 더 크다. 과학자들의 계산에 따르면, 만일 태양이 지금보다 조금이라도 더 크면 그 중력에 의하여 지구를 비롯한 행성들이 태양에 끌려들어갈 것이고, 반대로 태양이 지금보다 작아지면 지구와 행성들이 일정한 거리를 유지하지 못하고 우주 공간으로 날아가 버릴 것이라고 한다. 지구의 자전과 공전의 속도가 얼마나 빠른지를 생각하면 태양과 지구 사이의 거리를 지금까지 유지하고 있다는 것이 신기하고 감사할 수밖에 없다. 분명한 것은 우주 안에 이 질서가 지금까지 유지되어 우리가 살고 있다는 것이다.

이와 같은 태양과 지구의 거리와 움직임 그리고 중력만 가지고 생명체가 살 수 있는 것은 아니다. 지구상에 존재하는 모든 생명체에게는 태양이 꼭 필요하다. 그런데 문제는 태양 표면에서 발생하는 폭발로 태양풍이 불면서 여러 가지 '고(高) 에너지'를 지닌 방사선들이 지구를 향해 온다는 점이다. 특히 자외선이 들어오는 경우는 치명적인 피해를 입게 된다. 이것들을 막아주지 못하면 지구상의 생명체는 다 죽는다. 그런데 대기권 가운데 성층권에는 오존층이 있어서 이 자외선으로부터 우리를 보호해주고 있다. 그리고 이러한 방사선들은 전부 지구로 오는 것이 아니라 사방으로 퍼져 약 20억분의 1만 지구에 도달한다. 그래서 지금까지 사람들이 살고 있다.

우리 가운데 공기의 중요함을 모르는 사람은 없다. 만일 공기의 무게가 똑같다면 인간이 살아갈 수 있을까? 저기압과 고기압이 없어서 공기가 순환하지 않을 것이고 산소의 움직임이 없어 산소를 공급받지 못하여 죽게 될 것이다. 뇌세포에 산소가 공급되지 않으면 의식을 잃어버리고, 모든 세포의 생리적 활동이 중단된다. 인간은 산소 없이 5분을 채 견디기 어렵다.

공기 중의 약 78%가 질소이며, 산소는 21%, 이산화탄소는 0.039%이다. 그 외에는 수소, 네온, 헬륨, 크립톤, 크세논, 메탄, 오존 같은 기체들로 모두 합쳐야 1% 정도이다. 공기 중에 질소의 양이 78%로 가장 많다는 것은 다행스러운 일이다. 산소가 더 많으면 산화반응[1)]이 과도하게 일어나거나, 화재가 발생할 경우 도저히 불을 끌 수 없을 것이다. 공기 중에 28%의 산소는 인간이 필요로 하는 적당한 양이라고 한다. 인간은 산소의 양이 적거나 많아도 살 수가 없다. 또한 이산화탄소가 많으면 동물들이 호흡하며 살 수 없을 것이다. 한편, 질소는 생명체에 있어 중요한 원소로, 생물의 몸을 이루는 단백질, DNA에는 질소를 포함하고 있다. 식물은 질소 비료가 있어야 잘 자란다. 이러한 질소는 지구를 구성하는 원소의 양으로 하면 30번째로 매우 적으나 왜 공기 중에 질소가 많게 되었는지는 현대의 과학으로도 설명하지 못한다(윤실, 2013).

우리가 '생명의 근원', '생명의 뿌리'라고 부를 정도로 중요한 물은 어디서 왔을까? 물은 수소와 산소 두 가지 원소로 구성된 간단한 화합물이지만 경이로운 존재다. 지구는 약 70%가 물로 덮여 있는데 우리 사람의 몸을 구성하는 성분 중에 물의 양도 약 70%이다. 사람이 더우면 땀을 흘려 몸속에 있는 열을 밖으로 방출하고 체온을 조절해주는 것이 물이다. 우리 몸속에 단 1~2%의 물만 부족해도 갈증을 느끼

1) 산화반응이란 철이 녹스는 것처럼 산소와 결합하여 산화물을 형성하는 반응을 말한다.

게 되어 다시 물을 보충하라는 신호가 온다. 그런데 물이 더욱 중요한 것은 식수뿐만 아니라 지구의 온도를 조절하고 있다는 사실이다. 다른 천체와 달리 지구가 생명체들이 살기 좋은 기온이 될 수 있었던 원인은 지구가 물을 가득 담고 있기 때문이다. 지구 표면의 전체 평균 기온은 14℃인데, 만일 화성처럼 지구 표면에 물이 없다면 지구 평균 기온은 영하 18℃로 내려가 생명체가 살기 어려워진다.

이처럼 우리 주변에서 일어나는 이 모든 현상들이 우연일까? 아니면 누군가 정한 질서는 아닐까?

2. 생명의 기원을 보는 두 가지 관점과 기독교적 관점

지구상에 생명체가 언제 어떻게 생겨났는가를 밝히는 일은 인류에게 있어 영원한 과제이다. 왜냐하면 과학기술이 매우 빠르게 발달하고는 있지만 생명의 기원에 대한 명확한 설명은 오늘날의 기술 수준에서의 분석이나 검증으로도 설명이 불가능하기 때문이다.

현재 지구상에는 약 150만 종이 넘는 다양한 생명체들이 존재하고 있다. 이제는 멸종되어 사라진 생명체들까지 포함하면, 우리가 살고 있는 이 지구에는 참으로 다양한 생명체들이 존재하고 소멸되었음을 알 수 있다.

인류가 시작되면서부터 이들 다양한 생명체들에 대한 연구가 이어져 왔다. 자연과학자들이나 생물학자들은 다양한 생명체들을 자세히 관찰하여 형태, 생리 · 유전적 특성에 따라 분류하기도 하고, 생명체들의 구조나 영양, 대사, 생식, 발생, 유전 등에 관해 연구하는가 하면, 환경이 생명체들에 미치는 영향이 무엇인지 살펴보고 연구하기도 한다. 이러한 연구 결과를 통해 생명이 있는 것은 매우 복잡하고, 정교하며, 물질대사를 하고, 환경에서 에너지를 받아 생명현상을 유지하며, 성장하고, 자신과 같은 자손을 번식한다는 점을 알게 되었다.

그런데 이러한 생명이 어떻게 존재하게 되었느냐는 기원 문제를 다룰 때는 사람들 사이에서 관점이 크게 엇갈린다. 관점이란 '세상이나 현상을 보는 눈'을 말한다. 세상을 보되 그냥 보는 것이 아니라 그 세상에 대한 지식과 경험이 인간의 사유, 감정, 의지 및 행위와 관련하여 주관적 · 사상적으로 소화해서 의미를 부여하고 그런 눈으로 세상이나 현상을 바라보는 견해이다. 그 속에는 우주의 근원, 본성, 인류의 본질과 의미, 인간의 생활태도에 대한 견해들이 들어 있고, 정치, 경제, 사회, 문화, 과학적 견해들도 스며 있다.

이러한 다양한 견해들 가운데서 만유와 생명의 기원에 대한 관점도 중요한 위치를 차지하고 있다. 생명의 기원에 관한 가장 대표적인 관점 중의 하나로, 다양하고 질서 있고 조직적인 생명은 처음부터 그 특이한 형태를 갖고 종류대로 초자연적인 계획에 의해서 창조되었다고 보는 관점이다. 또 다른 하나는 긴 세월 동안 자연적인 방법으로 무기물에서 시작하여 간단한 생명체로, 그다음 복잡하고 질서 있는 체제를 갖춘 고등생명체로 서서히 진화한 것으로 보는 관점이다. 전자를 '창조론적 관점'이라 하며 후자를 '진화론적 관점'이라고 한다. 같은 사물, 같은 화석 자료를 보더라도 그것을 관찰하는 사람의 관점에 따라 어떤 사람은 창조론적으로 해석하고, 다른 사람은 진화론적으로 해석한다. 사물을 보는 눈이 각자 다른 것이다.

1) 진화론적 관점

진화론적 관점은 생명의 시작이 우연히 자연적으로 생겨났다고 보는 견해로, 언제든지 과학적 증거에 의해 수정·보완될 수 있는 자연과학 이론을 토대로 한다. 진화론적인 관점에서 보면 생명의 시작은 원자들의 무작위적인 반응(random reaction)에 따라 무기물에서 간단한 생명체가 되었는데, 오랜 세월을 지나는 동안 형태와 기능이 변하여 처음에는 간단하고 하등한 생명체였던 것이 점차 복잡하고 정교한 고등생명체로 되어 오늘날 지구상에 다양한 생명체들이 있게 된 것이다. 진화되어 가는 과정을 실제로 관찰할 수는 없으므로 진화했다는 가정을 먼저 받아들이고, 진화요인을 설명하려는 다양한 이론과 가설을 제시하고 있다. 찰스 다윈(Charles Robert Darwin)이 1859년 《종의 기원》이란 책을 통해 자연선택에 의한 진화론을 제기한 후 19세기 말에서 최근까지 진화 과정을 설명해보려는 많은 이론들이 제안되고 있다.

진화론적 관점을 기반으로 하는 대표적인 학설 몇 가지를 소개하면, 먼저 다윈이 이야기하는 자연선택에 의한 진화론이 있다. 생물의 어떤 종(種)에서 개체 간의 변이가 생겼을 경우, 그 생물이 생활하고 있는 환경에 가장 적합한 것만이 살아남고, 부적합한 것은 멸망해버린다는 학설이다. 곧 개체 간에 경쟁이 항상 일어나고 자연의 힘으로 선택이 반복되는 결과, 진화가 생긴다고 하는 것이다. 다만 이 학설에서는 개체 간의 변이가 어떻게 생기느냐에 대해서는 설명하지 못하고 있다.

네덜란드의 식물학자 드 브리스(Hugo De Vries)는 1886년부터 달맞이꽃을 이용해서 재배 실험을 시작하여, 1896년에 멘델의 법칙을 재발견하였다. 이 과정에서 일곱 가지 종류의 새로운 형질을 가진 달맞이꽃을 발견하게 되는데, 다시 씨앗을 심어서 조사한 결과 이 형질들은 모두 유전된다는 사실을 알게 된다. 그는 이러한 관찰을 바탕으로 하여 1901년 '돌연변이설(The Mutation Theory)'을 주장하였다.

한편, 미국의 유전학자 도브잔스키(Dobzhansky)는 생물집단의 유전자 풀(gene pool, 유전정보의 총량)에서 유전자 돌연변이가 일어난 후 좋은 종(種)이 환경에 잘 적응해서 살아남는 자연 선택이 일어남으로써 새로운 생물 종(種)으로 진화한다고 했다(양승훈, 2012).

2) 창조론적 관점

창조론적 관점은 창조주 하나님의 초자연적인 지혜(intelligence)와 설계(design)에 의해서 처음부터 완전하게 다양한 생명체들이 만들어졌다고 보는 창조론을 기반으로 한다. 창조된 과정은 관찰한 사람도 없고 실험으로 반복해볼 수도 없는 것이어서 이 관점을 과학적 실험방법으로 증명할 수는 없다. 그렇다면 어떤 근거에서 다양한 생물들을 보고 창조되었다고 할까?

모든 생명체들은 매우 복잡하지만 질서가 있고 서로 조화를 이루며 살아가도록 되어 있다. 이러한 특성이 생명체들 속에 이미 자리 잡고 있음을 보면서 우리가 상상할 수 없는 창조주의 초자연적인 지혜와 설계에 의해서만 가능한 체계임을 확인하게 된다. 인간이 연구하고 관찰할 수 있는 것은 '사람은 사람을 낳고, 원숭이는 원숭이를 낳는다'는 사실이다. 다양한 생명체들이 존재하지만 유전학적 한계 내에서 같은 종(種)끼리만 교배하고 번식한다. 한 종(種)에서 다른 종(種)으로 이동되는 일이 없을 뿐 아니라, 유전 질서는 놀라울 만큼 엄격하게 유지되기 때문에 유전학적 한계 내에서의 변이와 다양성은 관찰되지만 유전자는 환경에 따라 쉽게 변하지 않는다.

예를 들면 많은 사람들은 올챙이에서 개구리가 되는 것이 진화라고 믿고 있다. 그러나 올챙이가 변해서 개구리가 된다고 해서, 다른 모든 생물들 또한 무엇인가가 진화해서 지금의 모습이 되었다고 주장하는 것은 모순이 있다는 것이 창조론의 견해다. 올챙이와 개구리의 서로 다른 점을 보면 올챙이는 지느러미가 달려 있고, 개구리는 지느러미 대신 앞다리와 뒷다리가 있다. 그리고 올챙이는 아가미로 숨을 쉬고, 개구리는 허파로 숨을 쉰다.

여기서 한 가지 짚어 보고 가야 할 사실이 있는데 '진화'란 오랜 세월에 걸쳐 하등한 구조가 훨씬 더 좋은 것으로 변해 간다는 이론이다. 어떻게 생각하면 개구리는 올챙이보다 더 발전한 진화된 생물이라고 볼 수 있다. 그러나 올챙이가 개구리 형태로 진화한 것이라면 다시 태어날 땐 개구리로 태어나야 하는데, 다시 올챙이로 태어난다. 발전한 개구리가 왜 다시 올챙이 알을 낳는 것인가? 마치 원숭이에서 한 단계 발전한 사람으로 진화해놓고서는 다시 원숭이를 낳는다는 말과 같다.

하지만 원숭이를 낳는 사람은 없다. 사람은 사람을 낳고, 원숭이는 원숭이를 낳을 뿐, 이 세상 어떤 곳에서도 사람이 원숭이를 낳는다거나 사람으로 진화해가는 과정에 있는 아주 똑똑한 원숭이가 사람을 낳았다는 말은 듣지 못했을 것이다. 이처럼 만일 올챙이가 오랜 세월에 걸쳐 개구리로 진화했다면 개구리를 낳아야지, 다시 올챙이를 낳지는 않을 것이다. 만일 올챙이가 그토록 오랜 세월에 걸쳐 개구리로 진화해온 게 사실이라면, 오늘날에는 이미 올챙이를 찾아볼 수 없어야 할 것이다.

그런데 우리는 올챙이와 개구리를 다 함께 볼 수 있다. 만약 아직까지도 올챙이가 개구리로 진화해가는 단계이므로 두 가지가 다 있는 것이라면, 당연히 올챙이와 개구리의 중간 단계 생물도 있어야 한다. 그러나 그런 생물은 없다. 예전이나 지금이나 올챙이로 태어나서 개구리로 변하는 성장과정이 끝없이 되풀이될 뿐이다. 사람이 아이로 태어나서 어른이 되듯, 창조주 하나님께서는 올챙이가 자라 개구리가 되도록 처음부터 의도하셔서 창조하신 것이다. 그렇기 때문에 수백 년, 수천 년이 지난다 해도 그 똑같은 과정을 반복할 뿐, 진화론자들의 주장처럼 다음 단계로 변해가는 것이 아니다(양승훈, 2012).

한마디로 창조론적인 관점은 처음부터 모든 생명체는 창조된 것이라고 보는 것이 과학적 관찰 및 실험들과 일치하는 합리적인 견해라고 강조한다. 최근 유전학과 분자생물학이 급속도로 발전하면서 염색체 속에 있는 유전인자들의 유전암호를 해독하게 됨으로써 유전정보가 모든 생물의 세포

속에 들어 있다는 것을 밝혀냈다. 이것은 유전정보를 계획하고 설계한 창조주가 있음을 명백하게 나타낸 것이라고 할 수 있다. 정보의 입력 없이는 어떠한 정보도 나올 수 없다는 것이 정보과학의 기본 상식이기 때문이다.

3) 기독교적 관점

기독교 신앙은 이 우주와 인간은 하나님께서 창조하신 것으로 믿는 종교이다. 기독교 신앙인은 왜 창조론을 지지하는 것일까? 창조론에서는 모든 사물의 움직임과 결과에 어떤 원인이 있다. 저절로 움직이는 것이라든가 혹은 저절로 된 결과란 없다는 것이다. 이런 전제로 모든 움직임과 결과들의 원인을 추적해 올라가면, 최초의 원인이 있는데 그것을 '제1원인(第一原因)'이라고 한다. 그리고 최초로 움직이게 하신 분이 있게 된다.

그리고 이 세상의 모든 사물은 나름대로 완선성(完全性)을 갖고 있는데 그 모든 것을 뛰어넘는 가장 완전한 것이 존재하게 된다. 그리고 우리 인간은 지성을 갖고 있는데 우리 인간에게 지성을 주신 분이 존재하게 된다. 이렇게 제1원인, 최초의 원동자(原動者), 가장 완전하신 분, 그리고 최고의 지성(知性)을 갖추신 분이 있음으로서 그분에 의해 이 세상의 모든 사물과 우주의 법칙이 생겨나게 되었다고 보는 것이다.

우리가 부모에게서 생명을 받았듯이 부모는 또한 그 위의 부모에게서 생명을 받았다. 이렇게 추적해 올라가면 최초의 부모가 있게 되는데 그 최초의 부모는 저절로 생긴 것이 아니라, 존재 자체이신 하나님에게서 존재(存在)를 받은 것이다. 그러므로 이 세상의 모든 생물과 자연물, 인간 존재들의 움직임과 성장 등을 보면 그러한 움직임과 성장에 일정한 법칙을 주신 분이 계셔야만 이 문제를 해결할 수 있는 것이다.

그러므로 진화론자들의 견해처럼, 모든 것이 자연발생적이며, 최초의 작은 생물체로부터 진화하여 발전된 것이라는 것에 기독교 신앙인은 동의할 수 없는 것이다. 그 최초의 작은 생물체야말로 바로 하나님이 창조하신 것이다. 그리고 하나님은 이 세상 만물에 이렇게 일정한 존재의 법칙을 주심으로써 만물을 움직이시고 성장하며 완성에 이르게 하신다. 하나님의 창조는 이러한 방식으로 지금도 진행 중인 것이다. 하나님의 창조는 일회적으로 끝난 것이 아니라 지금도 하나님께서 최초의 창조 때에 심어 주신 목적에 따라 지금도 진행 중이다.

기독교의 입장에서 볼 때, 이러한 움직임의 목표는 궁극적으로는 예수 그리스도를 통한 하나님께로 향하여 모든 사물은 성장하고 완성해가는 단계에 있는 것이다. 그러므로 우리는 하나님에 의한 최초의 창조와 만물은 자기완성(自己完成)을 향한 성장의 과정에 있다는 것을 인정함으로써 올바른 세계관을 갖고 자기완성의 길을 가야 할 것이다.

3. 인간 창조의 목적과 한계

1) 인간 창조의 목적

성경에서 하나님께서는 엿새 동안 최선을 다해 우주 만물을 창조하신 후 제일 마지막으로 인간을 창조하셨다. 그리고는 그 전에 창조하신 모든 것들을 다 인간에게 맡겨 주셨다. 여기서 우리는 매우 중요한 사실 하나를 발견할 수 있는데 그것은 하나님께서 이 우주 만물을 우리 인간을 위하여 창조하셨다는 사실이다.

하나님은 우리를 위하여 세상을 창조하셨다. 하나님은 해와 달과 별을 우리 인간을 위하여 창조하셨다. 땅과 바다와 하늘, 그리고 거기에 충만한 모든 것들을 다 우리 인간을 위하여 창조하셨다. 그와 같은 것들은 하나님께 필요한 것이라기보다는 모두가 다 우리 인간에게 필요한 것들이다.

다시 말해 창조의 중심과 목적이 하나님이시라기보다는 오히려 우리 인간에게 있으며, 우리 인간을 향하신 하나님의 깊은 사랑을 깨닫게 된다. 하나님은 우리 인간을 위하여 우주 만물을 창조하셨다. 그리고 우리 인간은 하나님을 위하여 창조되었다. 그러므로 창조의 중심과 목적은 인간이요, 인간의 중심과 목적은 하나님이시다.

> 하나님이 그들에게 복을 주시며 하나님이 그들에게 이르시되 생육하고 번성하여 땅에 충만하라, 땅을 정복하라, 바다의 물고기와 하늘의 새와 땅에 움직이는 모든 생물을 다스리라 하시니라. (창세기 1:28)

하나님은 인간을 하나님이 창조하신 모든 만물의 선한 관리자로서 창조하셨다. 우리 인간은 하나님이 우리에게 주신 능력과 권한을 가지고 하나님이 창조하신 모든 만물들이 다 편안히, 그리고 안심하고 잘 살아갈 수 있도록 늘 돌보아주고 보살펴주어야만 한다. 그것이 우리 인간의 본분이다. 요즘 많이 이야기되고 있는 환경운동 생명사랑은 요즘 와서 부각되는 개념들이 아니라 창조 때부터 우리 인간들에게 부여되었던 본래 사명이라는 사실을 알아야 한다.

세상의 주인은 하나님이시다. 그러나 하나님은 이 세상의 관리자로 우리 인간을 임명하셨다. 하나님은 우리에게 세상을 관리할 수 있는 권한과 관리해야만 하는 책임을 주셨다. 관리를 하되 우리가 주인이 아니기 때문에 우리는 우리 마음대로 관리해서는 안 된다. 하나님이 주인이시기 때문에 하나님의 뜻대로, 그리고 하나님의 영광을 위하여 세상을 관리해야 한다. 그것이 우리 사람의 본분인 것이다.

또한 하나님의 인간 창조에서 가장 중요한 면이 있다면,

그것은 하나님께서 우리 인간을 자신과 대화할 수 있는 인격체로 창조하셨다는 것이다. 인간 외의 모든 피조물들은 그저 하나님이 명령하시면 그대로 따르는 존재들이지만, 인간은 하나의 인격체로 창조하셨다는 것이다. 그러므로 우리 인간의 존재 의미와 목적은 바로 하나님과의 대화와 교제에 있다.

2) 인간의 한계

> 누가 손바닥으로 바닷물을 헤아렸으며 뼘으로 하늘을 쟀으며 땅의 티끌을 되에 담아 보았으며 접시 저울로 산들을, 막대 저울로 언덕들을 달아 보았으랴. (이사야 40:12)

이 성경 구절의 의미를 살펴보면 첫째, 어떤 인간이 손바닥으로 바닷물을 헤아릴 수 있겠느냐는 것이다. 이것은 인간의 한계와 동시에 하나님의 위대하심을 보여주고 있다. 지금 여러분의 손을 펴서 보라. 두 손으로 어떻게 바닷물을 다 뜰 수 있겠는가? 이사야 선지자는 인간의 손으로 하나님을 재보려고 하는 어리석음을 이야기하고 있다. 그리고 하나님은 이렇게 크신 분이심을 말하고 있다.

둘째, 누가 뼘으로 하늘을 잴 수 있겠느냐는 것이다. 수많은 별들이 떠 있는 하늘을 뼘으로 어떻게 재겠느냐는 것이다.

셋째, 누가 되에다 땅의 흙을 다 담아 보겠느냐는 것이다. 모두 다 인간의 힘으로는 불가능하다는 것이다.

넷째, 저울로 산들을 달아보겠느냐는 것이다. 큰 저울, 작은 저울로 산을 어떻게 잴 수 있냐는 것이다. 하나님에 대한 인간의 생각, 관점은 이렇게 어리석고 제한적일 수밖에 없다. 눈을 감고 세상을 보려는 것과 마찬가지이다. 하나님은 이렇게 위대하시고 상상할 수 없이 크신 분인데, 우리는 신이 되려고 하고, 인간이 하나님처럼 되려고 한다. 그 결과 하나님에 대하여 이해할 수 없고 어리석은 사상을 갖게 되었다.

4. 특별한 존재로서의 인간

1) 인간은 특별한 존재

삶의 참행복은 가치 있는 것을 소유하는 데 있는 것이 아니라 자신의 삶과 존재가 가치 있게 존재하는 데 있다. 진화론은 우리의 존재의 의미와 목적에 대하여 해답을 줄 수 없다. 따라서 진화론적인 사고를 하면서 살아가는 사람은 필연적으로 자신의 존재 가치를 이해할 수 없게 된다. 자신의 존재 가치를 생각할 수 없기 때문에 그는 소유 가치로 그것을 대신하며 살 수밖에 없다.

그러므로 진화론에 따라 사는 사람들은 삶의 의미와 목적을 좀 더 인간답게 존재하는 데 두고 살지 못하고 좀 더 가치 있다고 스스로 생각하는 것들을 소유하는 데 두고 살 수밖에 없다. 소유에 대한 욕심이 온갖 죄의 뿌리가 된다. "욕심은 죄를 낳고 죄는 결국 사망을 낳는다."고 성경은 말씀하고 있는데, 그 모든 것의 뿌리가 진화론에 있다는 사실을 우리는 간과해서는 안 된다. 이것이 바로 진화론의 치명적인 문제이다.

창조론은 전능하신 창조주 하나님이 뜻과 기대를 가지고 나를 특별한 피조물로 지으셨다고 믿는다. 그러므로 나는 이 땅에 존재해야 할 이유를 가지고 태어난 존재이며, 목적을 가지고 태어난 의미 있는 존재임을 믿는다.

그러므로 나에게는 '나는 절대로 하찮은 존재가 아니다'라고 하는 분명한 자긍심과 자존심이 있다. 그것은 교만과 다르다. 가치 있는 것을 소유할 때보다 내 자신이 가치 있는 존재가 될 때 사람은 진정한 기쁨과 행복을 느낀다. 좀 더 가치 있는 존재에 대한 선한 욕심을 가지고 사는 사람은 소유에 대한 욕심으로부터 자유로울 수 있다. 자연히 죄에서 멀어지는 삶을 살 수 있다. 나를 향하신 창조주 하나님의 뜻과 기대를 물으며 그 뜻과 기대를 깨달아 그것을 이루기 위하여 노력하고 기도하며 하루하루 살아간다면, 그 삶은 방황하는 삶이 아니라 푯대를 향하여 열심히 달려가는 삶이다.

2) 창조주 하나님과의 만남

하늘의 별을 보듯이 창조주 하나님을 만나 보라. 하나님은 위대하신 분이다. 그분은 세상의 우상과 형상보다 크신 분이요, 그분은 세상의 모든 정치와 군사 권력보다 크신 분이요, 이 세상에 무엇과도 바꿀 수 없고 누구와도 비교할 수 없는 분이다. 그분은 우주를 창조하신 분이며 티끌과도 같은 나의 이름을 불러주시는 분이다. 누구에게도 말할 수 없는 고민을 아시는 분이요, 내 숨소리, 신음소리를 들으시는 분이다. 이것이 가능한 것은 그분이 창조주 하나님이시기 때문이다. 우리 하나님은 양떼를 인도하시는 분이며 병든 양은 품에 안고 다니시는 분이다. 갓 새끼를 낳은 양을 특별 관리하시는 분이다. 세상의 그 누구와도 비교할 수 없는 분이며, 누구와도 하나님을 비교할 수 없다. 하나님은 하늘의 별을 지으신 분이다. 그 별들도, 세상의 모든 것들도 이름을 부르시는 분이다. 여러분이 죽을 것같이 힘들고 계획이 다 망가졌을 때 눈을 감고 하늘의 별을 생각하라. 이 별 하나하나를 만드신 하나님, 이 별을 두기 위해 창공을 만드신 하나님, 그 하나님께서 만물을 만드시고 우리의 이름을 기억하신다. 이 하나님을 생각하라. 그럴 때 하나님의 능력이 내 안으로 들어오기 시작하며, 하나님의 복이 임하기 시작한다.

TALK

1. 창조론과 진화론에 대하여 어떻게 이해하고 있는가?
2. 기독교에서 말하는 창조란 무엇인가?
3. 우리가 알고 있는 사람들 중 창조론적인 삶과 진화론적 삶을 사는 사람들에 대하여 이야기해보자.

제2장
우리는 어떤 목적에 의해 창조되었는가?

여러분들 스스로 자기 자신에게 질문을 해보기 바란다. 여러분은 자신의 삶의 목적을 아는가? 삶의 목적이 무엇인가? 대답하기가 쉽지 않을 것이다. 솔직히 말해 우리는 삶의 목적을 알 수 없는 존재이기 때문에 잘 모르는 것이 맞다. 하루 앞도, 아니 한치 앞도 내다보지 못하는 우리가 삶의 목적을 어떻게 알 수 있겠는가? 그렇다면 다시 질문해보자. 왜 삶의 목적을 모르는가? 그 이유는 자명하다. 인간이 어떻게 해서 존재하게 되었느냐를 모르면 삶의 목적을 알 수 없기 때문이다.

성경은 세상과 인간의 역사를 다스리시는 우주 만물의 창조주 하나님을 분명하게 소개하고 있다.

> 태초에 하나님이 천지를 창조하시니라. (창세기 1:1)
> In the beginning God created the heaven and the earth. (Genesis 1:1)

구약성경 창세기는 'In the beginning'으로 시작한다. 'Beginning', '태초' 즉, 시작이다. 좀 더 확실하게 번역하면 '시작점'이라는 말이다. 그러니까 하나님이 계셔서 하나님이 시작하셨을 때, 무엇을 시작하셨을 때인가? "하나님이 천지를 창조하시니라." 이 말씀 자체가 'big bang'이다. 큰 힘(power)을 가지고 있다. 하나님이 계시지 않으면 태초가 있을 수도 없다. 또 하나님이 계신다고 하더라도 하나님이 창조를 하시는 분이라야 태초가 있을 수 있다.

1. 인생의 목적

우리가 인생의 목적을 이해하려면 하나님이 왜 나를 창조하셨는지, 바로 창조의 목적을 이해해야 한다. 자동차 공장에서 왜 자동차를 만들어내는가? 컴퓨터 공장에서 컴퓨터를 만들어내는 까닭은 무엇인가? 목적이 있다. 그렇다. 그 복잡한 자동차나 기계를 만들어내는 데는 분명한 목적이 있다. 우리 인간처럼 정교하고 복잡한 기계가 없는데 그것은 그만큼 정교함을 요구하는 목적이 있다. 정교할수록 그 목적 자체가 정교하다. 구조 자체가 단순할수록 그 목적도 단순하다.

가령 나무 몽둥이를 볼 때, 그것에 구조가 있는가? 몽둥이는 아주 단순하게 생겼다. 왜 그런가? 목적이 때리는 단순한 것이니까 복잡할 것 하나 없다. 그러나 복잡한 임무를 수행할 목적으로 창조된 존재는 그 구조 자체가 복잡하고 정교하다. 정교한 임무를 수행해야 된다. 그러니까 우리는 창조주가 창조할 때 우리가 이 세상에서 알고 있는 그 어떤 것보다도 정교하도록 만드셨고 그 목적으로 창조된 것이 분명하다.

성경에 기록된 것처럼 “태초에 하나님이 천지를 창조하시니라.”는 뜻은 인간뿐만 아니라 천지까지도 다 창조하셨다는 것이다. 하늘에도 목적이 있고, 땅에도 목적이 있고, 그 속에 하나님이 창조해놓으신 모든 생물체들이 다 목적이 있다는 것이다. 사실 우리가 생물학을 연구해보면 하찮은 벌레 하나까지도 각자 맡은 부분이 다 있다. 창조 속에는 목적이 있다. 우리는 우리 삶의 목적을 이해하기 위해서 하나님이 왜 우리를 창조하셨는지 창조의 목적부터 알아야만 거기서부터 우리 삶의 목적을 찾아갈 수 있다.

하나님이 왜 창조하셨을까? 성경에는 하나님께서 왜 사람을 창조하셨는지 그 이유가 나온다. 하나님이 왜 창조하셨다고 생각하는가? 혹시 우리가 마음 놓고 ‘서로서로’ 부족하고 불안전한 사이들이지만 ‘서로서로’의 불안전함을 감싸주면서 함께한다는 것이 참 행복한 일이라는 것을 가정이나 공동체에서 느껴본 적이 있는가?

> 여호와 하나님이 이르시되 사람이 혼자 사는 것이 좋지 아니하니 내가 그를 위하여 돕는 배필을 지으리라 하시니라.
>
> (창세기 2:18)

성경에는 하나님의 창조 목적을 혼자 살지 말고 배필을 정해 함께 살도록 하기 위해서라고 강조한다. 혼자 지내지 못하도록 하기 위해서라는 말은 ‘사랑을 줄 대상을 생기게 하기 위하여’라는 뜻이다. 사랑을 줄 대상을 창조하기 위해서이다. 사랑을 준다는 것이 가장 좋기 때문이다. 목적은 목적 자체를 이루는 것이 나에게 좋은 것이 되어야 한다. 나는 이거 하는 게 참 좋다, 너무 너무 좋다가 진짜 목적이다.

하나님께서 인간을 창조하신 것은 사랑을 주기 위해서이다. 그러면서 하나님의 인간에 대한 목적은 무엇인가? 하나님 자신이 행복하기 위해서이다. 그렇지 않을까? 사랑을 주시면서 행복하기를 좋아하는 그 창조주가 나를 창조하셨을 때 나에게 무엇을 바라겠는가? 행복하기를 바라는 거다. 어떻게 행복하기를 바라겠는가? 하나님이 아는, 가장 행복할 수 있는, 진짜 행복할 수 있는 방법으로 행복한 것을 원하신다. 바로 사랑을 주는 거다. 받아주건 안 받아주건 사랑은 주는 것 그 자체가 행복하다는 것을 하나님께서는 아신다. 하나님께서 인간에게 무엇을 바라시겠는가? '너도 내가 행복한 것처럼 행복하라'는 것이다.

'하나님이 행복한 것처럼 행복하라'는 것은 참 의미 있는 말이다. 돈을 많이 벌어서 행복하라가 아니고, 출세해서 행복하라는 것이 아니고, 자존심을 살려서 행복하라가 아니고, 권력을 잡아 행복하라도 아니다. 사랑을 주면서 행복하라는 것이다. 이것이 우리 인생의 진짜 목적이다. 하나님처럼 사랑하는 것이 무엇인가를 체험한 사람은 인생의 목적이 분명해진다. 내가 다른 사람을 사랑하되 하나님처럼 사랑하게 될 때 우리는 인생의 목적이 무엇인지를 알게 된다.

> 오직 너희는 원수를 사랑하고 선대하며 아무것도 바라지 말고 꾸어 주라. 그리하면 너희 상이 클 것이요. 또 지극히 높으신 이의 아들이 되리니 그는 은혜를 모르는 자와 악한 자에게도 인자하시니라. (누가복음 6:35)

예수님의 이 말씀의 의미는 너희는 원수를 사랑하고 선하게 대하며 악을 악으로 대하지 말라는 것이다. 저 사람도 나에게 나쁘게 대했으니 나도 저 사람에게 나쁘게 한다는 것은 악을 악으로 대하는 것이다. 사람들은 원수를 미워한다. 미워하면서 자신을 사랑하는 사람만을 사랑한다.

그러나 이것은 하나님처럼 사랑하는 것은 아니다. 내가 그렇게 은혜를 끼쳤는데도 나를 무시하는 그 사람을 사랑해볼 때에, 나도 하나님처럼 사랑할 수 있는 것 같이 사랑할 수 있구나라고 할 때, 내 삶의 목적이 확실해진다. 내가 어떻게 살아야 되는지가 확실해지는 것이다. 예수님께서 〈누가복음〉 6장 35절에 하신 말씀은 결국 무엇을 의미하는가? 그것은 하나님께서 사람들을 행복하라고 창조하셨으니 이렇게 하면 행복한 길인 것을 우리에게 가르쳐 주고 있는 것이다.

2. 아름다운 삶의 향기

1) 손양원 목사님의 삶

전남 여수 애양원에 가면 '사랑의 원자탄'이라고 불리는 손양원 목사님의 기념관이 있다. 2층인데 상층에는 손양원 목사님의 유품이 가지런히 정리되어 있다. 그 가운데서 눈에 띈 것은 한 장의 헌금 봉투다. 폭도들에게 두 아들을 잃고, 오히려 감사헌금을 한 증거물이다. 거기에는 순교자를 둘이나 주신 하나님께 감사하는 글귀와 함께 '일만원야'라는 액수가 적혀 있다. 일만 원을 헌금한다는 말이다.

당시 손양원 목사님의 월 사례금이 50원쯤이었는데 200개월 월급을 감사헌금으로 낸 것이다. 여기서 중요한 것은 액수가 아니라 손양원 목사님의 마음일 것이다. 1948년 10월 여순사건 발생 당시 손 목사님의 두 아들 '동신'과 '동인'은 공산당원들에게 살해당한다. 그러나 손 목사님은 '원수를 사랑하라'는 기독교 가르침에 따라 자신의 두 아들을 폭행해 숨지게 한 공산당원을 용서하고 양아들로 삼았다. 그리고 손 목사님은 한센병 환자들이 있는 애양원에서 그들을 돌보며 목회를 하다가 6 · 25 전쟁이 한창이던 1950년 9월 공산군에게 체포돼 여수시 미평동에서 총살당하며 48세로 짧은 생을 마감했다.

2) 이태석 신부님의 삶

2010년 9월 개봉한 한편의 다큐멘터리 영화는 최근까지 많은 사람들에게 감동과 눈물을 주고 있다. 바로 고(故) 이태석 신부의 생애를 그린 영화 '울지마 톤즈'이다. 이 종교 다큐멘터리 영화는 이례적으로 30만 관객을 돌파해 눈길을 끌었다. '울지마 톤즈'는 2010년 4월 방송한 'KBS스페셜-수단의 슈바이처'를 영화로 편집한 작품으로 2001년부터 아프리카 수단의 작은 마을 톤즈에서 의사이자 교사로 봉사활동을 펼치다가 2010년 1월 세상을 떠난 이태석 신부님의 생애를 그린 영화이다. 왜 많은 사람들이 이 영화를 보면서 감동을 받았을까? 그것은 이태석 신부를 통해 사람이 사람에게 창조의 목적대로 사랑하고 희생하면 거룩한 꽃과 향기가 된다는 것을 보여주었기 때문이다.

3. 행복의 조건

우리가 말하고 사는 모든 것에 창조의 목적이 묻어 있어야 한다. 내가 하는 것 모든 것은 불완전한 것이기 때문이다. 내가 거하는 삶에 진정한 창조의 의미인 사랑이 들어가야 완전할 수 있다.

우리의 가족관계도 마찬가지이다. 집, 자동차, 직업, 유명세가 있다고 가족이 행복할 수 있는가? 스펙이 화려해야 행복해질 수 있을까? 결혼의 조건이 좋으면 행복할 수 있을까? 아니다. 사람에게는 창조의 목적대로 살아갈 때, 진정한 행복을 누릴 수 있다. 창조의 목적인 사랑이 있어야 한다. 부모와 자녀 사이에도 사랑이 있을 때, 그 가정은 행복해지는 것이다. 우리 사회도 마찬가지이다. 국민 총생산(GNP)이 올라가고 각종 경제지표가 좋아져야 행복해지는 것이 아니다. 우리 사회에 사랑이 흘러야 한다. 정치에도 사랑이 필요하고, 교육에도 사랑이 필요하고, 경영에도 사랑이 필요하다.

지금 우리의 모든 영역에 진정한 창조의 의미가 회복되어야 한다. 바로 하나님처럼 사랑할 수 있는 실천이 필요하다.

진정한 사랑을 실천해 나갈 때, 내 주변의 세상이 달라지는 것을 경험하게 될 것이다. 그것이 바로 진정한 삶의 행복이 아닐까?

TALK

1. 창조의 목적에 대해서 생각해보자.
2. 손양원 목사님과 이태석 신부님의 자료나 영상을 찾아 조사해보고, 느낀 점을 나누어 보자.
3. 우리 주변에서 그리스도인으로서 참사랑을 실천하고 있는 분들을 찾아 조사한 후 발표해보자.

제3장
우리에게 부여된 리더십이란?

리더십(leadership)을 하나의 학문분야로 개척한 제임스 맥그리거 번즈(James McGregor Burns)는 "리더십은 지상에서 가장 많이 언급되면서도 가장 이해가 부족한 현상이다."라고 말했다(조중빈 역, 2006). 그의 말은 옳다. 왜냐하면 '리더십'이라는 말만큼 많이 회자되고 있으면서도 실제로는 가장 제대로 하기 어려운 일이 흔치 않기 때문이다.

오늘날의 사회 문제에서 가장 크고 심각한 문제는 무엇인가? 그것은 참다운 리더십의 부재이다. 이와 같은 부족한 리더십의 심각한 문제에 대해서 존 스토트(John Robert Walmsley Stott) 목사님은 다음과 같이 말했다(정옥배 역, 2011).

"많은 사람들이 이제 세계가 종말을 향해 치닫고 있다고 말합니다. 그러나 그것을 어떻게 피해야 할지를 가르쳐 주는 사람은 매우 적습니다. 기술적인 지식은 세상에 가득하지만 현명한 지혜를 가진 사람은 너무나도 부족합니다. 그래서 현대인들은 혼란에 빠져서 당혹해하며 소외감을 느끼고 있습니다."

성경에 나오는 예수님의 비유를 빌리자면 현대인들은 "목자 없는 양떼"와 같다. 참된 리더가 부족하다는 것은 전 세계적으로 심각한 현상이다.

그런데 아이러니하게도 우리가 살고 있는 이 사회는 정치, 사회, 경제, 교육, 언론, 종교 등 어느 분야를 막론하고 수많은 리더들을 배출하고 있다. 그 리더들이 사회가 당면한 문제들을 풀어가며, 리더를 중심으로 생활 질서를 유지하고 경영 관리를 하고 있다. 하지만 우리가 살고 있는 사회 집단은 리더에 의해서 행동 질서의 기준이 주어질 때 일의 능률과 효율이 나타나며, 리더를 정점으로 하여 각자의 역할과 방향을 추구하고 있다. 그러나 오늘 우리의 상황은 여러 위기 앞에서 정확한 방향을 알고, 올바르게 지도할 수 있는 참다운 리더를 극히 찾아보기 어려운 실정이다.

그럼에도 우리 사회는 모든 상황들 가운데서 더 안목 있고, 더 용기 있고, 더 헌신적이고, 더 신실한 리더들을 요구하고 있다. 한편 리더십에는 많은 종류와 수준이 있다. 리더십은 세계적인 소수의 정치가에게만 국한되는 것이 아니고, 국가의 최고 관리층에 한정되는 것도 아니다. 리더십은 어떤 사회이든지 다양한 형태로 존재하며, 다양한 사람들이 각자의 분야에서 리더로 책임을 갖는다.

이렇게 '리더십 부재'의 시대 속에서 진정한 리더의 모습은 어떤 모습이어야 할지를 성경적인 입장에서 생각해보자.

1. 기독교적 가치관을 실현할 수 있는 효과적인 리더십

1) 리더십이란 무엇인가?

리더십의 의미는 너무도 다양하고 넓기 때문에 그 뜻을 정확하고 간결하게 정의하기는 쉽지 않다. 그럼에도 리더십의 기본적인 의미를 정의하면 다음과 같다.

> "리더십이란 사회(조직)의 구성원들이 공동의 목표를 실현하기 위해 열정적으로 일할 수 있도록 영향력을 행사할 수 있는 리더의 능력이다."

날로 다양하고 복잡해져가는 현대사회의 메커니즘 속에서 사람들이 한마음으로 힘을 합쳐 공동의 목표를 향해 열정적으로 노력할 수 있도록 영향력을 발휘하는 일은 쉽지 않다. 그러한 리더십을 발휘하기 위해서는 리더 자신의 정체성을 먼저 확립해야 한다. 현대사회에서 사람들에게 영향력을 발휘하기 위해서는 학습을 통해 배운 리더십의 기술만 가지고는 그들을 움직일 수 없기 때문이다. 그러므로 중요한 것은 리더십의 기술이 아니라 리더 자신의 정체성이 영향력의 핵심 요소가 된다. 사람들은 자신을 인격적으로 존중하고 사랑으로 배려하는 리더를 존경하고 따르기 때문이다.

2) 리더는 누구인가?

'리더는 누구인가?' 이 질문은 리더의 정체성을 확인하기 위한 것이다. 이 질문에 답하기 위해서는 다음의 질문들에 대한 답을 할 수 있어야 한다.

(1) 나는 누구이며 왜 존재하는가?

리더는 자기 자신이 이 세상에서 가장 중요한 존재라는 사실을 확신할 수 있어야 한다. 하나님께서는 모든 사람을 각각 세상에서 유일하고 독특한 존재로 만드셨다. 그리고 각 사람에게 그 사람만의 특별한 존재의 목적과 사명, 재능을 부여하셨다. 그러므로 리더가 되려고 하는 사람은 자신과 구성원 각각의 존재적 독특성과 다양성(diversity)을 존중하고 그 다양성을 조화(harmony), 통합(unity)시키는 능력을 발휘할 수 있어야 한다.

(2) 나는 어떻게 살아야 하는가?

리더가 되려고 하는 사람은 자신이 믿는 가치관이 무엇이고, 그 가치관이 제시하는 꿈과 비전은 무엇이며, 그 꿈과 비전을 실현하기 위해 어떻게 살아야 하는지를 자신에게 물어봐야 한다. 리더의 가치관은 조직과 그를 따르는 구성원들의 삶의 방식과 방향에 영향을 미친다. 그러므로 리더는 올바른 가치관을 지녀야 하고 그 가치관에 기초한 꿈과 비전을 제시할 수 있어야 한다. 예수님께서는 리더가 되려고 하는 사람이 지녀야 할 가치관의 기초 원리로서 그리스도의 아가페(Agape) 사랑을, 그리고 아가페 사랑에 기초한 삶의 자세로서 "섬김과 봉사"의 삶을 강조하셨다. 그러므로 아가페 사랑에 기초한 섬김과 봉사의 삶은 기독교적 리더십의 가장 중요한 패러다임이라고 할 수 있다.

(3) 나는 어디로 가고 있는가?

리더가 물어야 할 또 하나의 질문은 삶의 목적과 방향에 대한 질문이다. 리더는 모든 일에 분명한 목적과 방향을 제시할 수 있어야 한다. 예수님께서 제시하신 삶의 궁극적 목적은 경천애인(敬天愛人)의 삶이다. 예수 그리스도의 사랑은 인간 삶의 궁극적인 목적이며 동시에 어떻게 살아야 하는가의 삶의 질을 결정하는 행동의 원리이다. 그러므로 리더는 항상 자신을 포함하는 조직과 구성원들이 경천애인의 방향성을 향하고 있는지를 살피고 조정해야 한다.

2. 느헤미야의 리더십

성경에는 리더의 참된 조건을 가진 인물들이 많이 등장한다. 그중에서도 대표적인 사람이 전쟁의 폐허로 무너진 예루살렘 성벽을 52일 만에 재건한 느헤미야이다.

먼저 느헤미야가 활동하던 시대는 예수님께서 태어나시기 이전이었던 BC 400년경이다. 당시 이스라엘은 북이스라엘과 남유다로 갈라져 대제국인 페르시아에 복속되어 나라 잃은 슬픔을 안고 살아가던 시대였다.

느헤미야는 예루살렘으로부터 1,000Km나 떨어진 페르시아의 왕궁 수산성에 당시의 페르시아 왕이었던 아닥사스다 왕 밑에서 술 관원을 맡아 일하고 있던 사람이었다. 느헤미야는 포로로 붙잡혀 온 이스라엘 민족의 후예 정도라고 보면 맞을 것 같다. 당시 술 관원이라면 요즘의 술집 종업원을 생각하기 쉽겠지만 그게 아니고 요즘으로 말하면 대통령 비서실장에 버금가는 중요한 위치라고 할 수 있다.

당시 제국 시대에는 제왕들은 항상 암살의 위험이 있었기 때문에 술 관원이 왕에게 드리는 모든 음식과 음료를 사전에 검사하고 맛을 봤다. 공식석상이나 사적인 자리에도 늘 동행했기에 출중한 외모와 해박한 지식, 세련된 매너, 탁월한 순발력과 무예를 지녀야 했다. 왕과 늘 대화하고, 중요한 일의 조언을 구하는 일도 많았기에 박식하고 지혜로워야 했으며, 과묵하고, 정직한 인격을 가져야 했던 자리였다.

그런 상황과 처지에 있던 느헤미야는 한 사건으로 일대 변화를 맞게 된다. 바로 고향 이스라엘에 성전 건축이 진행되는 것을 여러 인접 국가에서 두려워 하고 시기한 나머지 페르시아 왕 아닥사스다에게 청을 하여 성전 건축을 중단하게 하고 파괴하게 만든 사건이다.

이를 전해 들은 느헤미야는 잠들지 못하고, 밤낮을 가리지 않고 금식하며 기도하기에 이른다. 느헤미야는 아닥사스다 왕에게 청하여 BC 445년에 유다 총독으로 임명을 받고 12년 동안 예루살렘을 통치하는 총독이 되었으며, 무너진 예루살렘 성벽을 52일 만에 재건하였다.

1) 통전적 리더십

최근 기독교계에서 널리 확산되고 있는 통전적 리더십에서는 기독교 리더의 경우 적어도 다섯 가지 리더십을 기본으로 하는 통전적 리더십을 소유해야 함을 강조한다.

첫째, 하나님의 방법으로 사람과 조직을 이끌려는 영적 리더십이 있어야 한다. 영적 리더십이란 '사람들을 움직여 하나님의 일을 하게 하는 것'이다. 즉 기독교 리더는 사람들을 움직여 현재의 자리에서 하나님이 원하시는 자리로 가게 하는 영향력을 갖춘 자로서 성령을 의지하며, 하나님께 책임을 지고, 비신자들에게까지 영향력을 끼칠 수 있어야 한다. 하나님의 계획에 따라 움직이며, 철저히 예수님의 성품을 닮은 조건을 갖춘 리더십을 영적 리더십이라고 할 수 있다.

둘째, 창조적 비전을 제시하는 리더십이 있어야 한다. 답답한 상황에 처해 있는 사람들에게 돌파구가 될 수 있는 미래의 새 비전을 제시하고, 불가능한 장애물을 무너뜨릴 수 있는 길을 제시해줘야 한다.

셋째, 혼자서 하는 것이 아니라 팀을 이뤄 더 큰일을 할 수 있는 팀워크 리더십이 있어야 한다. 실제로 많은 경우, 모든 힘은 연합할 때 생기며 모든 고난은 불화 가운데 생긴다. 우리가 함께 하는 공동체에서 어떠한 일을 기획하고 진행, 완성시켜 나갈 때 가장 중요한 부분이 바로 하나 됨이다. 팀워크 리더십이라고 하는 것은 어떻게든 둘의 힘을 대립시키지 않고, 한군데로 모아서 강력한 시너지 효과를 창출해내는 능력을 말한다. 일방적으로 공동체를 위해서 개인의 희생을 강요하는 것이 아니라 팀워크를 이룸으로써 개인도 더 성공하는 길을 찾는 것이다.

넷째, 상황이 위급할수록, 위기가 커질수록, 당황하지 않고 사람들에게 용기를 주면서 지혜롭게 힘을 모아 그 위기를 헤쳐 나오게 하는 위기 대처형 리더십이 있어야 한다.

다섯째, 상처 입은 어린 양 한 마리의 독특한 필요를 잘 알아서 싸매어주고 다듬어주는 따뜻한 사랑의 목양 리더십이 있어야 한다. 구성원들의 상처 난 마음들을 위로하고 용기를 주어 다시 시작할 수 있게 하는 따뜻함과 자기보다 못한 자의 위치에 스스로 내려가 주고, 하기 싫은 일, 힘들어

하는 일들을 솔선수범해서 도와주는 섬기는 리더십을 가져야 한다.

기독교 리더십은 한마디로 통전적 리더십이라고 할 수 있다. 어느 한두 가지에 국한된 것이 아니라 리더가 갖추어야 할 종합적인 요소들을 골고루 갖춘 리더십을 말한다. 이런 점에서 느헤미야는 실력과 인품, 영성과 지성, 글로벌 비전을 겸비한 통합적 리더십을 발휘한 대표적 모델이라고 할 수 있다.

2) 느헤미야의 통전적 리더십[2)]

(1) 영적 리더십

느헤미야의 영적 리더십은 거룩한 영성에서 출발한다. 영성이란 '영혼의 성품이나 성향'을 뜻하는데, 지성과 감성과 의지를 포함하는 영혼 전체의 성품을 가리키는 종합적이고 전인적인 개념이다. 성경적인 관점에서 느헤미야의 영적 리더십을 형성하는 가장 중요한 요소는 하나님에 대한 믿음을 기반으로 철저히 하나님과의 거룩한 관계에 의해서 형성되었다. 느헤미야의 비전과 지혜, 판단력, 능력, 용기, 기도, 이스라엘 민족을 위한 그의 영성 회복 운동 등 이 모든 것들이 다 하나님 안에서 나오고, 하나님으로부터 시작되며, 하나님께 초점이 맞추어져 있다(김필수, 2010).

느헤미야는 항상 하나님이 어떤 분이신가에 대한 자신의

2) 느헤미야의 통전적 리더십에 대한 통찰과 내용은 김필수(2010)의 〈통합적 리더십의 모델로서 느헤미야 연구〉 중에서 일부를 발췌하여 요약 · 정리하였음을 밝힌다.

뜻을 명확하게 하기 위하여 애쓰며, 끊임없는 예배 속에서 하나님의 실체를 찬양하기 위하여 노력했고, 사람들이 자기에게 가져오는 요구와 요청들을 하나님의 임재 안에서 재고하기 위하여 힘쓰는 사람이었다. 하나님과의 관계로 쌓아 올린 이러한 느헤미야의 영적인 삶과 지도력은 백성들의 적극적인 신뢰와 지지를 받았고, 이스라엘 백성들은 그의 인격과 영적 권위를 믿고 따랐다.

(2) 창조적 비전으로 준비된 리더십

느헤미야는 일상적인 궁전생활에서부터 예루살렘 총독, 건축자, 행사주관자, 그리고 영적 지도자가 되는 모든 일에서 강력한 비전과 의지가 있었다. 비전은 리더가 사람들을 이끌고 나가는 데 중요한 역할을 한다. 창조적 비전은 사람과 조직을 위대하게 만든다. 비전은 창조적 동기와 의지가 되어 국가나 기관의 방향, 성공, 목표, 사명, 기적을 낳는 원동력이 된다. 그러므로 성경에는 "비전이 없으면 백성이 망한다(잠언 29:18)."라고 하였다.

창조적 비전은 하나님의 택하심을 받아 종으로 섬기도록 부름받은 리더들이 하나님께 받은 것으로서, 미래를 보고 생각하고 행동하게 한다. 미래를 내다보지 못하는 사람은 결코 리더가 될 수 없다. 또한 창조적 비전은 사람들을 감동시켜 변하게 하고, 참여하게 하며, 관심을 갖도록 하고, 공동의 선을 위해 기여할 수 있는 일을 하도록 하는 보다 나은 미래에 대한 분명하고도 영감에 넘치는 한 장의 그림이다. 이 비전이 보는 만큼 일하고, 생각하는 만큼 나아가 결국 현실을 만들어내는 것이다. 그러므로 비전이 있는 곳에는 언제나 창조적 변화와 혁신이 따라온다(김필수, 2010).

창조적 비전으로 준비된 리더십은 한마디로 지배력이 아니라 영향력이다.

(3) 팀워크로 일하는 리더십

사람이 사람을 움직인다는 것은 굉장히 어려운 일이다. 리더로서 감당해야 할 일이지만 따르는 사람이 잘 따라올 수 있도록 구성원들의 마음을 움직이는 것은 쉽지가 않다. 그러므로 리더는 자기가 세상을 다 움직이는 것처럼 스스로를 과대평가해선 안 된다. 리더는 자신이 빙산의 드러난 일각일 뿐이며, 자기도 모르는 수많은 '조용한' 사람들의 도움을 받고 있음을 알아야 한다. 또한 조직이나 그룹을 움직이는 진정한 힘은 눈에 보이는 신화적인 리더들이 아니라 주어진 자리에서 조용하고 성실하게 일하는 수많은 사람들의 노력과 아이디어 그리고 헌신의 결과란 사실을 명심해야 한다.

느헤미야는 성벽 재건 공사를 시작할 때 팀워크를 매우 중요하게 여겼다. 그래서 준비계획을 철저히 세워 놓고 가장 먼저 백성들의 리더들인 제사장들, 귀인들, 방백들을 모아 놓고 그들의 적극적인 동의를 얻어냈다. 그리고 공사를 진행할 때에도 가능하면 이스라엘의 온 백성이 참여하는 축제행사처럼 각자 맡은 구역을 정하고, 체계적이고, 조직적으로 팀워크를 이뤄 적재적소에 배치했다. 이로써 가장 빠른 시간 안에 일사불란하게 성벽재건 공사를 완성하였다(김필수, 2010).

⑷ 위기를 대처하는 리더십

느헤미야가 예루살렘 성벽을 재건할 당시 공사의 어려움과 주변 민족의 방해로 많은 시련이 있었다. 성경을 보면 성벽 재건을 방해하는 사람들이 등장하는데 대표적인 인물들로 호론 사람 산발랏과 암몬 사람 도비야, 아라비아 사람 게셈, 그리고 기타 이름이 밝혀지지 않은 아라비아, 암몬, 아스돗 사람들이 등장한다. 그리고 성벽 공사에 참여한 이스라엘 백성들은 성벽 공사에 참여하다 보니 일손이 부족하여 생업에 종사할 수가 없어 양식 부족으로 인한 생활고로 고통을 받게 되었다.

느헤미야는 이런 외부적인 방해 세력들과 내부적인 공사의 어려움을 어떻게 극복할 수 있었을까? 리더는 장애물을 간파하고, 이를 극복하며, 시험과 갈등을 뛰어넘어 목표를 이룰 수 있는 능력이 있어야 한다.

느헤미야는 위기를 극복하기 위해 이스라엘 백성들에게 정체성과 공동체성을 확실히 인식시켰다. 자신들은 한 몸임을 기억하라고 강조하였다. 각 가정별로 구역을 정해 성벽을 건축하면서 자신들뿐만 아니라 주변까지도 살피도록 하였다. 장애물을 함께 물리치고, 형제자매를 돕는 일이 곧 자신을 돕는 일임을 깨우치게 해주려고 노력하였다.

느헤미야도 공동체의 아픔에 참여하기 위해 솔선수범해서 자신이 누려야 할 기득권을 포기하였다. 그는 총독의 사례비를 받지 않았고, 자신의 권력을 이용하여 이득도 취하지 않았다. 그는 총독이라는 직위 때문에 대접할 사람들이 많았지만 그 대접비가 다 가난한 백성들에게서 나오는 것을 알고 있기에 개인 돈으로 대접하였다. 그만큼 백성과 민족을 위해 섬기는 마음으로 자기를 희생하며 섬겼다.

공동체가 깨지면 구성원 전체에 피해가 돌아간다. 서로의 존재를 인정해주고 격려하며 도울 때 비로소 하나가 될 수 있다. 느헤미야는 위기 가운데서 이스라엘 백성의 정체성과 공동체성을 회복시켜 어려움을 극복할 수 있는 리더십을 보여주었다.

(5) 사랑으로 함께하는 목양의 리더십

리더들은 목표를 실천해 나가면서 위대한 일을 이루지만, 경우에 따라 자신도 모르게 일 중심으로 사람들을 다치게 하거나 희생시키는 수가 많다. 이때 필요한 것이 상처 입은 어린 양 한 마리의 독특한 필요를 잘 알아서 싸매어 주고 다듬어 주는 사랑의 목양 리더십이다. 목양(牧羊)이란 한마디로 '양을 돌보는 것'이다. 목양 리더십은 예수님께서 제자들의 발을 씻김과 같이, 목자가 잃어버린 한 마리의 양을 찾아 산과 들을 헤매며 양을 돌보듯이, 사람의 한 영혼 한 영혼을 섬기고 돌보는 것을 말한다. 리더가 이러한 목양적인 요소를 소홀히 한다면 그 리더는 좋은 리더가 될 수가 없다. 목양은 영혼의 깊은 데까지 그 아픔을 다루는 의식이다.

느헤미야는 이스라엘 총독으로 있으면서 백성들을 위한 목양의 리더십을 실천하였다. 늘 자신을 먼저 희생하려고 하였다. 느헤미야는 총독으로 임명받고 일하면서 급여를 받지 않았을 뿐만 아니라 시종들의 생활비까지도 일체 세금이 아닌 자기 사비로 충당하였다. 더구나 전임자들처럼 백성들에게 토색하거나 압제하지 않고 성벽 공사로 고생하는 백성들을 배려하는 일에 힘썼다. 느헤미야에게는 카리스마적이고 관료적인 지도자에게서는 볼 수 없는 청빈하고 겸손한 리더의 자세를 볼 수 있다. 예수님과 같이 이웃을 위하여 자기를 온전히 희생하고 헌신하는 참다운 목양 리더십을 발휘할 수 있을 때 사람들이 감동을 받고 협력하며 따라오게 된다.

느헤미야는 변하는 새 시대에 걸맞는 통전적 리더십의 좋은 모델이다. 즉 리더가 갖추어야 할 모든 리더십을 골고루 갖춘 대표적인 사람이다. 자기희생을 통한 사랑의 리더, 위기를 극복하는 리더, 팀워크로 일하는 리더, 창조적 비전으로 준비된 리더, 거룩한 영성을 갖춘 리더로서 이 시대 모든 사람들이 본받아야 할 리더의 모델이다.

3. 서번트 리더십

1) 그린리프의 서번트 리더십

서번트 리더십(servant leadership)은 본래 예수님께서 제시하신 성경적 개념이지만 그 용어를 리더십 분야에서 공식적으로 사용하기 시작한 사람은 미국의 그린리프 리더십센터(Greenleaf Leadership Center)의 설립자인 그린리프(Greenleaf)다.

그린리프는 헤르만 헤세의 소설 《동방 순례 *Journey to the East*》(1956)에서 영감을 얻어 서번트 리더십의 개념을 정립했다. 그 소설에서 주인공 레오(Leo)는 동방 순례단의 하인이었지만 순례단의 여정을 기획하고 안내하며 순례 단원들의 인생 상담 역할까지 수행했다. 그러나 레오가 어느 날 홀연히 사라져버리자 순례단은 혼란에 빠지고 결국 동방 순례는 중도에 끝나버렸다. 나중에 밝혀진 레오의 정체는 어느 비밀 공동체의 정신적 지도자로서 동방 순례단에 하인으로 위장하고 일시적으로 참여했던 것으로 밝혀진다. 헤르만 헤세는 소설 속에서 주인공 레오를 고상한 소명의식을 가지고 섬김과 봉사의 자세로 순례단을 이끌었던 진정한 지도자로 부각시키고 있다.

그린리프는 이 소설을 읽고 주인공 레오의 섬김과 봉사의 정신, 구성원과 고객을 존중하는 상생의 경영 등의 개념을 정리해서 '서번트 리더십'이란 개념을 소개했다.

그린리프는 서번트 리더의 특징에 대해 "위대한 지도자는 처음에 서번트처럼 보인다. 이 간단한 사실이 지도자를 진정으로 위대하게 만든다. 지도자의 자질은 선천적으로 서번트 기질이 있는 사람에게만 주어진다."고 말했다.

그린리프가 제시한 서번트 리더십의 특징은 다음과 같다.

첫째, 리더가 섬김의 자세로 조직이나 타인을 위해 봉사한다.

둘째, 리더가 섬김의 자세를 통해 구성원들의 의식 변화와 성장을 돕는다.

셋째, 리더는 구성원들이 자율적 리더십을 발휘하여 조직의 성장과 변화에 중심 역할을 하도록 돕는다.

2) 예수 그리스도의 서번트 리더십

> 너희 중에는 그렇지 않을지니 너희 중에 누구든지 크고자 하는 자는 너희를 섬기는 자가 되고 너희 중에 누구든지 으뜸이 되고자 하는 자는 모든 사람의 종이 되어야 하리라. 인자가 온 것은 섬김을 받으려 함이 아니라 도리어 섬기려 하고 자기 목숨을 많은 사람의 대속물로 주려 함이니라.
>
> (마가복음 10:43-45)

이 구절은 예수님께서 제자들에게 가르치신 서번트 리더십의 핵심 원리로서 '주님의 으뜸 원리(Master's Master Principle)'

라고 부르며, 그 중심 사상은 섬김과 봉사의 정신이다. 예수님의 서번트 리더십은 경천애인에 근거한 인간존중 사상이며 그 기초 원리는 아가페(Agape) 사랑이다. 성경적 서번트 리더십의 대표적 특성들은 다음과 같다.

(1) 섬김과 봉사

리더십에 관한 예수님의 가르침은 역설적이고 혁명적이다. 서번트 리더라는 용어는 '종(servant)'이라는 단어와 '지도자(leader)'라는 단어의 합성어이다. 사회적 관점에서는 지도자라는 단어와 종이라는 단어는 동격으로 사용할 수 없다. 그러나 예수님의 관점에서는 지도자라는 단어와 종이란 단어는 동격이다. 예수님께 있어서 '섬김'이란 단어와 '위대함'이라는 단어는 동격이기 때문이다. 예수님께 있어서는 섬기는 자가 위대한 자이고 종의 자세로 살아가는 자가 진정한 지도자인 것이다. 예수님의 서번트 리더십에서 섬김과 봉사는 경천애인이고 아가페 사랑의 표현이며 행동(action) 양식이다. 그러므로 서번트 리더는 항상 다른 사람들을 섬기고 봉사하려는 욕구와 동기를 지닌 사람이며, 그러한 섬김의 자세를 통해서 구성원들이 조직과 사회의 변화와 성장의 주도적 역할을 할 수 있도록 돕는다.

(2) 사랑과 카리스마

아가페 사랑은 기독교의 대헌장이며 서번트 리더십의 중심 원리이다. 예수 그리스도의 아가페 사랑은 ① 솔선수범(I begin first), ② 희생(sacrifice), ③ 무조건적(unconditional), ④ 감정이입(感情移入: empathy)의 네 가지 특성을 지니고 있다. 서번트 리더십의 권위와 카리스마(Charisma)는 리더의 직위와 권한에서 나오는 것이 아니라 아가페 사랑에 기초한 권위와 카리스마이다. 예수님은 이 세상에 계실 때 아무런 사회적 지위나 권한도 없었으며 항상 가난한 자와 병자들, 하층민들과 어울려 다니는 이상한 사람처럼 보였다.

그러나 예수님의 권위와 카리스마는 인류의 역사를 기원전(AD)과 기원후(BC)로 나누었고, 인류를 죄와 죽음으로부터 구원하였으며, 2천 년 인류의 역사와 문화 형성에 지대한 영향을 미친 정신적 지주가 되었다. 인류 역사에 이러한 위대한 인물은 예수님밖에 없다. 그러한 예수님의 위대한 힘의 원천은 그분이 그냥 '이상한 사람'이 아니라 실은 '구세주(Messiah)'로 세상을 구원하시기 위해서 자신의 생명을 바치신 아가페 사랑의 구세주였기 때문이다.

(3) 의지

기독교의 '경천애인'은 지식이나 교양이 아니라 실천해야 할 하나님의 명령이다. 그러므로 서번트 리더십의 중요한 특성은 아가페 사랑을 행동으로 실천하려는 리더의 의지가 중요하다는 것이다. 아가페 사랑은 감정적 사랑이 아니라 실천적 사랑이다. 감정은 명령할 수 없다. 예수님께서 사랑을 명령한 것은 아가페의 사랑이 감정이 아니라 행동이기 때문이다. 그러므로 의지적 행동이 따르지 않는 아가페는 아무 의미가 없다. 서번트 리더십의 특성들이 아무리 훌륭할지라도 그것을 공감하고 실천하려는 리더의 확고한 의지가 없다면 서번트 리더십은 제 기능을 발휘할 수 없다. 다음의 공식은 서번트 리더의 의지(Will)의 중요성을 보여준다.

의도(Intentions) + 행동(Actions) = 적극적 의지(Will)
의도(Intentions) − 행동(Actions) = 소극적 의지

위의 공식에 의하면 의지(Will)란 자신의 의도를 행동으로 표현하는 것이다. 그러므로 서번트 리더는 의지의 규칙적인 행동 훈련이 필요하며 그러한 반복적인 행동 훈련을 통해 리더십의 특성들이 리더의 습관(habit)으로 정착될 때 비로소 성숙한 리더십을 발휘하게 된다.

참고로 성숙한 서번트 리더십의 자질은 다음과 같다.

첫째, 서번트 리더는 인간의 가치와 존엄성을 존중한다.

둘째, 서번트 리더는 사람들을 지원하고 격려하는 일에서 보람과 기쁨을 찾는다.

셋째, 서번트 리더는 자신의 유익이나 명예를 추구하지 않는다.

넷째, 서번트 리더는 관계 지향적이며 지배와 강압이 아닌 섬김의 관계를 중시한다.

다섯째, 서번트 리더는 권위와 신분으로 사람들을 대하지 않는다.

여섯째, 서번트 리더의 권위와 카리스마는 직책이 아니라 아가페 사랑의 섬김에서 나온다.

한국사회는 갈수록 리더십의 위기가 심각해지고 있다. 그 위기를 극복하기 위해서는 우리 젊은이들이 느헤미야와 예

수님과 같은 리더가 되어야 한다.

좋은 리더십을 갖추기 위해서는 끊임없이 비전과 목표를 지향하되 노력과 끈기, 내면의 강인함과 함께 거룩한 영성, 나아가 아가페적인 사랑의 능력이 요구된다.

TALK

1. 느헤미야의 통전적 리더십이란 무엇인가?
2. 서번트 리더십이란 무엇인가?
3. 서번트 리더십의 자질을 현실에 적용해보자.

제4장

우리는 만물을 보존해야 하는 의무가 있다

아이디
비밀번호
로그인

짧아져만 가는 봄과 가을, 해가 갈수록 길고 더워지는 여름, 유래 없는 겨울의 폭설은 환경파괴에 대한 경고가 이제 더 이상 경고로만 머무는 수준이 아님을 실감하게 한다. 사실 우리가 지구의 온난화 현상, 오존층 파괴, 산성비, 대기오염, 수질 및 토양 오염, 열대우림의 파괴와 사막화 등의 문제들에 대해서 벌써부터 이 시대의 선지자들로부터 많은 경고를 받아 왔지만, 사실 그러한 문제들에 우리의 관심을 기울일 여유가 없었다.

하지만 이제 지구환경 위기는 인류가 해결해야 할 가장 시급하면서도 중요한 문제 가운데 하나가 되었다. 오늘날 환경 위기와 생태계 문제를 연구하는 수많은 학자들은 이제 우리가 봉착한 문제가 더는 '생태계의 위기'가 아니라 '살아남느냐, 죽느냐'의 문제라고 말한다. 또한 환경의 위기는 과학기술이나 정치·경제 제도와 밀접하게 관련되어 있는 것이 사실이지만 그것만으로는 충분하게 설명될 수 없는 세계관의 문제이다.

특별히 오늘날의 환경문제가 서구의 산업사회에서 확대되었고, 서구사회는 기독교 문화의 영향권 아래 있다는 사실로 인해 서구의 전통적 신학에 대한 비판적 이해가 요청된다.

실제로 많은 환경전문가들은 그동안 서구의 전통적 신학에 토대를 둔 보수적인 기독교가 생태계 악화의 주된 원인이라고 공박하고 있다. 전통적 기독교는 생태학적 위기 상황을 극복하기 위한 어떠한 대안도 가질 수 없다고 비판한다. 그뿐만 아니라 기독교가 생태계 위기의 주범이라는 비판도 서슴없이 하고 있다. 사실 전통적인 기독교는 아무래도 인간중심주의의 특성을 드러냈으며 이원론적 세계관에 의해 자연환경 파괴를 부추기는 데 일조한 측면이 있다.

하지만 오늘날의 환경 위기는 너무도 총체적이며 근본적인 것이어서, 특정한 '누구'에게만 그 책임을 돌릴 수 없는 문제인 것이 분명하다. 사실 지금의 환경 위기는 인류 전체의 공동책임이라고 할 수 있다. 또한 그 위기의 발원지는 타락한 인간본성에 있다고 말해야 할 것이다. 즉, 기독교가 기독교권에서 환경파괴를 부추기고 정당화하는 데 이바지한 면이 있는 것은 사실이지만 환경 문제는 그 원인이 하나가 아니라 복합적이며 근본적으로는 하나님 없는 인간의 이기적인 욕망에 있다고 봐야 할 것이다.

그렇다면 생태계 위기에 대해 기독교는 무엇이라고 말하는가? 다시 말해 성경에서는 생태계 문제에 대해 어떤 입장을 갖고 있는가?

내용검색 검색

1. 심각해지는 생태계 위기, 무엇이 문제일까?

날마다 먹고사는 문제에 매달려 정신없이 살아서 별로 체감하고 있지 못하지만, 지금 우리는 '생태계 위기 시대'에 직면하고 있다. 이것은 '진짜냐? 아니냐?'의 문제가 아니다. 이미 우리는 '위기' 속에 있기 때문이다. 물론 생계 문제에 급하고 돈이나 권력 등 다른 삶의 목표에 집착하는 사람들은 이 문제를 심각하게 느끼기 어렵다. 그러나 우리가 잘 모르는 상태를 그냥 유지하면서 자기 방식대로 계속 살아가거나 또는 귀찮아서 혹시 알았다 하더라도 아무 소용없다고 생각하거나, 자신에게 별 도움이 되지 않는다고 판단해서 모르는 척 외면하는 어떤 경우라 할지라도 객관적으로 존재하는 위기의 상황을 피해 나갈 수 없다.

위기의 현실은 시시각각 우리에게 여러 가지 신호를 주면서 미리 대처하라고 알려주는데도 우리가 무지나, 무관심, 무능과 무시로 일관한다면 결국 이 세상은 '파국'을 면치 못할 것이다. 물론 우리가 개인적으로나 집단적으로 노력한다고 할지라도 최종적으로는 파국을 피하기 어려울 수도 있다. 그러나 파멸 내지는 공멸이 온다고 해도 우리가 최선을 다해 오늘도 '생명의 나무 한 그루'를 심는 심정으로 생태계를 보호하기 위해 노력한다면, 그 의미를 공유하면서 하나둘 동참하기 시작하면, 마침내 '더불어' 이 세상을 변화시킬 수도 있다. 그렇다면 생태계 위기의 시대가 의미하는 바는 무엇일까?

1) 생태계의 개념

우리는 '생태계(ecosystem)' 또는 '생태학(ecology)'이라는 말을 많이 듣기도 하고 사용하기도 한다. 생태계라는 말은 영국의 식물생태학자 탠슬리(Authur G. Tansley)에 의하여 1935년에 처음으로 사용된 용어이다. 이 말은 어떤 지역에 사는 모든 생물과 그 지역 내에 살고 있는 비생물적인 요소가 상호작용하면서 그 속에서 물질이 순환하기도 하고, 교류하며 에너지의 흐름이 일어나는 종합체계를 말한다. 오늘날에는 생태계라는 말을 자연환경이라는 말과 상호 교체적으로 사용하기도 한다.

그런데 생태학이라는 용어는 생태계라는 말보다 훨씬 오래전부터 사용되었다. 1869년에 독일의 생물학자였던 헤켈(Ernst Heinrich Haeckel)에 의하여 '생물과 환경 및 함께 생활하는 생물과의 관계를 논하는 과학'이라고 정의하였다. 현대의 대표적 생태학자 오덤(Eugene Pleasants ODUM)은 생태학을 '우리 사회와 과학 사이에 존재하는 큰 장애물을 뛰어넘어 소통시키고 연결시켜주는 다리의 역할을 하는 학문'이라고 정의하였다.

한국생태학회 회장을 역임한 국민대학교 김은식 교수(2011)[3]는 우리 사회와 과학 사이에 존재하는 장애물이 무엇이고, 그 장애물을 극복하고 연결시키는 다리가 어떠한 역할을 해야 할지를 분명히 하는 것이 앞으로 생태학이 풀어가야 할 숙제라고 제시하고 있다.

2) 위기의 생태계

생태계 위기문제는 우리 삶의 방식이 대량생산, 대량소비, 대량폐기하는 '무한 성장' 과정을 통해 물질적 풍요와 행복을 추구하는 데서 시작되었다. 미국 클린턴 행정부(1993~2001)에서 부통령을 지낸 엘 고어(Al Gore)는 1992년 《위기의 지구》라는 책을 썼는데, 이 책은 1989년 교통사고로 6살배기 아들이 죽을 뻔했던 경험에 기초하여 '진정 무엇이 삶에서 중요한가?'라는 화두를 공론화한 것이다. 그 뒤 정치생활을 마감하고서도 이 화두를 중심으로 계속적으로 사람들에게 진정으로 필요한 것이 무엇인가에 대해서 질문을 던져 왔다.

2006년에는 《불편한 진실》이라는 책과 더불어 다큐멘터리 영상까지 만들어 '지구 온난화'의 문제를 세상에 알리기 위해 노력했고 이것으로 노벨평화상까지 받았다. 엘 고어가 제시한 여러 그래프 중에서 가장 평범하면서도 특이한 것이 있다. 지금까지 인류가 사용한 에너지 총량이 아주 낮은 수준

3) 김은식(2011), [생물 산책] 자연과 인간을 연결해주는 학문 생태학: 생물이 살아가는 모양을 관찰하는 것에서 생물과 환경의 관계를 연구하는 것까지. http://navercast.naver.com/contents.nhn?rid=21&contents_id=5571

에서 별 변동 없이 수평으로 유지되어 오다 지난 200년 사이에 가파르게 상승하고 있는 그래프다. 예를 들면 1860년부터 지금까지 인류가 소비한 석유는 약 2조 배럴이다. 그중 1조 배럴을 소비하는 데 130년이 걸렸지만, 나머지 1조 배럴을 소비하는 데는 1990년부터 약 20년밖에 걸리지 않았다는 것이다. 다시 말하면 인류는 산업혁명 이후 물질 만능주의 시대에 접어들면서, 그리고 최근 세계화, 정보화 시대가 가속되면서 에너지 고갈이라는 위기와 함께 생태계 질서를 무너뜨리는 어리석은 행위들을 많이 저지르고 있다는 것이다.

지구 온난화뿐만 아니라 이상 기후 문제도 최근 들어 워낙 많은 내용들을 언론에서 다뤄 더 이상 우리에게 낯설지 않다. 기후 변화로 인해 지구 표면의 온도가 지속적으로 상승하면서 이상 고온 또는 이상 한파 현상이 세계 곳곳에서 일어나고 있으며, 남극과 북극의 빙하 소멸로 인한 해수면 상승, 폭우와 폭염으로 인한 열대야와 쓰나미, 폭풍 등으로 막대한 피해를 입고 있다. 특히 산업화와 도시화는 지구 온난화를 가속화시키는 주요 원인으로 드러났다(한국창조과학회, 2010).

급속한 산업화와 도시화가 일어나고 있는 아시아 대륙은 최근 30년 동안 1도 가까이 올라 지구에서 가장 가파르게 온도가 상승했다. 일본의 몇몇 대도시는 평균 기온이 2~3도 상승하기도 하였다. 2007년에 발표된 IPCC(기후 변화에 관한 정부 간 협의체) 제4차 평가보고서에 따르면 우리나라의 경우 최근 매 10년마다 연평균 0.23도가 상승하고 있는데 이것은 세계 평균보다 높은 경향이라고 하였다. 한편 최근 발표에 따르면 우리나라 연평균 기온은 1954년부터 1999년에는 0.23℃, 1981년부터 2010년에는 0.41℃, 2001년부터 2010년까지는 0.5℃로 지속적인 증가를 보이고 있다(IPCC, 2014; 환경부 · 기상청, 2015).

지구 온난화와 기후 이상 변화는 여러 가지 사회 문제도 일으키고 있다. 세계에서 여섯 번째로 큰 호수였던 아프리카의 차드 호수는 불과 40년 만에 증발하여 이 호수의 물을 사용하던 국가들 사이의 분쟁 및 전쟁을 초래하였다. 이런 식으로 아프리카 도시들이 의존하는 강물들이 21세기 말에는 적게는 1/4, 많게는 1/2이 말라 버려 생존을 위협할 것이라는 전망도 나왔다.

독일의 기후 변화 연구기관인 포츠담 연구소에서는 지난 2005년 '지구 온난화 재앙 시간표'를 발표하였다. 이 보고서에 의하면 2030년에 지구 온도가 1도 올라가 호주의 토착식물, 열대 고원의 숲과 남아프리카 건조 지대의 식물 등의 생태계들이 위협을 받을 것이며, 개도국 일부는 물 부족이 심해지고, 식량생산이 급격히 감소함으로 기아의 고통이 심각해질 것이라고 예측하였다. 그리고 2050년대가 되면 평균기온이 2도 상승하여 지중해 연안은 자연 발생하는 산불과 병충해로 몸살을 앓을 것이며, 미국과 중국의 숲은 심하게 황폐화가 될 것이고, 이로 인하여 지구 전체적으로 기아문제와 물 부족 문제로 심각한 위협을 받는다는 충격적인 미래상을 예고했다(한겨레, 2005).

런던정치경제대학교 교수인 니콜라스 스턴(Nicholas Stern)도 2006년 〈스턴 보고서*The Stern review*〉를 통해 지구온난화를 비롯한 생태계 파괴가 불러일으킨 자연재해로 인류는 식량

부족, 질병 증가, 기아 및 빈곤의 심각화로 온갖 사회적 문제를 일으키게 될 것이라고 경고하였다. 특히 기후 변화로 인한 피해는 가난한 나라와 사람들이 가장 빨리 그리고 가장 많이 영향을 받을 것으로 예측하면서 기후 변화 정책에 세계가 함께 이해하고 행동해야 함을 강조해 큰 반향을 일으켰다(박년배 역, 2006).

2. 생태계에 대한 성경적 시각

생태계의 위기는 제국주의적 확장의 결과이다. 필요를 채우려고 하나님이 주신 것을 남용하고, 필요 이상으로 정복하고 다스림으로 종국에는 독재를 꿈꾸며, 자연에 잠재되어 있는 인간에 대한 한없는 환대를 자애롭고 정당하게 육성하는데 실패했다. 그러면 과연 성경은 자연친화적인 것인가? 당연히 그렇다. 물론 성경에는 예컨대 "땅을 정복하고 모든 생물을 다스리라(창세기 1:28)."는 구절도 있다. 과거 전통적인 기독교에서 이 성경 구절을 기반으로 하여 생태계를 함부로 학대하기도 하였다.

하지만 이는 본래 성경의 의도가 아니다. 이 경우 '다스리다'는 말은 자연에 대한 인간의 자기중심적인 착취나 남용을 위한 면죄부가 아니다. 오히려 성경적 의미의 지배(다스림)는 피조세계를 선하게 관리해야 할 피조세계에 대한 인간의 책임을 말하고 있다. 어떤 경우이건 인간과 인간, 인간과 자연 관계에서 인간이 마음대로 훼손하고 파괴하고 폭력을 행사해도 된다는 식의 사고는 성경 어디에도 허용되지 않는다.

생태계란 인간의 것이 아니라 하나님의 창조물이기 때문이다. 그러면 생태계에 대한 성경적 시각은 무엇인가?

1) 하나님을 증거하는 도구로서의 생태계

성경에서 생태계는 하나님을 증거하는 도구로 등장한다. 다윗은 시편에서 이렇게 노래한다.

> 하늘이 하나님의 영광을 선포하고 궁창이 그의 손으로 하신 일을 나타내는도다. 날은 날에게 말하고 밤은 밤에게 지식을 전하니 언어도 없고 말씀도 없으며 들리는 소리도 없으나 그의 소리가 온 땅에 통하고 그의 말씀이 세상 끝까지 이르도다. 하나님이 해를 위하여 하늘에 장막을 베푸셨도다.
> (시편 19:1-4)

자연이란 하나님의 영광과 능력을 증거하는 능력이 있음을 증언한다. 같은 맥락에서 사도 바울도 이렇게 말한다.

> 이는 하나님을 알 만한 것이 그들 속에 보임이라. 하나님께서 이를 그들에게 보이셨느니라. 창세로부터 그의 보이지 아니하는 것들 곧 그의 영원하신 능력과 신성이 그가 만드신 만물에 분명히 보여 알려졌나니 그러므로 그들이 핑계하지 못할지니라. (로마서 1:19-20)

이처럼 성경은 생태계가 하나님을 증거하고 있음을 볼 수 있다.

2) 생명 유지를 위한 자원으로서 생태계

자연은 모든 생명을 유지하기 위한 자원이다. 하나님이 자연 만물을 창조하신 목적 가운데 하나는 다른 피조물들을 서로 떠받치게 하는 데 있다. 시편 104편에서 하나님은 들에 짐승들, 새들, 나무들의 갈증을 해결하게 하려고 샘물을 만드셨다. 그는 가축을 위해 풀을 만드시고, 새가 둥지를 틀 수 있도록 나무를 만드셨으며, 야생 염소를 위해 산을 만드셨고 오소리를 위해 바위를 만드셨다. 또한 하나님은 사람의 필요를 채우기 위해 채소를 자라게 하시며 식물이 나게 하셨다.

여기서 우리는 자연 만물이 인간을 위해서만 창조되었다는 인간중심주의는 성경적이지 않다는 사실을 알 수 있다. 하나님은 모든 것, 인간과 자연을 함께 창조하셨다. 또 혈육이 있는 모든 생물을 각기 암수 한 쌍씩 방주로 이끌어 들이라는 하나님의 명령은 노아를 위한 것만은 아니었다(창세기 6:19-20). 또한 그 모든 것들은 노아와 함께 구원을 받았다. 어떠한 동물도 하나님 보시기에 하찮거나 무가치하지 않다는 사실을 분명하게 보여준다.

3) 하나님이 즐기시는 대상으로서 생태계

성경은 자연을 하나님이 즐기시는 대상으로 본다. 천지 만물을 하나님께서 창조하실 때, 하나님의 마음을 〈잠언〉에서는 다음과 같이 표현하고 있다.

> 내가 그 곁에 있어서 창조자가 되어 날마다 그의 기뻐하신 바가 되었으며 항상 그 앞에서 즐거워하였으며 사람이 거처할 땅에서 즐거워하며 인자들을 기뻐하였느니라. (잠언 8:30-31)

하나님이 그가 만드신 피조물을 보고 즐거워하셨다는 사실은 자연의 영역이 인간의 필요를 채워주는 것과 상관없이 중요하고 가치 있는 것이라는 것을 보여준다. 하나님은 자연 만물을 인간의 육체적 필요만을 채우게 하려고 창조하지 않으셨다. 하나님은 자연 만물이 심리적 가치를 갖도록 창조하셨다. 하나님은 자신뿐만 아니라 그의 피조물들이 그것을 즐기도록 하게 하셨는데 이것이 바로 그분의 뜻이다.

수많은 꽃이 색깔을 자랑하고 동물들이 뛰어놀며 나비가 날고 별이 빛나고 둥근 달이 있고 아름다운 나무가 있고 푸른 숲이 있고 꼬불꼬불한 강이 있고 바다가 있다. 이 얼마나 아름다운가! 자연은 인간의 욕망충족을 위한 단순한 이용의 대상, 조작의 대상이 아니다. 그것은 하나님의 능력을 증거하고 찬양하는 존재이며 모든 생명체들을 유지하는 자원이 될 뿐만 아니라 하나님이 즐기시고 모든 피조물들이 함께 즐겨야 하는 미적 가치를 가진 존재이다.

3. 성경에서 말하는 생태계에 대한 기독교인의 사명

생태계에 대한 기독교인의 사명은 예수님의 정신과 행적 등을 통해 파악할 수 있다. 성경에는 예수 그리스도가 창조의 주인임을 강조한다.

> 그는 보이지 아니하는 하나님의 형상이시요 모든 피조물보다 먼저 나신 이시니 만물이 그에게서 창조되되 하늘과 땅에서 보이는 것들과 보이지 않는 것들과 혹은 왕권들이나 주권들이나 통치자들이나 권세들이나 만물이 다 그로 말미암고 그를 위하여 창조되었고 또한 그가 만물보다 먼저 계시고 만물이 그 안에 함께 섰느니라. 그는 몸인 교회의 머리시라. 그가 근본이시요 죽은 자들 가운데서 먼저 나신 이시니 이는 친히 만물의 으뜸이 되려 하심이요. 아버지께서는 모든 충만으로 예수 안에 거하게 하시고 그의 십자가의 피로 화평을 이루사 만물 곧 땅에 있는 것들이나 하늘에 있는 것들이 그로 말미암아 자기와 화목하게 되기를 기뻐하심이라.
>
> (골로새서 1:15-20)

동시에 예수님은 모든 생명 있는 것들을 보전하시는 분이시며 상처 난 세상을 원상으로 회복시켜주는 화해자이다. 또 그는 하나님의 형상을 완전히 닮은 분이면서 동시에 둘째 아담이다. 그러므로 성경은 믿음의 사람들이 예수 그리스도를 만물의 창조자, 보존자, 화해자로 온전히 섬겨야 한다고 강조하고 있다.

> 이는 하나님의 영광의 광채시요 그 본체의 형상이시라. 그의 능력의 말씀으로 만물을 붙드시며 죄를 정결하게 하는 일을 하시고 높은 곳에 계신 지극히 크신 이의 우편에 앉으셨느니라. (히브리서 1:3)

이렇게 예수 그리스도는 만물의 창조자, 보전자, 화해자이다. 예수님을 따르는 제자가 그리스도인이라면 그리스도인은 성경적 원리에 따라 생태계에 대해 다음과 같은 사명을 감당해야 한다.

1) 지구환경 보전의 사명

하나님께서 우리 인간들을 지키시는 것과 같이 그리스도인은 창조세계를 지켜야 한다. 주님은 우리에게 복 주시고 우리를 지키신다(민수기 6:24-26). 그러므로 주님께서는 우리도 이 땅을 지키기를 기대하신다(창세기 2:15). 우리 인간들을 향한 하나님의 보호가 사랑과 돌봄, 양육, 그리고 보존으로 특징 지어지는 것과 같이 창조세계를 향한 우리의 보호도 그러해야 한다. 하나님의 형상을 반영함으로써 즉, 그리스도의 방법으로 땅을 다스림으로써(빌립보서 2:5-8) 우리는 창조자의 사역에 동참해야 한다(창세기 1:28, 신명기 17:18-20).

2) 생육의 사명

하나님의 선하신 창조의 은혜를 향유할 수는 있지만 파괴해서는 안 된다. 우리의 주권자 되신 주님은 〈에스겔〉에서 다음과 같이 말씀하신다(신명기 20:19, 22:6 참고).

> 너희가 좋은 꼴을 먹은 것을 작은 일로 여기느냐? 어찌하여 남은 꼴을 밟았느냐? 너희가 맑은 물을 마시는 것을 작은 일로 여기느냐? 어찌하여 남은 물을 발로 더럽혔느냐?
> (에스겔 34:18)

하나님께서는 다음과 같이 선언하신다.

> 하나님이 이르시되 물들은 생물을 번성하게 하라. 땅 위 하늘의 궁창에는 새가 날으라 하시고. (창세기 1:20)

하나님은 창조 후 피조물들을 생육하도록 축복하신다. 하나님의 창조세계는 하나님이 생육하게 하시는 활동, 곧 땅에 생명을 부여하여 만족하시는 하나님의 활동을 반영하고 있다.

> 여호와께서 샘을 골짜기에서 솟아나게 하시고 산 사이에 흐르게 하사 각종 들짐승에게 마시게 하시니 들나귀들도 해갈

> 하며 공중의 새들도 그 가에서 깃들이며 나뭇가지 사이에서 지저귀는도다. 그가 그의 누각에서부터 산에 물을 부어 주시니 주께서 하시는 일의 결실이 땅을 만족시켜 주는도다.
>
> (시편 104:10-13)

하나님께서 피조물을 위해 공급하는 것처럼 하나님의 형상을 반영하도록 창조된 백성인 우리도 그러해야 한다. 하나님의 피조물들이 소멸되는 위협을 당하였을 때, 자신의 시간과 재물, 명예를 아끼지 않았던 노아와 같이 우리도 그렇게 해야 한다. 대홍수 즉 노아의 시대에는 물의 홍수였지만 오늘 우리 시대에는 사람의 홍수가 땅 위를 덮고 있다. 이사야 선지자는 다음과 같이 경고한다.

> 가옥에 가옥을 이으며 전토에 전토를 더하여 빈틈이 없도록 하고 이 땅 가운데서 홀로 거주하려 하는 자들은 화 있을진저.
>
> (이사야 5:8)

3) 안식의 사명

우리는 창조세계를 쉴 새 없이 냉혹하게 압박하지 말고, 안식하는 휴식시간을 제공해주어야 한다. 인간과 동물이 휴식기간을 가져야 하는 바와 마찬가지로 땅도 안식의 기간을 가져야만 한다(출애굽기 20:8-11, 23:10-12). 사람과 땅, 그리고 모든 피조물들은 쉴 새 없이 혹독한 압박을 받아서는 안 된다.

> 너희가 내 규례와 계명을 준행하면 내가 너희에게 철따라 비를 주리니 땅은 그 산물을 내고 밭의 나무는 열매를 맺으리라. (레위기 26:3-4)

그렇지 않으면, 다음과 같은 사태가 발생한다고 성경은 경고한다.

> 너희가 원수의 땅에 살 동안에 너희의 본토가 황무할 것이므로 땅이 안식을 누릴 것이라. 그때에 땅이 안식을 누리리니 너희가 그 땅에 거주하는 동안 너희가 안식할 때에 땅은 쉬지 못하였으나 그 땅이 황무할 동안에는 쉬게 되리라.
> (레위기 26:34-35)

신약에서 안식일은 봉사하는 사람을 위하여 있지 사람이 안식일을 위해서 있는 것이 아니라고 분명하게 가르치고 있다. 그러므로 안식년은 무분별한 착취로부터 땅을 보호하고, 땅이 새롭게 활력을 회복하도록 도우며, 땅으로 하여금 다시 모든 것을 함께 얻을 수 있도록 도움을 주기 위해 있다.

안식년은 휴식과 회복의 시간이다. 이 안식은 단순히 율법주의적인 요구가 아니라 심오한 원리이다. 그러므로 일부 그리스도인 농업 공동체에서는 매 2년마다 땅을 쉬게 함으로써 이 안식의 원리를 실천하고 있다. 그 이유는 '이것이 땅이 필요로 하는 것'이라고 생각하기 때문이다. 물론 안식의 원리는 농업분야에만 국한되는 것이 아니라 모든 창조세계에 적용됨을 명심하여야 한다.

4. 무엇을 해야 할까?

대개 생태계 위기에 대한 우리의 실천적 방안을 말하는 경우, 실천 가능성 차원에서 일종의 개별적 행동이나 단기적 지침을 강조하기가 쉽다. 예컨대 전기나 에어컨 등의 가전제품 사용시간 줄이기, 냉난방 적정온도 준수하기, 가까운 거리는 걷거나 대중교통 이용하기, 물이나 생활 물자를 아껴 쓰기, 쓰레기 함부로 버리지 않기, 친환경제품 사용하기, 나무 심기 등을 제시하고 있다. 당연히 이것들은 일상적인 실천에 개개인 모두가 할 수 있고 또 해야만 하는 것이다.

하지만 이런 정도로 그쳐서는 생태계의 위기를 온전히 극복하기는 어렵다. 보다 구조적인 인식 위에서 정책적 · 제도적 · 사회적인 접근을 하는 것이 필요하다. 생태계 문제의 본질이 자본주의 산업화 · 도시화 · 사유화와 연관되어 있다는 점이다. 결국 개인적인 실천과 함께 사회적 실천도 함께 이루어 감으로 '생명이 살 수 있는 생태 공동체'를 만들어야 한다. 그러면 어떻게 해야 생명이 살 수 있는 생태 공동체를 만들 수 있을까? 구약성경에는 인간에 관한 이야기를 시작하기에 앞서 하나님께서 만드신 창조세계에 관한 이야기를 다루고 있다. 〈창세기〉 1장에 의하면, 하나님의 창조는 엿새 동안 질서정연하게 이루어졌다.

첫째 날	낮, 밤
둘째 날	물, 하늘
셋째 날	육지
넷째 날	해, 달, 별
다섯째 날	물고기, 새
여섯째 날	식물, 동물, 인간
일곱째 날	안식하심

이 창조의 순서를 깊게 들여다보면 첫째 날에서 셋째 날까지와 넷째 날에서 여섯째 날까지가 대칭 관계를 이루고 있음을 알 수 있다. 이렇게 해서 창조된 모든 피조물들은 하나님께서 보시기에 대단히 좋은 것으로 평가받는다. 이것은 하나님의 창조세계가 질서와 조화와 균형을 그 생명으로 가지고 있었음을 의미한다. 그리고 하나님은 이 창조세계를 잘 다스리고 관리하도록 인간에게 맡기셨다.

하나님이 이르시되 우리의 형상을 따라 우리의 모양대로 우리가 사람을 만들고 그들로 바다의 물고기와 하늘의 새와 가축과 온 땅과 땅에 기는 모든 것을 다스리게 하자 하시고 하나님이 자기 형상 곧 하나님의 형상대로 사람을 창조하시되 남자와 여자를 창조하시고 하나님이 그들에게 복을 주시며

> 하나님이 그들에게 이르시되 생육하고 번성하여 땅에 충만하라, 땅을 정복하라, 바다의 물고기와 하늘의 새와 땅에 움직이는 모든 생물을 다스리라 하시니라. (창세기 1:26~28)

〈창세기〉 1장 28절을 성경학자들은 하나님이 인간에게 명령하신 '문화명령(cultural mandate)'이라고 한다. 이것은 인간이 온 세상을 통치하고 관리하는 지배권을 가지고 있음을 의미한다. 이 명령을 문화명령이라고 부르는 것은 하나님이 만드신 세상을 하나님의 뜻에 따라 다스리고 발전시켜야 할 말씀으로 보고 있기 때문이다. 여기에 '정복하다'는 말이나 '다스리다'라는 말은 만물에 대한 지배권을 가지고 있다는 것을 잘 표현하는 말이다. 그러나 〈창세기〉에는 이 '다스리다'만 사용하고 있는 것이 아니다. 〈창세기〉 2장 15절에 보면 "지키게 하셨다."고 하였다. 이 동사는 히브리어 '섬긴다'는 뜻인 '아바드(עבד)'와 '지키다, 보존하다, 돌보다'는 의미인 '샤마르(שמר)'가 사용되고 있다(정수영, 2014).

그래서 인간이 자연을 지배하는 권한을 가지고 있지만 지구의 자원이나 생태계를 무책임하게 착취해도 된다는 뜻은 아니다. 그래서 에덴동산을 가꾸며 돌보라는 문화명령은 땅을 지배할 뿐만 아니라 그것을 가꾸고 보존해야 된다는 뜻이다. 구약성경 〈창세기〉에 담긴 뜻은 인간은 창조의 정점에 속한 존재로, 다른 피조물들에 대한 왕적인 통치권을 위임받은 존재로 창조되었다는 것이다. 최초의 인간인 아담과 하와가 에덴동산에 있으면서 자연과 더불어 조화로운 삶을 산 것도 인간과 자연 사이의 관계가 어떠해야 하는가를 분명하게 보여주는 것이다. 에덴에서의 삶은 자연에 대하여 착취나 수탈 또는 대결의 구조가 아니라 상호 공존과 의존하는 삶이었다. 하나님께서 인간에게 자연을 다스리고 지배하라고 하신 것은 창조세계의 관리와 보존을 인간에게 맡기셨다는 것이다. 따라서 인간은 하나님의 대리인으로 다른 피조물을 다스리되, 위임자이신 하나님의 선하신 뜻을 따라 자연질서를 유지하고 보존해야 한다.

자연은 결코 스스로에게 상처를 입히지 않으며 자신 안에 있는 질서와 조화와 균형을 스스로의 힘으로 파괴하지 않는다. 오늘날 우리가 맞고 있는 생태계 위기는 전적으로 인간의 행동에 의해서 초래된 것이다. 창조 이후 인간은 끊임없이 자연을 파괴해왔고 생태계를 교란시켜 왔다. 그 결과 자기회복 능력을 가지고 있던 아름다운 자연은 이제 스스로의 힘으로도 어떻게 하지 못하는 파괴와 혼돈의 현실에 직면하고 있다. 뿐만 아니라 인간의 삶을 생기 있게 해주어야 할 조화로운 창조세계가 이제는 인류의 생존 자체를 무너뜨릴 수도 있는 가장 큰 위협으로 바뀌고 말았다. 이것은 하나님의 창조세계인 자연 안에 어떤 결함이 있어서가 아니라 인간의 탐욕과 그로 인한 무분별한 자연 파괴 행위에서 비롯된 것이다. 바로 이러한 시점에서 우리에게 필요한 것은 생태계 위기의 원인에 대한 올바른 통찰이다. 성경은 생태계의 파괴가 인간의 범죄 행위에 기인한 것으로 본다. 인간의 잘못된 행동으로 인하여 자연이 인간과의 친밀한 사귐의 관계를 더 이상 유지하지 못한 채로 고통 속에서 신음한다는 것이다.

따라서 우리 모두는 생태계 문제를 자신의 문제로 알고 이 일에 적극 나서야 마땅하지만, 그에 앞서 자연을 병들게 함으로써 생태계 위기를 초래한 인간의 모든 범죄 행위에 대해서 뉘우쳐야 하며, 하나님의 아름다운 창조세계를 지키지 못한 것에 대하여 큰 책임 의식을 느껴야만 할 것이다. 우리가 참다운 뉘우침을 가지지 못하면 자연에 대한 우리의 무관심과 방임이 계속될 것이며, 심화되는 생태계 위기에 대하여 무심해질 것이다. 이것은 머리는 동의할지 모르나 몸은 움직일 수 없는 것과 같다. 하나님께서 창조세계를 만드시고 "보시기에 참 좋았다."고 하신 이 피조물의 아름다움을 지키지 못한 우리의 뉘우침이 없으면, 우리는 어떤 대안적 실천도 함께 시작할 수 없을 것이다.

생태계 위기와 관련하여 우리는 자연과 교감하며, 생명체에 대한 존엄과 경외심을 회복해야 한다. 집에서 키우는 애완동물과 교감하는 사람들이 애완동물을 가족처럼 대하듯이, 우리가 자연을 레저와 소비의 수단으로 볼 것이 아니라 자연과 교감하고, 자연 속에서 자연과 함께 기도할 수만 있다면 자연은 우리의 소중한 이웃이 될 것이다.

우리는 인간과 자연이 처음부터 상호 의존관계 속에서 창조되었다는 사실을 기본 인식으로 하여 인간이 자연 위에 군림하는 지배자이거나 자연이 인간을 위해 있다는 인간 중심적 세계관에서 벗어나 하나님이 우주 만물을 창조하신 분이요, 우리는 이 자연을 관리하는 관리자라는 인식을 가짐과 동시에 하나님의 뜻에 맞는 통치를 통해서 창조세계를 보존하고자 하는 하나님 중심적인 세계관을 회복하는 것이 필요하다(맹용길, 2006).

결론적으로 인간 중심주의는 생태계에 대한 성경적인 관점이 될 수 없다. 인간은 하나님의 형상대로 지음받았기 때문에 인격적인 존재로서 자연과는 구별되는 존재이다. 즉 인간은 인격을 가지고 있으며 따라서 인간은 창조에 있어서 독특한 위치를 점한다. 그러나 인간은 하나님이 창조하셨다는 의미에서 다른 모든 피조물과 연합되어 있다고 볼 수 있다.

그러므로 생태계에 대한 바람직한 패러다임은 하나님 중심주의가 되어야 한다. 하나님을 우주의 중심으로 생각하는 하나님 중심주의는 인간의 가치를 결정하는 절대적 권리를 부여함이 없이, 인간중심적 오만을 허용함이 없이, 인간의 지위를 보존한다. 또한 하나님 중심주의는 환경을 착취하는 것을 모순이라고 말한다. 하나님의 피조물을 착취하는 것을 모순이라고 말한다. 하나님의 피조물을 착취하는 것은 자연에 대한 하나님의 목적을 무시하는 것이 되며 결국에는 하나님을 무시하는 것이기 때문이다. 하나님 중심주의는 인간 중심주의와 생명 중심주의의 관심사 중 어느 것도 소홀히 여길 수 없다. 그래서 하나님 중심주의는 인간과 자연 모두의 필요를 다 충족시키게 된다.

오늘날 인류가 직면하고 있는 온갖 위기들은 정보의 부족 때문에 해결 못하는 것이 아니다. 지구의 지속가능성을 위협하는 모든 생태계의 위기는 원인과 문제와 해결방안을 몰라서 해결하지 못하는 것도 아니다. 문제를 알지만 사람들이 더 이상 위기를 보면서도 놀라지 않고, 정책과 제도와 삶을 변화시키기 위한 행동을 실행하지 않기 때문이다. 생태계를 보호하기 위한 여러 가지 실천적 프로그램과 운동도 필요하지만, 이와 동시에 우리들의 가치관과 의식이 변화하지 않을 때, 생태계를 보호하기 위한 모든 수고와 노력들은 끝없는 악순환을 거듭할 것이다.

가장 근본적인 해결책은 그밖에 우리가 이웃과 자연, 이 세계가 하나님으로부터 창조된 피조물임을 깨닫는 것이다. 자연을 단순한 대상으로 보지 않고 하나님의 귀한 피조물로 보며 하늘과 땅, 동물과 식물에 대한 자기의 책임을 인정하는 것이다. 그리고 무엇보다 생태계 문제를 해결하기 위해서는 먼저 인간의 생명이 보전되어야 한다. 세계의 수많은 어린이들이 굶주림과 질병으로 죽어가는 현실을 보면서 자연의 보전에 대해서만 이야기하는 것은 타당하지 못하다. 모든 불의한 정치적 · 경제적 · 사회적 관계가 국제적 차원에서 계속적으로 진지하게 다루어져야 할 것이다. 이러한 방향성 속에서 생태계 회복을 위한 구체적인 실천과제들을 하나씩, 작은 일에서부터 행동에 옮겨 나가야 할 것이다.

TALK

1. 오늘날 생태계 위기의 근본적인 원인은 무엇인가?
2. 하나님께서 창조하신 생태계를 대하는 기독교인의 바람직한 자세에 대하여 토론해보자.
3. 생태계를 하나님 중심주의로 바라보아야 하는 이유에 대해 이야기해보자.

제5장
일은 하나님의 선물이다

사람이 일생을 살아가는 동안 반드시 선택해야 할 것이 세 가지가 있다. 그것은 첫째, 삶의 방향성에 대한 문제로 '어떻게(How) 살아야 하는가?'이다. 둘째, 직업과 소명을 위한 것으로 '무엇(What)을 하며 살아갈 것인가?'이다. 그리고 마지막으로 배우자 선택에 관련하여 '누구(Who)와 살 것인가?'이다. 이번 장에서는 이 중에서 두 번째에 해당하는 직업(노동, 일)에 대해서 함께 살펴보고자 한다.

1. 자신의 존재 목적

자신이 존재하는 목적을 먼저 알아야 한다. 우리가 인생에서 직장이나 일터에서 보내는 시간과 그 중요성을 생각한다면 내 직업 선택에 있어서 심각하게 고민하는 것은 당연하다. 직업을 선택함에 있어 세계적 복음주의 변증가인 오스 기니스(Os Guinness) 박사가 그의 저서 《20대, 당신을 향한 소명》에서 한 말을 참고할 필요가 있다(홍병룡 역, 2009).

> "마음 깊은 곳에서 우리 모두는 자기 자신보다 더 큰 목적을 발견하고, 그것을 실천하기 원한다. 오직 더 큰 목적만이 우리로 하여금 자신의 힘으로는 결코 도달할 수 없다고 생각하는 지점까지 높이 오르도록 고무할 수 있다. 우리 각 사람에게 진정한 목적은 개인적이며 열정적인 것이다. 그것은 바로 우리가 무엇을 하기 위해 여기 있으며, 왜 해야 하는지를 아는 것이기 때문이다."

자신의 존재하는 목적을 먼저 알아야 자신이 앞으로 어떤 일을 하고 무엇이 되어야 할지를 알 수 있다는 것이다. 덴마

크 철학자 키에르케고르(Soren Kierkegaard)는 "내게 필요한 것은 내가 무엇을 배워야 하는가의 문제가 아니라 내가 무엇이 되어야 할 것인가의 문제를 분명히 이해하는 것이다." 라고 하면서 중요한 것은 나 자신을 이해하는 것, 하나님이 내게 원하시는 일을 보는 것이라고 하였으며, 20대 청년들이 내가 그것을 위해 살 수도 있고 죽을 수도 있는 아이디어 또는 직업을 찾아야 한다고 했다.

자신이 무엇이 될 것인가를 알아야 무엇을 배워야 할지 알 수 있다. 그래서 배움 이전에 내가 누구인지를 아는 것이 중요하다. 왜냐하면 자신이 존재하는 목적을 아는 사람만이 자신의 목표를 올바르게 설정할 수 있기 때문이다. 조금 더 자세히 설명을 한다면 자신이 누구인지를 먼저 알아야 구체적인 목표를 정할 수 있다는 것이다.

구체적인 목표는 언제나 '내가 누구인가?'라는 정체성과 관련되어 있다. 자신의 정체성이 교육가라면 훌륭한 교육가가 되기 위한 목표를 설정해야 한다.

윈스턴 처칠(Winston Leonard Spencer Churchill)과 같은 정치가가 자신의 정체성이라면 정치가가 되기 위한 훌륭한 목표를 설정해야 하고, 예술가라면 탁월한 예술가가 되기 위해 목표를 설정해야 한다. 자신이 존재하는 이유가 타인에게 봉사하고 섬김을 통해 하나님의 뜻을 이루는 기독교인이라면 섬김과 신앙에 탁월해지는 목표를 세우고 이루어 가도록 노력해야 할 것이다.

사람은 자신의 존재하는 목적을 이루기 위해 분명한 목표를 세울 때, 가장 강력한 에너지를 뿜어낼 수 있다. 《정상에서 만납시다》, 《시도하지 않으면 아무것도 할 수 없다》 등을 비롯해 25권의 베스트셀러를 발표한 세계적인 베스트셀러 작가이자, 예리하고 통찰력 있는 감각으로 다양한 비즈니스 컨설팅을 해왔던 세계적인 동기부여가 지그 지글러(Zig Ziglar)는 "목표를 정하면 방황하는 일반인에서 중요한 특정인물이 될 수 있고, 분명한 목표가 정해질 때, 내 자신 속에 있는 에너지가 뿜어져 나와 변화가 시작된다."고 하였다(이은정 역, 2015).

우리가 목표를 분명하게 알고 거기에 집중하여 제대로 된 목표를 세우기 위해서는 나 자신에게 던져야 할 몇 가지 질문이 있다.

첫째, "내가 하려고 하는 것은 무엇인가?"를 반복적으로 질문해야 한다. 이 질문에 대한 대답이 애매하거나 흐릿하다면 계획대로 목표를 성취하는 것은 불가능할 것이다.

둘째, "그것을 하기 위해서 어떤 노력을 하고 있는가?"라고 물어야 한다. "지금의 방법은 효과적인가? 내가 설정한 가정은 무엇인가? 사실이 아닌 것을 가정하고 있지는 않은가?" 등을 질문해야 한다.

셋째, "나의 진정한 목표는 무엇인가?"라고 물을 수 있어야 한다. 목표를 추구하는 동안 의욕적이고 열정적인 태도를 유지하기 위해서는 목표 이면에 있는 진정한 의도를 아는 것이 필수적이다.

넷째, "내 인생의 궁극적인 목적은 무엇인가?"를 질문하는 것이다. "내가 하는 일의 목적은 무엇인가? 내가 추구하고자 하는 목적은 무엇인가? 내가 꼭 달성하고 싶은 것은 무엇인가? 내 인생에서 진정으로 하고 싶은 것은 무엇인가?" 같은 질문을 반드시 나 자신에게 해야 한다. 이 질문들은 제대로 된 내 인생의 목표를 설정하기 위해 끊임없이 반복해야 할 질문이다. 즉, 직업을 선택함에 있어 목표를 정하는 것은 매우 중요하며 목표는 자신의 정체성을 발견하게 될 때 분명해지고 확실해진다.

2. 자기가 해야 할 일

자기가 해야 할 일을 찾아내야 한다. 영국의 사상가이자 역사가였던 토마스 칼라일(Thomas Carlyle)은 "사람들의 삶에서 가장 중요한 문제는 이 세상에서 자기가 해야 할 일을 찾아내는 것이다."라고 하였다. 자신이 평생 동안 해야 할 직업을 발견하는 것은 사람에게 있어 아주 중요한 일이다.

《내가 사랑하는 일*How to Find the Work You Love*》의 저자 로렌스 볼트(Laurence G. Boldt)도 내가 원하는 최상의 직업을 찾고자 한다면 다음의 네 가지를 반드시 점검하라고 하였다(이철민 역, 1998).

첫째, 먼저 자신의 내면의 소리에 귀를 기울이도록 한다. 내가 하는 일에 대하여 얼마만큼의 성실성을 가지고 있는가를 점검하라는 것이다.

성실한 마음으로 일하면 좋은 결과를 얻는다. 억지로 짜내고, 억지로 만들어내는 것은 왠지 거북하고 부자연스럽다. 하나님이 우리에게 원하시는 것은 우리 자신이 일을 할 때 성실한 성품으로 일하기 원하신다.

그러면 성실한 성품이란 무엇을 의미하는 것일까? 성실한 성품은 일관성 있고 한결같은 성품을 말한다. 어떤 어려움이나 시련이 와도 성실한 성품을 가진 사람은 상황에 따라 선택하거나 결정하지 않는다. 자신이 믿는 올바른 가치를 따라 선택한다. 그가 한 말과 행동에는 일관성이 있다. 성실한 성품을 소유하고 싶다면 어려운 시련을 이겨내고 아름다운 성품을 지녔던 헬렌 켈러(Helen Adams Keller)의 말을 기억할 필요가 있다.

> "성품은 편안함과 조용함을 통해서는 개발될 수 없습니다. 오직 시련과 고난의 경험을 통해 우리는 강해지고, 우리의 비전이 더욱 분명하게 되며, 우리의 목표가 이루어집니다."

둘째, 나 자신을 감동시키는 것은 무엇인가를 찾으라. 이것은 내가 어떤 일에 대하여 나 자신이 헌신적이고 봉사하는가를 점검하라는 것이다. 우리가 하는 일은 자신의 유익뿐만 아니라 다른 사람들에게도 유익을 줄 수 있어야 한다. 그러므로 직업은 다른 사람들과 연결되어 있다고 할 수 있다. 내가 하는 일이 다른 사람에게 어떤 반응을 일으키는지 관찰해보아야 한다.

노래에 재능이 있고 노래 부르는 것을 좋아한다면, 노래를 부를 때 다른 사람들이 내가 부른 노래에 행복해하고 기쁨을 얻는다고 한다면, 나는 노래를 통해 다른 사람들을 섬기고 나 자신도 노래를 통해 감동받을 것이다.

하나님은 직업을 통해 이웃을 섬기며, 세상을 더욱 평화롭고 아름답게 만드는 일을 하라고 하신다. 그래서 하나님은 우리 각자의 체질을 아시고, 성향을 파악하여 사람들을 섬기며 헌신할 수 있는 일을 할 수 있도록 우리 모두에게 가장 적합한 재능을 허락하셨다. 그러면 하나님이 주신 이 '재능'이라는 것을 어떻게 이해하면 좋을까? 재능은 타고난 것이며 하나님께서 주신 사인이다.

사인(sign)이란 '서명하다'라는 뜻과 '신호해주다'는 사전적 의미가 포함되어 있다. 이 사인을 잘 받아들이고 개발할 때 하나님께서는 그 사람의 미래를 열어 주신다. 그러나 자신의 재능만 믿고 하나님의 인도를 무시한 노력과 개발은 자신을 해치는 도구로 전락할 수 있다.

또한 재능은 하나님께서 주신 사명이다. 그 사명을 잘 감당하고자 하는 자는 하나님으로부터 인정받을 것이다. 재능은 하나님께서 주시는 선물이다. 그러므로 우리가 해야 할 일은 내 안에 있는 하나님의 재능을 발견하고 개발하는 것이다. 계속해서 연구하고 확장해서 그 재능을 가지고 이웃을 위해, 하나님의 목적을 위해 사용해야 한다. 나에게 주어진 재능을 따라 일하고 직업을 선택하게 될 때 자신과 다른 사람을 유익하게 할 수 있다.

셋째, 내가 일을 할 때 가장 큰 기쁨을 얻는 일은 무엇인지 반드시 확인하라. 나 자신이 가진 재능을 통해 정말 기뻐하면서 할 수 있는 일은 무엇인가를 점검하라는 것이다. 일을 할 때 중요한 것이 유쾌함이다. 일할 때 진지함도 중요하지만 더 중요한 것이 기쁘게 일할 수 있느냐는 것이다. 일할 때 기쁘면 시간 가는 줄 모른다. 집중하게 되고 몰입하게 된다. 그리고 기뻐하는 일을 통해 더욱 탁월해질 수 있다.

2015년 1월 호주에서 열린 아시안컵에서 우리 대한민국을 준우승으로 이끈 울리 슈틸리케(Uli Stielike) 축구대표팀 감독은 "한국 축구가 더 성장하기 위해서는 좀 더 축구를 즐길 수 있어야 한다."고 말했다. 위대한 직업은 얼마만큼 내가 기뻐하고 즐거워하느냐에 있다.

넷째, 내가 최고의 결과를 얻을 수 있는 일이 무엇인가를 발견해야 한다. 내가 이 땅에 태어나서 가장 공헌할 수 있는 것은 무엇인가를 점검하라는 것이다.

우리는 굉장한 일을 하기 원하지만 하나님은 우리가 하는 일에 사랑을 담아야 한다고 하신다. 하나님이 보시기에 굉장한 일은 그 일의 크기가 아니다. 사람의 이목을 얼마나 끄느냐도 아니다. 그 안에 얼마나 사랑이 담겨져 있느냐가 중요하다고 하신다.

> 내가 사람의 방언과 천사의 말을 할지라도 사랑이 없으면 소리 나는 구리와 울리는 꽹과리가 되고 내가 예언하는 능력이 있어 모든 비밀과 모든 지식을 알고 또 산을 옮길 만한 모든 믿음이 있을지라도 사랑이 없으면 내가 아무것도 아니요. 내가 내게 있는 모든 것으로 구제하고 또 내 몸을 불사르게 내어 줄지라도 사랑이 없으면 내게 아무 유익이 없느니라.
>
> (고린도전서 13:1-3)

인도 캘커타에서 45년 동안 병자와 빈민들을 위해 헌신했던 마더 테레사(Mother Teresa) 수녀는 "하나님께서 당신을 어느 곳에 데려다 놓든 그곳이 바로 당신이 있어야 할 곳이며, 중요한 것은 우리가 무엇을 하느냐가 아니라 그 일에 얼마나 많은 사랑을 쏟고 있느냐이다."라고 말하였다. 또한 그는 "우리는 굳이 굉장한 일을 할 필요가 없다. 우리의 행동과 일에 사랑이 들어가면 최고의 결과가 나오기 때문이다."라고 하였다.

김연아 선수의 코치였던 브라이언 오서(Brian Ernest Orser)는 김연아 선수의 큰 장점은 스케이팅을 잘 다루는 뛰어난 기술이 아니라 스케이팅을 진정으로 사랑하는 것이라고 말했다. 직업을 선택하는 데 있어 정말 중요한 것은 내가 하는 일에 사랑의 의미를 부여하는 것이다. 그러면 내가 할 수 있는 최고의 결과를 만들어낼 수 있다.

2014년 한국고용정보원에서 105개 직업군의 성인 재직 근로자 3,148명을 상대로 직업가치관 검사를 실시한 결과에 따르면, 우리나라 성인 근로자들은 직업선택에서 '직업안정'을 가장 중시하고, 다음으로 '몸과 마음의 여유(2순위)', '성취(3순위)', '금전적 보상(4순위)'을 중요하게 여기는 것으로 나타났다. 직업가치관 검사는 '성취', '봉사', '직업안정' 등 직업선택에서 중요하게 여기는 13가지 항목에 대한 개인의 선호도를 측정한 것으로 2004년에 동일하게 실시한 조사 결과와 비교하면, 직업선택요소 1위 '직업안정'은 10년 전에는 3순위였으며, '몸과 마음의 여유'는 10년 전에도 2순위였고, 3위 '성취'는 1위에서 두 단계 내려온 것을 확인할 수 있다. 이와 같은 결과는 최근 우리 사회에 계약직이나 임시직이 늘어나고 조기퇴직이 증가하는 등 고용환경이 변화하면서 많은 사람들이 안정적인 직업을 가지려는 욕구가 높아졌고, 몸과 마음이 여유로운 근로환경을 추구하는 경향이 높아지고 있음을 말해준다.

그런데 시대에 역행하는 직업 선택을 강요하는 학교가 있다. 기독교 정신으로 설립된 거창고등학교 강당 뒤편에는 유리액자가 하나 걸려 있다. 그 액자의 내용은 1980년대 초에 이곳 학교 전·현직 교장 선생님들이 함께 지은 그 유명한 '직업선택의 십계(十戒)'이다. 학생들이 앞으로 무슨 일을 하든지 마음속에 새겼으면 하는 바람으로 하나하나 정했다고 한다. 다음은 십계의 내용이다(강현정·전성은, 2015).

> 첫째, 월급이 적은 쪽을 택하라.
> 둘째, 내가 원하는 곳이 아니라 나를 필요로 하는 곳을 택하라.
> 셋째, 승진의 기회가 거의 없는 곳을 택하라.
> 넷째, 모든 조건이 갖추어진 곳을 피하고 처음부터 시작해야 하는 황무지를 택하라.
> 다섯째, 앞을 다투어 모여드는 곳을 절대 가지 마라. 아무도 가지 않는 곳을 가라.
> 여섯째, 장래성이 없다고 생각되는 곳으로 가라.
> 일곱째, 사회적 존경을 바랄 수 없는 곳으로 가라.
> 여덟째, 한가운데가 아니라 가장자리로 가라.
> 아홉째, 부모나 아내가 결사반대를 하는 곳이라면 틀림이 없다. 의심치 말고 가라.
> 열째, 왕관이 아니라 단두대가 기다리고 있는 곳으로 가라.

이 글을 매일 보는 학교 학생들은 물론이거니와 이미 사회에 진출하여 저마다 직업을 가지고 열심히 살아가고 있는 대부분의 어른들에게도 고개를 갸우뚱거리게 만드는 문구들이다. 극심한 취업난 속에서 누구나 안정되고 연봉이 높은 직업을 선호하는 오늘날의 현실과는 동떨어져 보인다. 일부러 이렇게까지 할 필요가 있을까 싶기도 하고 누가 이처럼 '바보같이' 살 수 있을까 하는 생각도 든다.

이 거창고등학교 직업선택의 십계에 담긴 정신은 직업에 관한 '역설의 진리'를 이야기하고 있다. 루터와 칼빈의 종교개혁운동의 핵심이 바로 '직업 소명론'이다. 기독교인에게 있어 직업(job)이란 곧 하나님이 나에게 주신 이 땅에서의 사명을 실행하는 도구(vocation)라는 것이다. 그러니 직업에는 귀천(貴賤)이 있을 수 없다. 귀천은 사람이 정해놓은 것이다. 비록 나의 직업이 돈을 많이 벌지 못하고 승진할 기회가 없다고 해도, 처음부터 끝까지 스스로 감당해야 하고 사람들에게 전혀 인기가 없다고 해도, 장래성도 없고 사람들로부터 주목이나 존경을 받지 못한다고 해도, 나를 사랑하는 사람들에게조차 인정받지 못한다 해도, 내가 선택한 직업이 하나님이 나에게 주신 사명이라면 그것으로 족하다는 것이다.

거창고등학교 직업선택의 십계의 정신은 이 학교 졸업생의 글에서 압축적으로 잘 드러나 있다.

"직업선택의 십계 정신을 따르는 건축가가 만든 다리는 무너지지 않고, 직업선택의 십계 정신을 준수하는 의사라면 사람의 목숨을 가장 소중히 여긴다. 직업선택의 십계 정신을 잣대로 삼은 판사라면 판결을 믿을 수 있고, 직업선택의 십계 정신으로 무장한 기자라면 거짓을 전하지 않으며, 직업선택의 십계 정신을 지키는 교사라면 안심하고 자녀를 맡길 수 있다."

직업선택의 십계는 세상이 정해놓은 외적인 기준이 아니라, 내가 꿈꾸는 삶을 소신 있게 살아갈 용기를 주며, 이는 직업을 통해 그토록 사람들이 원하는 진정한 행복한 삶을 살아가는 길을 제시해주고 있다.

3. 일의 의미

1) 일은 신성한 사명

기독교적 관점에서 일은 창조 질서의 일부로서 신성한 것이다. 하나님은 천지를 창조하시고 난 후 인간에게 세상의 모든 것을 관리하고 다스리도록 명령하셨다.

> 하나님이 그들에게 복을 주시며 하나님이 그들에게 이르시되 생육하고 번성하여 땅에 충만하라, 땅을 정복하라, 바다의 물고기와 하늘의 새와 땅에 움직이는 모든 생물을 다스리라 하시니라. (창세기 1:28)

노동, 즉 일은 하나님께서 이 세상을 본래의 모습대로 회복하고 재창조하기 위해서 인간에게 부여한 특권이고 의무이며 사명이다. 그러므로 노동은 하나님과 이웃을 섬기는 신성한 사명이며 인간의 꿈과 행복을 성취할 수 있는 유쾌하고 즐거운 특권이다. 따라서 중세 교회에서는 일하지 않는 게으름(sloth)을 일곱 가지 큰 죄악(the seven deadly sins)의 하나로 간주했다.

그러나 인간의 타락과 죄로 인해서 노동의 신성한 의미가 오염되었다. 노동이 즐거운 특권이 아니라 자신의 생존과 이기적 욕심의 성취를 위한 방편으로 변질되었다. 부패한 인간들은 일을 통해 자신의 욕심을 채우고 일을 명예와 권력과 부와 향락의 수단으로 바라보게 되었다. 그래서 개인과 소수의 탐욕을 채우기 위해 다른 사람들을 이용하고 희생시키는 지나친 성취주의가 신성한 노동을 탐욕의 수단으로 변질시켜버렸다.

2) 예수 그리스도의 명령

> 예수께서 그들에게 이르시되, 내 아버지께서 이제까지 일하시니 나도 일한다 하시매. (요한복음 5:17)

예수님께서는 제자들에게 일을 명령하셨다. 창조주 하나님께서 일하시니 예수님께서도 일하셔야 하고 예수님께서 일하시니 제자들도 일해야 한다는 명령이다. 예수님께서는 인간의 죄와 타락으로 부패한 세상을 자신의 목숨을 희생하여 다시 회복하고 구원하셨다. 제자들이 해야 할 일은 예수님께서 회복하신 새로운 세상을 유지하고 관리해야 하는 사명이다. 그 일은 제자들뿐 아니라 온 인류에게 주어진 사명이다. 그러므로 일은 인간의 존재 목적이며 의미이다.

4. 올바른 직업관

1) 소명으로서의 일(직업)

16세기 종교개혁자 장 칼뱅(Jean Calvin)은 노동의 신성함을 강조했고, 19세기 독일의 사회과학자 막스 베버(Max Weber)는 칼뱅의 신학을 기초로 직업은 신의 소명에 의한 것이며 금욕정신에 위배되는 이익 추구는 신의 뜻에 위배되는 것이라는 '직업 소명설'을 주장했다. 영어에서 직업을 의미하는 'vocation'이란 단어는 라틴어 'vocare(부름을 받음, 소명)'에서 파생된 말로서 직업은 곧 소명이라는 의미를 담고 있다. 일(직업)에 대한 소명의식은 직업윤리의 근거가 되는 중요한 요소이다. 그러므로 건전한 사회 발전을 저해하는 비윤리적 · 반사회적 직업은 소명이 될 수 없다.

2) 일의 궁극적 목적: 경천애인

예수께서 이르시되 네 마음을 다하고 목숨을 다하고 뜻을 다하여 주 너의 하나님을 사랑하라 하셨으니 이것이 크고 첫짜 되는 계명이요. 둘째도 그와 같으니 네 이웃을 네 자신과 같이 사랑하라 하셨으니. (마태복음 22:37-39)

위의 성경의 구절을 '경천애인(敬天愛人)'이라고 한다. 예수님께서는 "하나님 사랑, 이웃 사랑"이 인간의 삶의 궁극적 목적이며 성경과 예언자들의 모든 가르침이 이 두 계명에 기초한 것이라고 말씀하셨다. 그러므로 기독교적 직업관에서 일의 궁극적 목적은 개인의 이익이나 욕망의 성취가 아니라 경천애인을 통한 복지사회의 구현이다. 그러므로 자신이 하고 있는 일들이 궁극적으로 경천애인을 지향하고 있는지를 점검하는 것은 매우 중요한 일이다.

3) 섬김과 봉사로서의 일(직업)

무슨 일을 하든지 마음을 다하여 주께 하듯 하고 사람에게 하듯 하지 말라. (골로새서 3:23).

경천애인에 근거한 노동은 자신의 이익을 보호하기 위해 이웃을 이용하거나 혹사시키는 자기중심적이고 지배적인 관계가 아니라 이웃을 섬기고 봉사하며 함께 나누는 섬김과 봉사의 노동이 되어야 한다. 그러므로 기독교적 직업관에서 조직이나 기업은 공동의 선한 목적을 실현하기 위한 섬김과 봉사와 나눔의 공동체가 되어야 한다.

5. 적합한 직업 선택하기

1943년 어느 날 열일곱 살의 소년 존 고다드(John Goddard)는 자기 집 식탁에 앉아 자신의 미래의 모습을 상상하고 있었다. 그러다가 그는 종이 한 장을 가져와서 맨 위에 '나의 인생 목록'이라는 제목을 적었다. 그리고 제목 아래에다 존은 자신이 평소에 상상해왔고 하고 싶었던 인생의 목표들을 하나씩 적어 내려가기 시작했다. 그날 존이 종이에 적은 인생의 목표는 모두 127가지였는데 그의 목표들을 주제별로 보면 ① 탐험하고 싶은 장소들, ② 원시문화 답사, ③ 등반하고 싶은 산, ④ 배우고 싶은 것들, ⑤ 수중탐험, ⑥ 여행할 곳들, ⑦ 하고 싶은 일들 같은 것이었다. 그 후 2009년 존이 83세가 되었을 때 자신이 열일곱 살 때 적은 인생의 목표 목록들을 점검해보니 그중에서 108가지의 목표를 이루었다는 사실을 알게 되었다.

올바른 직업을 찾기 위해서는 먼저 올바른 가치관을 지녀야 하고 실현 가능한 꿈을 가져야 한다. 당신은 경천애인에 근거한 가치관을 지니고 있는가? 당신의 꿈은 무엇인가? 당신은 그 꿈을 이루기 위해 구체적인 계획을 가지고 있는가? 그렇다고 하면 다음의 단계를 실천하기 바란다.

첫째, 꿈 목록(dream list)을 만들어라.

둘째, 매일 꿈 목록을 읽으며 당신의 꿈을 마음속에 의식화시켜라.

셋째, 구체적인 실천계획을 세우라.

넷째, 매일 작은 것부터 실천하고 실천한 내용을 하나씩 표시해 나가라.

TALK

1. 자신의 존재 목적과 해야 할 일에 대해 토의해보자.
2. 일이 소명(vocation)이 되어야 할 근거는 무엇인가?
3. 올바른 직업관을 자신이 희망하는 직업 분야에 적용해보자.
4. 각자의 꿈 목록(dream list)을 적어보고 서로의 생각을 나누어 보자.

제2부

인간의 타락은 무엇으로 치유 가능한가?

제6장
죄 때문에 자유롭게 살 수 없다

인간은 정말 죄를 지었을까? 그렇다면 죄의 시작은 어디서부터인가? 사람들은 이런 질문에 대해 불쾌하게 생각한다. 그 이유는 죄라는 단어 자체에 대한 민감함도 있겠지만, 자신은 죄와는 무관하다고 생각하기 때문이다. 그래서 기독교에서 언급하는 죄는 특정한 사람 혹은 기독교를 믿는 사람들의 문제로 여겨진다. 이러한 의식이 과연 올바른 것인지 아니면 그릇된 것인가를 생각해보는 것은 중요하다. 기독교에서 모든 인간은 죄를 가지고 있는 것으로 간주되기 때문에 이 문제를 해결하지 않고서는 기독교를 바르게 이해할 수 없다.

사실 죄의 문제를 다루는 것은 쉬운 일이 아니다. 왜냐하면 죄란 눈에 보이는 문제이기보다 인간 내면의 문제로 치부되기 때문이다. 그렇다면 죄는 어디에서부터 시작되었는가에 대한 기원부터 생각해봐야 한다. 인간이 죄를 짓기 시작한 때는 언제부터이며, 그로 인한 결과가 무엇인지를 아는 것은 중요하다.

1. 죄란 특정한 사람에게 있는가?

아담과 하와의 이야기는 〈창세기〉 2장과 3장에 나온다. 이 이야기는 누구나 한번쯤 들어본 이야기일 것이다. 하나님이 아담을 만드신 후 외로운 것을 보시고, 그의 아내 하와를 돕는 배필, 즉 아내로 만드셨다. 그들은 에덴(eden) 동산에 거주하면서 편안한 삶을 이어 갔다. 하나님은 아담에게 동산에 있는 것 중에서 '선악을 알게 하는 나무'의 열매를 제외하고, 마음껏 먹고 사용하게 했다. 그러나 뱀은 아담의 아내 하와를 유혹해서 하나님의 명령을 어기도록 했다. 이 사건으로 인해서 하나님과 인간의 관계는 깨어지고, 인간이 하나님으로부터 멀어지는 계기를 가져왔다.

이 이야기에서 생각할 수 있는 것은 '왜 하나님은 선악을 알게 하는 나무를 만드셨는가?'라는 것이다. 처음부터 만들지 않았으면, 인간이 죄를 범하지 않았을 것이며, 그로 인해 고통도 없었을 것이다. 이 질문에 대해 생각해볼 수 있는 것은 인간은 창조주(하나님) 앞에서 주인이 될 수 없다는 것이다. 물론 창조하신 분이 어떤 원인이 될 만한 것을 제공하지 않았으면 아무 문제도 일어나지 않았을 것이다. 그러나 문제는 다른 곳에 있다. 인간은 창조주에 의해 만들어진 존재라는 것이다. 이것은 복종을 의미하는 것이 아니라 존중해야 할 대상에 대해 신뢰를 보여준다는 의미를 내포한다. 이런 차원에서 인간은 신뢰를 보여주지 못했다. 따라서 인간은 창조주의 약속을 어기게 되었고, 그 결과 하나님으로부터 멀어지게 되었다.

여기에서 한 가지 더 생각해볼 수 있는 것은 타락과 죄 중에서 무엇이 먼저인가이다. 당연한 대답이 될 수도 있지만 타락 이전에 죄가 앞선다. 왜냐하면 인간은 죄로 인해서 창조주와의 관계가 왜곡되었기 때문이다. 그 의미는 인간에게 주어진 것을 바르게 인식하거나 판단할 수 없게 만든다. 즉 아무리 인간이 뛰어난 지식을 소유했을지라도 하나님으로부터 시작되지 않은 것은 왜곡될 수밖에 없다. 그렇기 때문에 창조주와 인간의 관계에서 죄로 인한 '왜곡'은 올바른 목적을 향해 가도록 두지 않는다. 이러한 결과는 살인, 간음, 탐욕 등에서 타락의 영향력을 쉽게 찾아볼 수 있다(양성만 · 홍병룡 역, 2007). 죄는 단순히 그 순간으로 멈추는 것이 아니다. 그로 인해 동반되는 것이 더 광범위하거나 더 나쁜 영향으로 우리를 부패하게 만든다.

그렇다면 죄란 무엇인가?

첫째, 죄는 인간을 바른 방향으로 가지 못하게 만든다. 앞에서 살펴보았지만, 하나님은 아담을 시험하고자 하는 목적보다 존중의 대상으로 대하고 있다. 존중은 신뢰이며 서로 간의 약속이다. 사실 창조주가 무엇 때문에 인간에게 '~을 하자'라는 약속을 할 필요는 없다. 하지만 동등한 입장에서 하나님은 인간을 대우하려고 했다. 이처럼 죄는 신뢰를 저버리는 결과를 가져온다.

둘째, 죄는 그 순간에 멈추지 않고 영역을 확장해가며 또 다른 것을 파생시키는 역할을 한다. 결국 아담은 하나님과 자신과의 약속을 깨뜨려서 하나님을 속이고, 더 위대해지려고 하는 욕망을 품게 됐다. 따라서 죄는 인간을 타락하게 하며 그로 인해서 악한 생각을 만들어낸다. 《창조 타락 구속》의 저자 알버트 월터스(Albert M. Wolters)와 마이클 고힌(Michael W. Goheen)에 의하면 악은 선의 왜곡으로서만 존재하지만, 그래도 선으로 환원될 수 없는 점을 강조한다. 이 언급은 죄는 그 자체로 선할 수 없을 뿐만 아니라 다른 어떤 것으로 해결할 수 있는 것이 아니다. 죄는 그 자체로 왜곡된 모습을 드러내는 것이며 또 다른 파생효과를 불러올 수 있다(양성만 · 홍병룡 역, 2007).

2. 죄의 특징은 왜곡시키는 것이다

영국의 존 스토트(John Stott) 목사에 의하면 죄는 헬라어로 다음과 같은 의미로 사용된다. 첫 번째 '하마르티아(Hamartia)'는 표적에서 벗어난 것, 목표에 이르지 못한 것, 목적에서 이탈한 것을 의미한다. 두 번째 '아디카(adika)'는 불의나 부정을 말할 때 쓰는 단어이다. 세 번째 '포내로스(Poneros)'는 사악하고 부패한 종류의 악을 말할 때 사용한다. 네 번째 '파라바테스(Parabates)'는 범죄자(transgressor)를 의미하는 단어로 보통 특별히 '법을 위반하는 것'과 관련될 때 사용한다. 마지막으로 '아노모스(Anomos)'는 불법(iniquity), 무법, 탈법 등 법을 넘어설 때 쓰는 단어이다.

이렇게 죄라는 단어 하나에도 다양한 말과 의미를 내포한다. 어떤 악한 행동이나 악한 사고가 아니라 하나님을 떠난 인간의 실존 자체가 죄이다. 그러나 사람들은 어떤 한 현상, 수많은 단어 속에 한 가지 단어만 죄라고 생각하기 때문에 별 생각 없이 넘어가는 경우가 많다. 이런 현상은 문화의 다양성이 두드러질수록 더 심하게 나타난다.

문화가 다양해질수록 사람들에게 죄에 대한 생각이 더디어지는 이유는 무엇일까? 이에 대한 대답은 다음과 같이 언급될 수 있다.

첫째, 사람들이 죄를 보는 시각의 차이에서 드러난다. 예컨대 작은 잘못은 죄라기보다 잘못에 불과한 것이다. 이러한 사소한 잘못은 사과하거나 용서를 구하고 간단하게 해결할 수 있다. 우리가 잘 이용하는 대중교통에서 젊은 사람이 나이 든 어르신에게 자리를 양보하지 않는다고 해서 죄를 지었다고 할 사람은 아무도 없다.

둘째, 뚜렷한 기준이 없거나 개인에 따라 기준이 다르기 때문이다. 현대사회를 일컬어서 '다원주의' 사회라고 한다. 다원주의는 각 구성원들이 하나의 기준을 따르는 것이 아니라 각자의 기준과 목적이 다르다는 것을 인정하는 것이다. 이러한 사회에서는 다양함이 미덕이며 굳이 한 가지의 목적을 고수할 필요가 없다. 그렇기 때문에 죄를 바라보는 관점도 다양하게 나타날 수밖에 없다.

최근 들어 우리나라에서도 동성결혼(same-sex marriage)이 이슈화되고 있다. 현재는 사회적 통념과 윤리적인 문제로 인해서 동성 간의 결혼을 합법적으로 인정하지는 않지만, 시간이 흐를수록 점차 동성 간의 결혼도 자연스러운 것으로 자리매김할 수 있다. 이것은 비단 우리의 문제만은 아니다. 다양한 사회, 문화로 접어들수록 문제는 더욱 심각하게 나타날 것이고, 이보다 더한 문제들도 우리의 생활 속에서 드러나게 될 것이다. 이러한 문제가 죄와 무슨 상관이 있는가라고 반론을 제기할 수도 있다. 물론 다양한 것이 부정적이지만은 않다.

여기서 언급하고자 하는 것은 다양한 사람들이 다양함을 추구하는 것에 대해 논의하려는 것이 아니라 다양함 속에 숨어 있는 본질에 대한 것이다.

이에 대해 기독교 세계관의 입장에서 본다면, 다양한 가치관, 문화 등을 공유하는 사람들은 늘어가지만, 그 다양함 속에 진리는 점차 소멸되어진다는 표현이 옳을 것 같다. 다시 말해서 어떤 문제를 보는 관점이 지나치게 관대하거나 시대에 따라 변하는 것을 당연하게 여기게 된다는 것이다. 이러한 현상들은 인간에게 죄 의식도 없고, 죄 감각도 없게 만들 수 있다. 이점에 대해 기독교는 죄의 문제에 대해 우려하는 것이다. 단지 죄가 없는데 죄인이라고 이야기하는 것이 아니라 본질 안에 담겨 있는 것을 오용하거나 그 본질을 왜곡하는 것에 대해 미연에 방지하고자 하는 뜻을 담고 있다.

아담과 하와가 하나님과의 관계를 깨뜨린 것이 뭐 그리 큰 잘못인가라고 생각할 수 있다. 그리고 그만한 잘못으로 모든 인간이 죄인 취급을 받는 것에 대해 불쾌하게 여기는 사람도 있다. 그러나 이 문제는 단순한 것이 아니다. 기독교는 단순히 구태의연한 이야기를 늘어놓는 것이 아니라 그 이후에 일어날 일에 대한 심각성을 경고하는 것이다. 즉 죄의 문제는 아담과 하와의 문제에서만 끝나는 것이 아니라 또 다른 문제를 동반한다. 그것은 인간 본성의 문제이기도 하다. 인간은 아무리 사물을 바르게 인식할지라도 한계를 안을 수밖에 없다. 그 이유는 인간의 사고는 이미 왜곡되어 있기 때문이다. 앞에서도 언급했지만 인간은 창조주와의 관계에서 어긋났다. 그래서 인간이 사물을 제대로 인식한다는 것에 한계를 인정해야 한다. 인간이 자신과 사회 등을 제대로 인식하기 위해서는 죄의 의미가 무엇인가를 알아야 하는데 우리의 관점이 치유되지 않고서는 어렵다(톰 라이트 저, 양혜원 역, 2009).

인간이 죄를 지었다는 것은 사회적으로 큰 범죄를 하거나 남을 속여서 교도소에 수감되는 것을 의미하지 않는다. 진정한 의미의 죄는 하나님을 떠남으로 인해서 진리가 무엇인지를 판단할 수 없게 되며, 그 결과로 자신의 삶이 왜곡되는 것을 뜻한다. 이러한 영향은 인간의 삶 속에 잘 드러난다. 사람들이 살아가면서 자신의 이익을 위해 다른 사람을 속이고, 인권을 무시하거나, 섬기기보다 군림하려는 습성을 보이며, 자신의 안전을 위해서 타인을 희생시키거나, 타인의 것을 빼앗는 만행 등에서 찾아볼 수 있다.

물론 우리는 이러한 행동들에 대해서 나쁘다는 것을 알지만 또 다시 같은 행동을 반복하는 경우가 많다. 왜 인간은 잘못을 여과 없이 반복하는 것일까? 그리고 이에 대해 잘못을 뉘우치고 또 다른 잘못을 하는 것일까? 이러한 질문 속에는 죄의 습성이 얼마나 무서운 것이고, 죄로부터 자유로울 수 없다는 것을 잘 엿볼 수 있다.

한마디로 죄는 자신을 바르게 볼 수 없도록 하는 것이며, 왜곡된 것을 마치 올바른 것처럼 인식하게 하는 데 심각한 문제를 안고 있다. 그러므로 인간이 죄의 문제에 대해 사소하게 여기는 것 또한 결핍된 존재임을 드러내는 것이다. 자연주의 사상을 주창했던 루소는 자연교육을 통해서 사회와 문화에 의해 왜곡되기 이전의 본래적인 인간의 모습을 회복하고자 했다(김상섭, 2009). 이러한 교육은 인간을 자연 그대로 혹은 원시사회로 되돌려서 본성을 회복해야 올바른 교육을 할 수 있다는 차원에서 논의한 것이다. 그러나 아무리 인간이 원점으로 돌아가도 근본적인 문제를 해결하지 않고서는 아무 소용이 없다. 바로 하나님과 인간의 관계가 회복되지 않고서는 올바른 관계를 정립하기란 결코 쉽지 않다.

인간이 바르게 인식하고 왜곡된 인간의 본성을 회복하기 위해서는 '죄'의 근본적인 문제를 해결해야 한다. 이 문제를 해결하기 위해서 기독교는 죄를 언급하는 것이고, 인간의 본성에 남아 있는 죄의 부스러기를 파괴하고자 계속해서 설명하고 부르짖는 것일 뿐 사람들을 모으기 위한 회유책으로써 죄의 문제를 부각하는 것이 아니다. 따라서 죄는 창조주를 창조주답지 않게, 인간 스스로의 정체성을 희미하게 만드는 힘을 갖고 있다. 인간이 안고 있는 근본적인 문제를 염두하지 않고서 인간, 사회, 세상을 바르게 인식한다는 것은 어렵다. 끊임없이 문명과 기술이 발전하더라도 진리가 무엇인지를 분간할 수 없다면 아무 소용이 없다.

3. 죄의 결과

사람들은 죄라고 하면 윤리적인 죄를 먼저 생각한다. 사람들은 흔히 죄를 단순한 잘못, 규범에서 벗어난 것 정도로 가볍게 여긴다. 또한 사람들은 죄를 짓고 들키지 않으면 죄를 지은 것이 아니라고 자신을 합리화시킨다. 이런 이유로 사람들은 양심에 조금 꺼려지더라도 쉽게 무시해버리곤 한다. 증거가 있고, 들킨 것만을 죄라고 생각하기 때문에 우리는 굉장히 뻔뻔해질 때가 많다. 그래서 일반적으로 사람들은 어떻게 죄를 짓지 않는가 보다 어떻게 들키지 않을까에 관심을 갖는다. 우리의 문화와 법도 죄를 짓지 않는 데 관심이 있는 것이 아니라 들키지 않는 데 관심이 있어 보인다. 이러한 원인은 어디에서 기인하는가? 숨고자 하는 마음, 드러나지 않으면 안도의 한숨을 쉬면서 모면하는 모습을 지닌 인간을 과연 위대하다고 말할 수 있는가?

누구나 살면서 한번쯤은 크고 작은 잘못을 하며 살아간다. 그렇다면 이 모든 행위들이 죄란 말인가? 이 점에 대해 지금까지 살펴본 것을 토대로 언급할 수 있는 것은 인간 내면에 안고 있는 죄의 본성 혹은 본질이 문제라는 것이다. 겉으로 드러나는 행동은 그 안에 담고 있는 마음이 문제인 것이다. 따라서 죄의 문제 해결 없이는 인간의 욕망은 계속될 것이며, 그 욕망이 선하다고 이야기할 수 없다. 죄의 결과는 무엇이고, 우리의 삶에서 어떻게 드러나는가?

사람들은 종종 "좋지 못한 사람들이 잘사는 것을 어떻게 이해할 수 있으며, 선하게 생활해도 인생이 고달프면 무슨 소용이 있는가."라는 이야기를 한다. 이런 생각에서 나올 수 있는 것은 "다른 사람도 저렇게 사는데 나 하나쯤이야 어떤가."이다. 이런 생각들이 모이게 되면 우리가 사는 세상은 지탱하기 어려울 것이다. 사실 이런 상황은 극단적인 것이 아니다. 진정 극단적인 경우를 들자면 인간이 하나님을 모르고 사는 경우일 것이다. 마치 눈에 보이지 않는다고 해서 모든 것이 없는 것처럼 행동하는 것이 가장 위험한 것이다. 우리는 눈에 보이는 것, 혹은 밝혀진 사실에 대해서만 인정하려는 경향이 있다. 이러한 경향은 우리를 둘러싼 문제, 상황에만 집중하는 것에서도 잘 나타난다.

시간은 과거, 현재, 미래를 포함하고 있다. 어느 한 시점만이 시간이 될 수는 없다. 즉 과거가 있기에 현재가 있는 것이고 현재가 모여서 미래를 기대할 수 있는 것이다. 그렇지만 현대를 사는 우리는 내일이 없는 것처럼 생활을 한다. 이것은 마치 뜬구름을 잡는 것처럼 정처 없이 떠도는 나그네의 삶과 같은 것이고, 우리 눈에 보이는 것이 행복의 모든 것으로 오해를 불러일으킬 수 있다. 기독교에서 언급하는 죄의 문제는 이면에 드러나는 문제뿐만 아니라 드러나지 않는 것까지도 언급하는 것이다. 진정 인간이 무엇을 추구하며 살아야 올바른 삶인가를 검토하는 것이다. 우리가 살고 있는 모든 것을 논리적인 관계에서 설명하려는 것 자체가 모순일 수 있다. 이것은 단지 하나의 방법일 뿐이지 모든 것을 대변하는 것은 아니다. 우리가 먼저 생각해야 할 것은 인간의 인식이 바르지 않다는 것이다. 그 이유를 들자면 인간은 하나님을 떠났기 때문이다.

그러므로 인간은 자신의 정체성을 망각하고 살아간다. 그 결과로 사람들은 끊임없이 변하지 않는 것을 찾고 있으며, 자신이 누구이며, 무엇을 위해서 사는가를 망각하고 있다. 우리가 현실을 보는 것도 중요하지만 이 현실을 둘러싼 배후에 대해 볼 수 있는 내면의 안목을 키워야 한다. 이러한 안목이 없다면, "나는 결백한 사람이며 창조주가 없어도 전혀 불편함을 모른다."고 고백하는 우(愚)를 또 범하는 것이다. 성경에 나오는 아담과 하와의 이야기는 어떤 이에게는 자신을 비춰 주는 거울이 되겠지만 또 다른 이에게는 단순한 이야기에 불과할 수도 있다.

TALK

1. 죄의 의미는 무엇인가?
2. 우리가 사는 사회의 수많은 사건, 사고에 대해 어떤 관점에서 이해할 수 있는가?
3. 우리가 올바르게 인식하고 판단할 수 없는 이유는 무엇인가?

제7장
죄에 대한 회복 가능성은 있는가?

아이디
비밀번호
로그인

새로운 스마트폰이 출시될 때마다 사람들은 외관이 완전히 바뀌었는지 아니면 부분적으로 바뀐 것인지에 관심이 쏠린다. 단지 부분을 변경하거나 업그레이드 수준에서 변경되는 것은 보완의 의미를 갖는다면, 외부와 내부의 자재, 모양, 성능 등을 모두 바꾸게 되면 완전 변경이라고 한다. 그래서 처음보다는 이후에 나오는 스마트폰이 성능 면에서 오류를 최소화하는 것은 당연하다.

그러나 기독교에서 논의하는 죄에 대한 문제는 차원이 다르다. 스마트폰을 생산하듯이 기술의 발전을 기대하거나 진보하는 어떤 차원의 것으로 설명할 수 없다. 왜냐하면 죄의 해결을 위한 구속은 인간을 부분 혹은 완전 변경하거나 업그레이드를 통해서 오류를 수정하는 차원에서 다룰 수 없기 때문이다. 기독교에서 인간은 창조주 하나님의 형상(form)을 따라 만들어졌다. 형상에 의해 만들어졌다는 것은 우리가 생각하는 유전자를 의미하는 것이 아니라 하나님의 인격을 내포하고 있다는 의미가 더 잘 어울릴 듯하다.

이렇게 인간은 하나님의 창조의 계획에 따라 만들어졌지만, 그 관계가 깨지면서 손상을 입게 되었다. 깨어진 관계는 부분적으로 이루어질 수 있는 것이 아니라 근본적인 문제를 해결할 때 가능하다. 깨어진 관계를 회복하기 위해서 필요한 것은 처음과 같은 관계로 돌아가는 방법이 가장 최선일 것이다. 그러나 처음처럼 회복한다는 것은 현실적으로 불가능하다.

그 이유를 들자면 우리는 과거로 거슬러 올라갈 수 없을 뿐만 아니라 어긋난 것을 부분적으로 바꾸거나 혹 완전히 깨어진 관계를 어떻게 회복해야 할지를 모르기 때문이다. 이런 의미에서 기독교에서 언급하는 구속, 즉 회복이라는 의미가 무엇이며, 왜 회복이 필요한가와 누가 우리의 죄를 회복할 수 있는가에 대해 살펴볼 필요가 있다. 즉, 회복을 통해서 자신과 세상에 대해 살펴볼 필요가 있다.

내용검색
검색

1. '구속'의 의미

'구속(拘俗)'이라고 하면 가장 먼저 떠오르는 단어는 감금일 것이다. 이런 의미에서 '구속'은 도망갈 우려가 있기에 범인을 체포하는 것을 뜻한다. 하지만 기독교에서 언급하는 '구속'이란 단어는 성격이 완전히 다르다. '구속'은 한자로는 '救贖', 영어로는 'redemption'을 사용한다. 'redemption'은 라틴어 'redemptio'에서 파생된 말로써 누군가가 대신해서 몸값을 치름으로써 노예나 죄수 등이 풀려나는 것을 뜻한다.

과거나 현대를 막론하고 사람이 잘못을 저지르면 그에 대응하는 대가를 치러야 한다. 그것은 당연한 결과이다. 그렇지 않을 경우 이 사회는 안전하게 살아갈 수 없을 것이다. 만약 지나가는 사람을 다치게 하거나 해를 입혔는데 아무 처벌을 받지 않거나 남의 물건을 훔쳤는데 벌하지 않는다면 과연 어떻게 되겠는가? 이에 대한 대답은 설명하지 않아도 분명하게 나온다. 즉 우리가 살고 있는 사회에서 구속이라는 의미는 대가를 지불해야 한다. 그 대가는 잘못을 저지른 사람이거나 혹은 죄를 범한 사람의 몫이다.

만약 친구 혹은 이웃집의 사람이 어떤 잘못을 했다면, 그 잘못을 기쁘게 대신해서 받을 사람이 과연 얼마나 되겠는가. 드라마 혹은 영화에 나올 법한 이야기이지만 종종 이런 장면을 본 적이 있다. 어떤 연인이 자동차를 몰고 데이트를 즐기고 있었다. 안타깝게도 운전하는 사람이 지나가는 사람을 치고 말았다. 그런데 운전한 사람이 여자였다. 그때 옆에 있던 남자가 그 여자에게 "당신은 아무 일 없는 거야. 당신은 운전석이 아닌 그 옆에 앉아 있었던 거야." 하면서 자리를 바꾸는 경우는 말 그대로 상상 속의 장면이다. 혹 이런 일이 실제로 있다고 하더라도 누군가는 죄책감에 시달리며 인생을 살아야 하는 운명에 놓일 것이다.

반면 기독교에서 구속은 감금을 의미하는 구속과는 엄연히 다르다. 대가를 치른다는 의미에서 같지만 죄책감이 따르지 않는다는 차이가 있다. 왜냐하면 앞에서 사용한 구속은 대가를 치르는 대상이 죄를 범한 자신이지만, 기독교에서 언급하는 구속은 죄를 범한 자신이 아니라 예수 그리스도를 의미하기 때문이다. 혹 이 의미를 오해하는 사람도 있다. 사람이 죄를 범하면 누구나 벌을 받는 것은 당연한 사실이다. 그런데 죄를 지은 사람이 회피한다는 것은 윤리적으로 위반이고, 어떻게 내가 지은 잘못을 남이 대신 할 수 있겠으며, 이렇게 많은 사람들의 잘못을 혼자서 감당할 수 있다는 것은 현실적으로 불가능하기 때문이다. 따라서 기독교에서 언급하는 구속은 현실성이 없다고 반박하는 사람도 있을 수 있다. 그러나 이렇게 언급하는 사람들은 구속의 올바른 의미를 제대로 이해하지 못하기 때문이다.

구속은 다른 말로 표현하면 '회복'의 의미를 갖는다. 즉 회복은 과거의 죄로부터 해방시키는 것을 의미하며 이전에 향유하던 자유를 되돌려 주는 것이다. 어떤 새로운 것을 다시 창조하거나 컴퓨터 프로그램을 재부팅(rebooting)하는 차원이 아니다. 구속은 하나님에 의해서 만들어졌던 그 모습을 회복하는 것이다. 그 어떤 것을 부여하거나 새롭게 만드는 것이 아니라 현 상태에서 새로운 눈을 뜨는 것이다. "오히려 구속(회복)은 이전부터 계속 존재하던 것에 새로운 생명과 생동감을 불어넣은 것."을 의미한다(양성만 · 홍병룡 역, 2007).

따라서 구속은 처음 상태를 회복하도록 돕는 역할을 하는 것이다. 그러나 전적으로 구속은 인간에게 권한이 없다. 오직 인간을 만든 창조주에게서 그 권한을 찾을 수 있다. 그렇다면 그 권한이 왜 우리에게 없는 것일까? 이에 대한 대답을 찾아보기 바란다.

2. 우리는 구속을 받아야 하는가?

우리의 삶은 딜레마(dilemma)의 연속이다. 딜레마는 양자택일의 순간에 처해 있지만 그 상황이 둘 다 좋지 않은 상태에서 어느 하나를 반드시 택해야 하는 경우를 일컫는다. 즉 진퇴양난(進退兩難)이 잘 어울릴 듯하다.

도스토예프스키(Fyodor Mikhailovich Dostoevskii)의 장편소설 《죄와 벌》은 죄의식에 사로잡힌 딜레마를 잘 설명해준다. 주인공인 라스콜니코프는 법을 공부하는 23세의 학생이었지만, 자신을 둘러싸고 있는 가난을 이기지 못하고 살인을 저지른다. 그가 저지른 살인은 어떠한 목격자가 없기에 조용히 숨기고 살 수 있다. 그러나 그는 살인에 대한 정당성과 불안함 사이에서 혼란을 겪게 된다. 이런 상황에서 라스콜니코프는 소냐라는 여인에게 정신적으로 위안을 받으면서 자신의 살인을 시인하고 7년간의 감옥 생활 이후 새 삶을 찾게 되는 이야기이다. 이 소설에서 우리는 죄의 양면성, 즉 딜레마를 엿볼 수 있다. 자신이 아무리 정당한 이유를 가졌을지라도 타인에게 해(害)가 된다면 그것은 정당한 것이 될 수 없다. 만약 우리에게도 라스콜니코프 같은 상황이 닥친다면, 어떤 선택을 할 수 있겠는가? 아마 죄를 범하고도 이성적으로 정당함을 주장하면서 내면에서는 양심으로 인해 불안함 느낄 것이다.

인간은 자신의 내면에 자리 잡고 있는 죄의식의 문제에서 수많은 딜레마를 겪으며 살아간다. 하지만 더 큰 문제는 죄의식조차 인식하지 못하고 살아가는 사람들일 것이다. 인간에게 주어진 '양심'은 내면의 이성과 다름없다. 성경은 인간 내면의 양심(로마서 2:15)이 있다는 것을 드러내준다. 이 양심은 사회 안에서 규칙, 윤리 등으로 표현할 수 있다면, 내면에서는 의식으로 표현할 수 있다.

따라서 인간이 죄의 딜레마를 벗고 회복될 수 있는 방법은 죄의식을 깨닫는 방법밖에 없다. 이것은 윤리적인 교훈이나 교육을 통해서는 본질적인 문제를 해결할 수 없다. 단순히 기독교에서 '모든 사람은 죄인이다'라고 표현하는 것은 어떤 죄를 범한 것을 일컫는 것도 있겠지만 그 내면에 담고 있는 이 죄의식을 가리키는 것이다. 즉 인간이 하나님을 떠나서 부끄러움을 모르는 것을 말한다.

이러한 죄의식을 회복하지 않고서는 결코 인간은 선해질 수 없다. 아무리 인간이 선한 의지를 품고 행동을 할지라도 우리 안에 있는 양면성은 예외 없이 나타날 수 있다. 그렇기 때문에 인간은 그 내면 안에 있는 악한 의식, 혹은 의지를 해결해야 한다.

3. 누가 우리를 위해 대신 구속당하는가?

인간이 죄의식을 깨닫고 회복되기 위해서는 자신의 노력만으로는 어렵다. 그 이유는 자신의 힘과 결단에는 한계가 있기 때문이다. 소설에서는 주인공이 소냐의 도움을 받게 되는 것처럼, 우리도 무엇이 문제인지를 비춰 볼 수 있는 거울이 필요하다. 이 거울 같은 역할을 하는 것이 기독교이며, 기독교를 참된 기독교로 세우는 예수 그리스도일 것이다.

예수님께서 탄생하시기 전, 짧게는 400년 전에서 길게는 1500년 전에 기록된 유대인의 경전인 구약성경에는 예수 그리스도와 그의 죽음에 관한 기록이 많이 있는데 BC 8세기에 선지자 이사야가 기록한 책 중 53장이 대표적이다. 예수님께서는 아무런 죄가 없었는데도 당시 유대종교 지도자들에 의하여 체포당해 로마총독 빌라도에게 넘겨졌다.

처음에 빌라도는 예수님을 심문한 결과 그에게 아무 죄도 없는 것을 확인하여 석방시키려 하였다. 그러나 대제사장 무리들의 선동을 받은 수많은 유대인들이 강력하게 십자가 처형을 요구하고, 자기가 왕이라고 주장하는 예수님을 살려주면 당신은 로마 황제의 신하가 아니라는 위협적인 발언에 굴복해서 빌라도는 예수님께 가장 참혹한 형벌인 십자가형을 선고했다.

그 전에 예수님께서는 로마 군병들에 의해 온몸에 채찍을 맞았다. 그 가죽 채찍 끝에는 쇳조각이 달려 있어서 살점을 찢는 것이었다고 한다. 십자가형은 알렉산더(Alexander) 대왕의 아버지였던 필립(Philip) 2세 때부터 시작된 것으로 중죄인에게 내려지는 형벌로써 두 손과 두 발을 십자가에 못 박아서 매다는 것인데 극심한 고통 가운데 서서히 죽게 하는 잔인한 처형 방법이었다.

구약성경 〈신명기〉 21장 23절에 이 형벌은 하나님께 저주받은 형벌이라고 기록되어 있다. 신약성경 〈갈라디아서〉 3장 13절은 예수님께서 십자가형벌을 받은 것은 우리가 지은 죄로 받아야 할 저주를 예수님께서 대신 받으셔서 우리를 율법의 저주에서 속량(redeem)해주신 것이라고 말한다. 예언자 이사야도 〈이사야〉 53장에서 예수님의 죽음은 우리를 대신한 것이며 많은 사람을 살리려 한 것이라고 했다.

하나님은 우리를 지극히 사랑하시는 분이시지만 죄는 용납하실 수 없다. 왜냐하면 죄는 모든 관계를 단절시키고 파괴시키기 때문이다. 하나님은 우리를 하나님의 형상으로 진실하고 선하며 아름답게 지으셨으나 사람이 하나님의 사랑을 배신하고 죄를 지어서 하나님과의 관계가 단절되고 파괴된 것이다(창세기 3장, 6장; 로마서 1-3장). 영생하시는 하나님과 단절된 것이 죽음이요, 저주인 것이다.

성경은 인간의 죽음에 대하여 세 가지로 말하고 있다. 첫째, 모든 사람이 알고 있는 육체적인 죽음이다. 호흡이 끊어지고 육체의 모든 기능이 중단되어 움직이지 못하고 죽어서 흙이나 한 줌 재로 돌아가는 것이다. 다음으로 성경은 영원한 죽음에 대하여 말하는데 이는 영원한 지옥의 형벌로 성경은 이를 "둘째 사망"이라고 기록하고 있다.

> 그러나 두려워하는 자들과 믿지 아니하는 자들과 흉악한 자들과 살인자들과 음행하는 자들과 점술가들과 우상숭배자들과 거짓말하는 모든 자들은 불과 유황으로 타는 못에 던져지리니 이것이 둘째 사망이라. (요한계시록 21:8)

마지막으로 영적 죽음(spiritual death)에 관하여 말한다. 실제적인 순서로 보면 첫 사람 아담이 죄를 지은 후 가장 먼저 온 것이 이 영적 죽음이다. 육체도 건강하고 정신도 멀쩡하나 죄로 인하여 영이신 하나님과 관계가 끊어져서 하나님과 인격적인 관계를 할 수 없는 상태에 이른 것이 곧 영적 죽음이다(에베소서 2:1). 모든 자연인은 이러한 상태에 있다. 육체적인 죽음과 영원한 죽음은 모두 이 영적 죽음의 결과인 것이다.

예수님께서 십자가에 우리 대신 죽음을 당하심으로써 우리의 모든 죄가 용서되어 이제 누구든지 예수님을 믿으면 이 영적 죽음에서 벗어나 하나님과 인격적인 관계가 살아난다. 성경에서 말하는 거듭남이란 바로 이를 일컫는 말인 것이다(요한1서 3:1–8).

우리의 삶은 수많은 딜레마에 부딪치며 살아간다. 이런 상황에서 인간은 선한 의지를 발휘할 수 없다. 왜냐하면 인간은 하나님을 떠나면서 신뢰를 깼으며 다시 하나님과의 바른 관계의 회복 없이는 결코 자신의 인식을 온전히 신뢰할 수 없다. 기독교에서 언급하는 구속, 즉 창조주와 인간의 관계를 회복하지 않고서는 완전한 삶이 될 수 없다. 그러므로 우리가 예수 그리스도를 통해서 회복된다는 의미는 자신과 이웃, 사회 등을 넓은 시각에서 볼 수 있는 것을 뜻하기도 한다.

TALK

1. 다음 기사에서 희생의 의미를 찾는다면?

   〈미러지〉에 따르면 영국 노퍽 주에 사는 이 남성은 자신이 키우던 금붕어가 변을 보지 못하고 정상적이지 못한 모습을 보이자 동물병원으로 직행했다. 금붕어의 상태를 본 병원 측은 수술 자체는 어려운 일이 아니지만 비용은 300파운드(약 51만4,100원)가 들 것이라며 이는 일반적인 금붕어 가격의 100배라고 설명했지만 주인은 이를 받아들였다. 수의사는 약 50분 동안의 수술 끝에 금붕어를 살려내는 데 성공했다. 수의사는 "이 남성은 독특한 사람은 아니었고 자신의 애완동물을 애틋하게 생각했던 사람"이라고 덧붙였다.
2. 우리가 안고 있는 양면성은 무엇인가?
3. 구속(회복)이 나에게 주는 의미는?

제8장
죽음은 존엄한가?

2015년 초 신문기사를 읽던 중 '실직 · 재취업 실패 …… 일가족 살해사건, 시대의 자화상'이라는 제목이 눈에 들어왔다. 컴퓨터 업체에 근무하던 40대 가장이 자신의 아내와 두 딸을 살해 후에 자신도 자살을 시도했지만 미수에 그치고 경찰에게 체포됐다는 내용의 기사였다. 이 40대 가장은 사회적으로 어느 정도 생활을 누리며 살다가 실직으로 인해서 오는 좌절감, 기존 생활에 대한 박탈감, 가장으로서 역할 상실 등으로 자살을 계획했다. 그는 아내와 두 딸을 살해하기 이전에 "부모님보다 먼저 가는 것도 죄송한데 집사람과 애들까지 데리고 가는 죽을 죄를 지었다. 나는 저승에 가서 죗값을 치르겠다."라는 유서를 남겼다(2015, 연합뉴스).

이 기사를 접한 시점에서 우리는 어떤 이야기를 할 수 있는가? 참으로 안타까운 사연이 아닐 수 없다. 사람들 중에는 "죽을 것이면 혼자 죽지 왜 아내와 자녀들까지 극한 상황으로 몰고 가냐?"라며 혀를 차는 이도 있을 것이다. 결과적으로 자신은 살고 식구들만 먼저 보내는 슬픈 결과를 가져오고 말았다.

기사제목에서 언급했던 것처럼 이런 사건들이 '시대의 자화상'으로 설명되는 것이 오히려 더 안타깝다. 과연 이 사건이 우리가 살고 있는 시대의 참 실상인가? 언제부터 실패와 좌절이 자살이라는 극단적인 방법이 되었는가? 여기서 우리는 자살의 역사를 찾고자 하는 것은 아니다. 단지 죽음의 한 방법으로서 자살이 옳은 방법인지 아니면 그릇된 방법인지 그리고 자살로서 죽음이 최후의 보루인지에 대해 살펴볼 필요성을 제기하고 싶다.

1. 죽음이란 무엇인가?

죽음에 대한 해석은 사람마다 다양하게 나타날 수 있다. 왜냐하면 자신이 처해 있는 상황에 따라 다르게 다가올 수 있기 때문이다. 어떤 이에게 죽음은 '어두움의 그늘 혹은 단절' 등으로 표현될 수 있고, 또 다른 이는 '편안한 안식처' 혹은 '현실에 대한 도피처'로써 설명될 수 있다. 죽음에 대해 열거하다 보면 수많은 해석이 상황에 따라 나올 것 같다. 그래서 죽음에 대한 의미를 기독교적인 입장에서 찾아볼 필요가 있으며, 죽음에 대해 어떻게 설명하는지에 대해 살펴봐야 한다. 그리고 자살이 시대적인 대안이 될 수 있는가에 대해 생각해보아야 한다.

도리언 세이건(Dorion Sagan)과 타일러 볼크(Tyler Volk)는 《죽음과 섹스》에서 생물학적인 차원에서 죽음의 기원을 다룬다. 죽음은 생명과 함께 시작하지만 생명의 다산성이 모든 미생물의 영원한 삶을 불가능하게 만들었다. 그래서 죽음이 없으면 이 성장과 번식은 생명 덩어리의 무한 증가로 이어질 뿐이다. 여기서 죽음은 단지 하나의 자연 현상에 불과하다. 죽음은 또 다른 삶을 영위하기 위해서 이루어지는 단계로써 설명된다. 이처럼 죽음은 또 다른 생명을 위해서 연장하기 위한 차원에서 이해되고 있다(김한영 역, 2012).

기독교 입장에서 죽음은 어떻게 설명할 수 있는가? 성경에서 사람의 수명은 그 연한이 정해져 있다고 언급한다(시편 90:10). 현대 들어와서는 100세 시대를 언급하지만 평균적으로 계산해보면 70~80세 정도로 볼 수 있다. 아무튼 인간이 이 땅에 태어나서 영위할 수 있는 시간이 제한적이라는 사실은 분명하다. 그리고 그 시간은 신속하게 지나간다고 표현된다. 즉 우리가 사는 삶이란 '요람에서 무덤까지'라는 정해져 있는 시간을 영위하고 있다는 것을 발견할 수 있다. 이것은 기독교 전반의 사상이기도 하다.

인간은 정해져 있는 삶을 사는 것이다. 아무리 불로장생(不老長生)하고픈 욕망이 있을지라도 때가 되면 우리는 모든 것을 내려놓고 갈 수밖에 없는 존재이다. 그렇다면 왜 인간에게 죽음이 있는가? 이 죽음을 이길 수 있는 방법은 없는가에 대해 생각해볼 수 있다.

죽음에 대해 죽음학·생사학 전문가들은 죽음이 우리의 삶을 성숙시키는 '마지막 선물'이자 '최후의 기회'가 될 수 있다고 설명한다(곽혜원, 2014). 이렇게 받아들일 수만 있다면 죽음은 참으로 존엄한 것이다. 그러나 모든 사람이 죽음을 이렇게 받아들이지 못한다. 죽음이 현실을 회피할 수 있는 도피처로 생각한다는 점에서 문제가 된다. 앞에서 언급했지만 인간은 이 땅에서 누리는 시간이 유한적이다. 유한적이라는 것은 인간에게서 영원한 것을 찾을 수 없다는 의미도 내포하고 있다. 이러한 의미에 함축되어 있는 것은 인간에게 삶은 영원할 수 없다는 반증이면서 동시에 창조주 하나님만이 영원하다는 것을 언급하는 것으로 볼 수 있다.

따라서 죽음은 인간에게 권한이 있는 것이 아니라 영원한 창조주에게 있다는 것을 나타내는 것이다. 기독교 세계관 전반에 흐르는 사상이지만 인간이 죽음을 이길 수 있는 방법은 창조주와의 관계 회복뿐이다. 이 점을 주시하면서 기독교를 이해하고 우리에게 주어진 시간의 의미를 받아들인다면 죽음의 의미를 보다 더 잘 이해할 수 있을 것이다.

2. 생명 선택의 자유가 있는가?

'죽음'은 모든 사람이 회피하고 싶은 두려움의 대상이다. 그리고 인간은 건강한 모습으로 젊게 오랫동안 살고자 하는 희망을 안고 있다. 그래서 새해가 되면 "복 많이 받으세요.", "건강하게 오래오래 사세요." 등의 인사말을 서로 주고받는다. 앞에서 죽음이 무엇인가에 대해 생각해보았다. 죽음은 제한된 삶을 사는 인간에게 주는 또 다른 축복이다.

구약성경에서 '생명'은 축복과 긍정의 대상이다. 그 이유는 하나님이 모든 만물과 인간을 창조하시고 "보시기에 아주 좋았더라."하시며 감탄하는 것에서 발견된다. 하나님은 모든 생명에 대해 흡족하게 생각했다는 것이다. 《존엄한 삶, 존엄한 죽음》에서 특히 인간의 생명에 대한 하나님의 긍정은 하나님이 인간을 '그의 형상'으로 만들었다는 말씀에서 정점으로 표현된다(곽혜원, 2014:64).

이러한 설명은 인간에게 삶과 죽음은 축복이라고 생각할 수 있다. 만약 하나님이 인간에게 생명만 주었다면, 인간이 살다가 어떻게 되든 말든 상관없다는 무책임성에 직면하게 된다. 그러나 인간의 생명과 죽음이 축복이라는 의미를 뒷받침해주는 증거는 예수 그리스도의 부활에서 잘 드러난다. 부활은 죽음을 넘어서는 또 다른 희망으로 다가오기 때문이다. 바로 이러한 기독교적 관점에서 죽음이 이해되어야 한다.

사실 죽음에 대한 생물학적 견해와 기독교적 견해상에서 공통점을 발견할 수 있다. 그것은 죽음은 인간에게 자연적인 현상이라는 것이다. 자연적인 현상이라는 것은 시작이 있으면 끝도 있다는 것이다. 즉 생명체가 태어나면 정해진 삶을 살다가 그 생명체의 수명이 다하면 죽는 것이 정해진 순서이다. 그러나 여기서 중요한 사실을 발견할 수 있다. 결코 죽음은 인간의 영역을 넘어설 수 없다는 것이다. 다시 말해서 죽음은 인위적인 것이 아니라고 언급해주는 것이다.

인간의 생명과 죽음은 축복된 관점에서 이해되어야 한다고 언급했다. 이 언급은 자연적인 현상에 순응하는 것을 의미하는 것이지 인위적으로 자신의 생명을 조작하는 것을 뜻하지 않는다. 그래서 자살은 존엄한 죽음으로 언급할 수 없다. 물론 이미 자살한 사람이 어떻다고 언급하거나 비판하는 것은 아니다. 여기서 우리가 생각할 수 있는 것은 생명에 대한 소중함과 죽음에 대한 존엄함에 의미를 두는 것이다. 이런 차원에서 자살은 분명 인위적인 것이며 생명에 대해 역행하는 행동이다.

인간이 자신에게 주어진 모든 것을 마음대로 하고 살 수 있다고 생각하는 것은 위험한 발상이다. 마치 자신에게 의지가 있기에 원하는 대로 할 수 있는 것처럼 해석한다면 이것은 큰 오해이다. 기독교 관점에서 의지는 전적으로 인간에게 부여되어 있지만 우리는 우리의 힘으로 어떤 의지를 바르게 선택할 수 있는 힘을 사실 잃었다.

이 의미는 하나님을 떠나서 판단하거나, 인간이 하나님에 의해 창조되었다는 사실을 망각하게 되면 선한 의지를 발휘하기 어렵다는 뜻이다. 그래서 인간은 자신에게 주어진 생명이라도 살 것인가 말 것인가에 대한 선택의 여지가 없다. 오직 우리는 주어진 삶을 창조론적인 관점에서 이해할 때 행복한 삶을 영위할 수 있다. 창조론적인 관점은 이후에 살펴보기로 한다. 아무튼 생명과 죽음의 선택권이 인간에게 있다는 관점은 창조론적인 관점에 위배된다. 이 점을 망각하게 되면 인간은 자신의 의지를 선하게 발휘할 수 없게 되며 이로 인한 결과는 존엄한 죽음으로써가 아니라 비참한 죽음을 맞이하게 될 뿐이다.

이 세상에서 가장 비참한 죽음 중의 하나를 꼽는다면 자살일 것이다. 왜 그런가? 그 이유는 소중한 생명을 상실하는 자살자 자신의 비극이기 때문이다(곽혜원, 2014: 393). 생명을 상실한다는 것은 건전지를 다 사용한 후 새것으로 교체하는 것과는 엄연히 다르다. 생명이 있는 모든 생명체에게는 생명을 상실한다는 것은 다시 되돌아올 수 없음을 의미한다. 특히 우리나라에서 자살하는 비율이 높다는 것은 잘 알려진 사실이다. 그 누구도 자살 이후 삶에 대해서 아는 사람은 없다. 과연 자살을 한 사람들이 현실의 고통을 벗어났는지 아니면 또 다른 고통을 안고 살고 있는지에 대해서 명확한 답을 해주는 사람은 없다. 단지 자살이 하나의 유행처럼 비쳐지는 현상이 우려될 뿐이다.

이에 대해 기독교의 텍스트인 성경은 자살에 대해 다음과 언급하고 있다. 예수를 판 자 중에 가룟 유다라는 제자가 있었다. 그는 유대지도자들에게 돈을 받고 예수를 팔았다. 그 일로 인해서 유다는 무척 괴로워 한다. 그래서 그는 다시 그 돈을 던져 넣고 괴로워하다가 스스로 목을 매어 죽었다라고 성경에 기록하고 있다(마태복음 27:1-10). 이것은 무엇을 이야기하는 것인가? 과연 자신의 생명을 자신이 마음대로 선택한 결과가 어떻게 나타나고 있는가를 볼 때 생명이 소중한 만큼 죽음도 소중하다는 것을 알려주는 부분이다.

물론 유다는 죄의식으로 괴로워하다가 자살을 시도하였다. 만약 유다라는 제자가 죄를 짓지 않았다면 자살할 이유는 전혀 없다. 자살은 죄의식, 자존감의 상실, 자기비하, 자기합리화 등의 다양한 이유에서 시도된다. 그리고 환경의 다양한 원인들이 복잡하게 연결되어 있다. 그러나 이런 모든 이유들이 정당화될 수는 없다. 왜냐하면 자살은 축복받은 죽음이 될 수 없기 때문이다. 유다의 죽음에 생명의 소중함은 전혀 찾아볼 수 없다. 그리고 그는 괴로움으로 인해서 생명을 끊었다. 이것은 결코 축복받는 죽음이 될 수 없다. 그러므로 죽음의 하나인 자살은 축복받으며 태어난 인간을 보다 비참하게 만드는 결과이며 죄의식의 또 다른 결과다.

3. 죽음에 대한 창조론적 이해

왜 인간은 죽음을 맞이해야 하는가에 대해 생각해보자. 그리고 어떠한 죽음이 가장 축복받은 죽음인가에 대해 살펴보고자 한다.

먼저 기독교 입장에서 죽음은 죄로 인해 타락한 인간에게 주어진 벌이었다. 에덴동산에서 인간이 하나님과의 약속 관계를 파괴함으로 인해서 아담(남자)은 노동의 수고를, 여자(하와)는 해산의 고통을 겪게 된다. 그리고 이 일로 인해서 인간이 겪는 변화를 들자면 바로 하나님의 낯을 피해 숨게 되고, 아담과 하와가 서로에 대해 부끄러움을 느끼게 된다. 이것은 바로 죄로 인해서 오는 수치심이다.

우리가 이런 상황을 이해하지 못하게 되면 기독교 전체를 이해할 수 없는 것이고, 창조주와의 바른 관계회복 없이는 인간 스스로 선택하는 것들이 선하지 못하다는 것을 이해하기 어렵다. 이런 측면에서 자살도 수치심의 결과로 해석할 수 있다.

네가 흙으로 돌아갈 때까지 얼굴에 땀을 흘려야 먹을 것을 먹으리니 네가 그것에서 취함을 입었음이라. 너는 흙이니 흙으로 돌아갈 것이니라 하시니라. (창세기 3:19)

이 문장이 설명하는 것은 대단히 중요하다. 왜냐하면 인간의 생명과 죽음이 어떻게 이루어져야 하는지를 잘 드러내기 때문이다. 비록 인간이 하나님의 명령을 어겼지만 인간에게 어떠한 삶을 영위해야 하는지에 대해 설명한다. 즉 인간이 흙으로 태어나서 흙으로 다시 돌아갈 것을 언급한다는 점이다. 창조론적인 관점에서 죽음은 자의적인 선택이 있는 것이 아니라 자연적인 선택의 결과로서 일어난다는 것이다. 결코 인간의 죽음은 스스로 선택해서 버릴 수 있지 않다는 사실을 엿볼 수 있다. 한편 죽음이 어디에서 비롯되었는가를 살펴보는 것은 또 다른 일이다. 그러나 분명한 것은 죄로 인한 결과에 기인하고 있다는 것이다.

반면 예수 그리스도 안에 있는 것은 또 다른 생명을 얻는 것이다(로마서 6:23). 이것이 바로 기독교에서 언급하는 '부활 신앙'이다. 부활 신앙은 하나님 안에 거하는 자들을 다시 살리는 것이며, 영원한 생명을 얻도록 하는 것이다. 이 부활 신앙은 기독교에서 가장 중요한 핵심이다. 부활(resurrection)은 죽은 자를 일으킬 뿐만 아니라 산 자를 다시 일으키는 것이다. '예수 그리스도의 부활을 통해 죽은 자들의 부활과 영원한 생명이 인류 역사 가운데 도래'하게 된 것이다(곽혜원, 2014). 따라서 부활은 우리에게 또 다른 희망을 주는 것이다.

우리의 삶이 이 세상에서 살맛이 나지 않거나 사회 · 경제적으로 어려움을 겪어도 다음을 볼 수 있다는 희망까지 없다면, 참으로 우리의 인생은 허무할 것이다.

최근 '님아 그 강을 건너지 마오'라는 다큐멘터리 영화가 잔잔한 감동과 사랑을 주면서 많은 사람들에게 회자되었다. 이 영화가 사람들에게 감동을 준 이유는 바로 노부부의 76년간의 결혼생활이다. 오랜 결혼생활이 단조롭게 다가올 수도 있지만 영화 속의 할아버지와 할머니는 마치 연애를 하듯 귀여운 사랑을 알콩달콩 나누며 살아간다. 이 모습이 많은 이들의 감성을 자극했으며 자신을 돌아보게 만들었다.

그리고 무엇보다 중요한 것은 생의 마지막 순간까지 함께하고 싶어 하는 그분들의 인생을 통해 삶의 소중함을 다시금 되새겨 준다.

이 영화의 클라이맥스라고 할 수 있는 장면은 비 내리는 마당에서 할머니가 쇠약해진 할아버지의 기침소리를 들으며 친구를 잃고 홀로 남은 강아지를 바라보며 다가올 이별을 준비하는 장면일 것이다.

비록 영화 속의 주인공이신 조병만 할아버지는 사랑하는 강계열 할머니의 곁을 먼저 떠나게 되지만 아름답고 숭고한 삶을 살다가 가신 할아버지의 죽음이 슬퍼보이지는 않았다. 그 이유는 앞으로 다시 만날 것을 기대하는 소망이 있다는 희망을 안고 있기 때문이었다.

기독교에서 언급하는 창조론적인 관점의 죽음은 바로 또 다른 희망이 있다는 것을 배우는 것이다. 인간이 하나님과의 약속을 파기해서 오는 결과로서 죽음의 의미는 두려움이었다면, 예수 그리스도의 죽음을 통해서 오는 부활은 새로운 관계의 회복이며, 다음을 약속할 수 있는 근거이다.

여러분은 우리에게 다가오는 죽음이 과연 무엇이라고 생각하는가?

TALK

1. 자연적인 죽음과 인위적인 죽음의 차이는 무엇인가?
2. 죽음에 있어서 선택의 자유가 우리에게 있는가?
3. 장례식장 혹은 화장터를 방문한 경험에서 죽음이 주는 의미는?
4. 영화 '천 번을 불러도'는 우리 사회가 겪고 있는 여러 가지 문제점을 이야기한다. 이 영화에서 안고 있는 우리의 문제를 찾는다면 어떤 것이 있을까? 또 주변 사람들로부터 무시당한 경험으로 인해서 극단적인 생각을 한 적이 있는지, 우리의 삶이 참으로 소중하다면 그 이유는 무엇인지 이야기해보자.

▸ 천 번을 불러도(Compassion, 2014)

▌감독 : 신성섭.
▌주연 : 김최용준(김대현), 이청미(정하나), 정민성(김상태).
▌장르 : 가족, 드라마.
▌상영시간 : 97분.

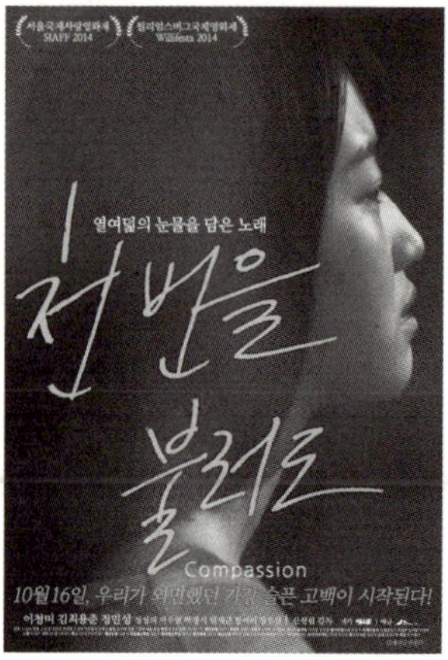

고등학생 하나(이청미)는 같은 반 친구 진아의 자살로 잠을 설치던 중 부모님의 싸움과 아빠의 폭력을 목격한다. 혼란스러운 하나는 다음 날 아무 일 없는 듯 다정하게 대하는 부모님이 위선적으로 느껴진다. 그런 하나에게 밴드부 선배 세미가 접근하고, 하나는 세미와 함께 다니며 평소와 다른 행동을 한다. 곧 자신의 철없는 일탈을 후회하며 일상으로 복귀하려 하지만 이상한 소문에 휩싸여 왕따가 된다. 결국 하나는 진아처럼 자살을 생각하며 옥상 난간에 오른다.

제9장
매개물로서 문화를 이해한다

우리나라에서도 할로윈(Halloween) 축제가 새로운 문화로 자리 잡고 있다. 어느덧 가을이 되면 곳곳에서 할로윈 축제가 펼쳐지는 것을 목격할 수 있다. 예전에는 놀이동산에서 퍼레이드 행사의 테마에 불과했다면, 최근 들어서 거리축제와 어린이집, 유치원, 특히 영어 유치원에서 큰 축제처럼 행해지는 것을 볼 수 있다. 이러한 모습이 '좋다 혹은 나쁘다'를 떠나서 '문화(culture)'로서 자리매김하기에 어떤 의미가 있느냐가 중요하다. 물론 재미와 즐기기 위한 것으로 생각한다면 문제될 것이 없어 보인다.

그러나 그 재미가 우리의 정신과 마음에 깊숙하게 자리할 때 또 다른 영향력을 미친다는 점에서 우려를 안고 있다. 종종 청소년들이 게임이나 컴퓨터상의 가상현실과 현실을 분간하지 못하고 우발적인 범죄를 저지르는 것을 본다. 그리고 모방해서 또 다른 범죄를 낳는다.

이런 경우가 극단적일 수 있지만 그 중심에 하나의 문화라는 이름하에 행해지는 세태를 보게 되면 그 영향력이 대단하다는 것을 느낄 수 있다. 따라서 문화가 무엇이며, 왜곡된 문화의 의미를 바르게 세울 필요성이 대두된다. 더 나아가서 문화는 사람과 사람이 소통할 수 있는 매개체, 즉 다리 역할을 하는 것이 중요하다. 그렇다면 문화가 어떤 매개체 역할을 해야 하는가?

1. 문화를 어떻게 이해해야 하나?

'좀비(zombie)가 전 세계 대중문화를 휩쓸고 있다.'라는 글을 본 적이 있다. 그 이유로 좀비는 사회, 정치, 경제 상황 등을 비유해주는 캐릭터 역할을 하고 있기 때문이다. 어느 대중문화 평론가는 느린 좀비의 걸음이 자본주의의 모습을 반영한다면, 좀비의 빠른 걸음은 전쟁, 핵실험, 환경오염, 전염병 등으로 인해서 파괴되는 현대인을 묘사하기에 친근하게 다가왔다고 해석한다.

이런 해석에 대해 모든 사람이 동의하지 않더라도 좀비의 존재가 현대사회의 문화를 대변한다는 자체는 모호하다는 생각이 든다. 좀비의 의미를 검색하다 보면 재미있는 의미들을 찾아볼 수 있다. 몇 가지 분야로 정리하면 다음과 같다.

첫째, 문화에서 '살아 있는 시체'를 일컫는 말, 둘째, 경제에서 '졸렬하고, 떳떳하지 못하며 즉흥적인 사람'을 가리키는 신조어로 사용되며, 셋째, '인터넷 채팅 중에 연결은 끊어졌으나 채팅서버에는 등록되어 있는 사용자'를 뜻한다.

이 의미들에서 공통으로 찾을 수 있는 점으로 좀비는 생명력이 없는 무기력한 것으로 드러난다. 언제부터 우리의 문화가 좀비에 영향을 받게 되었는가? 참으로 안타까울 뿐이다. 물론 사람들이 재미삼아 혹은 감독이 영화의 소재로 사용하거나 사회평론가들이 사회적인 상황을 풍자하려는 의도가 숨어 있을지라도 문화를 대변하는 것처럼 비쳐지는 것에는 우려가 따른다.

우선 문화의 의미가 무엇인가를 살펴볼 필요가 있다. 문화(文化)라는 단어의 어원은 라틴어의 'cultura'에서 파생한 단어인데 영어로는 'culture'라고 번역하고 있다. 라틴어 'cultura'는 본래 경작(耕作)이나 재배(栽培)를 의미한다. 즉 문화는 자연적인 상태의 사물에 인간의 작용을 가하여 그것을 변화시키거나 새롭게 창조해낸 것을 의미한다. 자연 사물에는 문화라는 말이 어울리지 않지만, 인위적인 사물이나 현상이라면 어떤 것이든 문화라는 말을 붙여도 말이 되는 것은 그때문이다.

예를 들어, '야생화 문화'라는 말은 성립하지 않지만 '원예 문화'라는 말은 성립한다. 즉 가장 넓은 의미에서 문화는 자연에 대립되는 말이라 할 수 있고, 인류가 유인원의 단계를 벗어나 인간으로 진화하면서부터 이루어낸 모든 역사를 담고 있는 말이라고 할 수 있다.[1)] 문화에 함축하는 의미는 '인간의 손'에서 시작하는 것을 뜻한다.

기독교 세계관에서 문화는 하나의 명령이다. 〈창세기〉 1장 28절은 이것을 일컬어서 '문화명령(cultural mandate)'이라고 한

---

1) 문화[culture, 文化] : 네이버 지식백과 / 한국민족문화대백과 / 한국학중앙연구원. http://terms.naver.com/entry.nhn?docId=554876&cid=46634&categoryId=46634

다. 장경철 교수는 그의 저서 《장경철 교수의 문화읽기》를 통해 "문화명령은 군사적이거나 정치적인 명령이 아니며, 무자비한 정복과 지배를 의미하는 것이 아니다."라고 언급한다 (장경철, 2001).

간혹 이 의미가 왜곡되어서 잘못 해석하거나 사용되는 경우를 종종 볼 수 있다. 하나님은 문화를 인간에게 위임한 것이지 그것을 파괴하거나 왜곡되게 사용하라고 준 것이 아니다. 문화는 자연의 사물을 하나님의 방식에서 발전시키고 하나님의 방식으로 동화시켜 나가는 것을 의미한다. 따라서 문화명령은 인간의 방식이 아닌 하나님의 방식에서 포용하고 보존한다는 의미에서 접근해야 한다.

2. 현대 문화에 어떤 문제가 있는가?

문화는 현대에 들어오면서 더 복잡한 성격을 띤다. 이러한 원인은 다양한 가치관에서 기인한다. 사람들은 다양성에서 더 만족을 느끼며 살아가지만 오히려 이러한 부분들이 혼란과 정체성의 상실이라는 결과로 돌아올 수 있다는 것을 잊어서는 안 된다. 그렇기 때문에 현대 문화가 마치 '좀비'처럼 비쳐지기도 한다. 이러한 문화에 대한 왜곡이 나타나는 문제점을 살펴보면 다음과 같다.

1) 현대 문화의 가치관

21세기 문화의 시대에서는 매스 미디어와 인터넷이 인간의 세계관, 가치관, 나아가서는 종교의 영역에까지 지대한 영향을 미치고 있다. 전에는 사람들이 가정이나 학교, 사회와 종교를 통해서 문화화의 과정을 거쳤지만, 21세기 사람들은 매스미디어(mass media)와 인터넷(internet)을 통해 더 많은 가치관과 정보와 지식의 학습을 통해 문화화되고 있다.

초기에는 정보 교환이 목적이었던 인터넷은 이제 인류의

가치관과 세계관 그리고 삶의 방식을 새롭게 바꾸는 거대한 문화적 매체가 되고 있다. 인터넷이 주도해 나가는 현대사회의 문화가 지니고 있는 대표적인 가치관을 다음의 세 가지로 요약할 수 있다.

(1) 개인주의적 문화

개인의 창의성과 자율성을 중시하기 때문에 개인의 역할과 결단을 존중하는 사회적 분위기가 개인주의적 성향을 형성했다. 또한 급변하는 사회적 상황에 적응하기 위한 상대적 가치관이 절대적 가치관의 자리를 대체하고 있다. 현대인의 개인주의적이고 상대적인 가치관은 개인의 권리와 이익 추구를 목표로 하기 때문에 국가와 사회의 공동체 의식을 약화시키고 분열을 초래할 위험성을 지닌다.

(2) 평등주의에 대한 신념

모든 사람들이 인터넷상에서 수직적 상하관계가 아니라 수평적 관계를 형성한다. 그러한 수평적 성향 때문에 사람들은 권위주의적 인간관계보다 수평적 인간관계를 선호하게 된다. 평등주의적 성향에서는 개인의 다양성이 극대화되기 때문에 이들 다양성이 조화를 이루게 되면 사회가 다양하게 발전할 수 있지만 개인의 다양성이 대립하고 갈등을 빚게 되면 사회 질서의 심각한 혼란이 발생할 수 있다.

(3) 인간 중심주의 가치관

인간 중심적 가치를 존중한다. 인터넷 공간에서 모든 사람들은 제각기 문화의 생산자이며 주인이다. 따라서 인터넷 문화는 사람에게 개인주의적이며 동시에 인간 중심적 가치관을 가져다준다. 이런 성향 속에서 사람들은 사회가 소중히 여기는 전통적 가치나 종교, 교육이 제시하는 절대가치보다는 인간의 권리와 이익을 보호하기 위한 상대적 가치를 소중히 여기게 된다. 따라서 사회는 심각한 가치관의 혼란에 직면할 수 있다.

2) 현대 문화의 문제점

(1) 가치관의 혼란

인터넷의 강점은 매스미디어와는 달리 양방향 의사교환이 가능하다는 점이다. 전에는 일방적으로 정보를 공급받던 소비자들이 이제는 정보의 수신자이며 동시에 정보 생산자와 공급자가 된 것이다. 다시 말하면 인터넷을 이용하는 모든 사람들이 문화의 생산자가 되었다는 것이다.

그러나 여기에 인터넷 문화의 문제성이 존재한다. 문화의 내용이 새롭고 다양하면서 그 문화를 만들어내는 생산자들의 가치와 윤리적 기준들 역시 다양해지고 상대화되어서 문화를 지탱하는 가치관의 혼란이 가중되고 있다는 것이다. 끝없는 정보의 바다를 헤엄치다 보면 현실적 사고가 약화되고, 자신의 정체성을 상실하게 되며, 삶의 궁극적 관심으로부터 멀어지게 되고, 현실 속에서 이웃과의 관계가 멀어지며, 결과적으로 사회와 문화의 해체 현상까지도 일어날 수 있다.

이러한 가치관의 혼란을 예방하기 위해서는 그 사회가 추구하는 전통적 가치와 윤리, 도덕에 대한 교육을 제도화하고, 교육이 다룰 수 없는 영적 영역의 가치관에 관해서는 종교적 가치관의 교육을 적극적으로 수용하는 것이 바람직하다.

(2) 인간 정체성 상실의 문제

현대사회의 인간 중심 문화의 특징 중 하나는 인간의 편의를 위해서 로봇과 같은 기계의 인간화를 위한 시도가 급속히 진행되고 있다는 것이다. 이러한 현상은 반대로 인간을 기계적으로 이해하려는 경향을 띠게 된다. 정보의 홍수 속에서 사람들은 실존적 사고력이 약화되어 다수를 따라가는 타자 지향성(other directed) 인간이 되어가며, 인간성이 실종된 기계적 인간관계를 형성하게 되므로 이웃을 상실하게 되는 비인간적 상황을 경험하게 된다. 또한 인생의 궁극적 관심에서부터 멀어지게 되어 삶의 진정한 목적과 가치를 상실하는 영적 황폐화를 경험하게 되어 인간으로서의 정체성을 상실하게 만든다. 이러한 인간 정체성의 상실은 결과적으로 사회와 문화의 해체 현상으로 이어질 수 있는 위험성이 존재한다.

(3) 문화의 정체성 상실의 문제

현대인들이 직면하고 있는 또 하나의 심각한 문화적 이슈는 세계화의 물결 속에서 나타나고 있는 문화의 동질화 또는 표준화의 문제이다. 세계화의 과정 속에서 미국을 중심으로 하는 서구 문화가 세계 문화의 표준처럼 인식되어 사람들이 이를 보편문화로 인식하고 이를 맹목적으로 추종하고 동질화하려는 경향이 일어나고 있으며 그로 인해 스스로 자신들의 문화적 정체성을 상실해 가고 있다는 점이다. 이러한 현상은 특히 제3세계에서 심각한 사회적 문제로 대두되고 있다.

21세기 문화의 시대는 세계의 여러 문화들이 각각의 다양한 개성과 특성을 개발하고 이를 조화시켜 모자이크와 같이 다양성이 조화를 이루는 세계문화를 형성해야 한다. 그러므로 서구 문화를 보편문화로 인식하고 이에 동화하려는 잘못된 자세를 버리고 자신의 문화적 정체성을 보존하고 개발하여 이를 세계화하려는 문화적 자세와 노력이 필요하다.

3. 왜곡되는 문화를 바로잡아야 한다

문화를 왜곡시키는 원인이 무엇인가를 몇 가지로 분류해 보면 첫째, 사람들이 생각하는 가치관을 들 수 있다. 다원주의 사회에서 가치관은 다양할 수밖에 없다. 그 이유로 어느 하나의 통일된 의식을 공유한다는 것이 애초에 문제가 되기 때문이다.

둘째, 다양한 문화는 정체성을 잃어버리기 쉽다는 점이다. 물론 다양한 사고, 가치관 등이 부정적이라고 말하는 것은 아니다. 단지 우리는 다양한 문화를 존중하면서 문화를 바르게 세워 나가는 것이 필요하다는 점을 말하는 것이다.

문화 안의 정체성 상실이라는 관점을 기독교적 입장에서 정리해봐야 한다. 예수님이 거주하셨던 당대의 문화에 대해 살펴볼 필요가 있다. 예수님은 주로 팔레스타인(현재 이스라엘과 팔레스타인 자치지구)을 중심으로 활동하셨다. 당시 팔레스타인 지역에는 다양한 문화가 공존하고 있었다. 로마가 팔레스타인을 지배하는 당시에는 그리스 문화인 헬레니즘(Hellenism)의 영향을 받았다.

헬레니즘의 큰 특징은 인간 중심의 사고, 다신교 등을 들 수 있다. 이 사상은 당시 사회에 큰 변혁을 일으키는 역할을 했다. 전통적으로 유일신 사상(하나님 중심)에 깊게 뿌리내리고 있던 당시 사회와 문화에서 수용하기 어려운 사상일 수도 있었다. 하지만 헬레니즘 사상은 '다양성'이라는 측면에서 영향을 주었다.

이런 영향은 긍정적인 면과 부정적인 면을 동시에 내포한다. 긍정적인 면은 당시 사회의 분위기 전환을 들 수 있다. 즉 당시 유대인들은 큰 자부심과 종교적인 특권을 누렸다. 그 외 민족은 이방인 취급을 받으며 푸대접을 받았는데 사도 바울은 이러한 생각들을 바꾸는 역할을 했다. 유대인이나 이방인 모두 하나님의 자녀로서 권리를 누릴 수 있다는 것을 전파했다. 반면 부정적인 면은 유일신 사상의 근간을 흔드는 영향을 주었다는 점을 들 수 있다.

그럼에도 예수님께서는 이런 다양성을 무시하는 것이 아니라 오히려 유대인을 향한 오만한 태도에 경종을 울리면서 동시에 이방인들에게 복음을 전할 수 있는 계기를 마련하셨다. 이러한 계기는 후에 사도 바울이 유대인과 이방인에게 복음을 더 확장하는 기회가 되었다. 중요한 것은 팔레스타인의 다양한 문화를 바꾸려고 한 것이 아니라 그 문화 안에 있는 잘못된 부분을 수정하고자 한 것이다. 그것은 더 건강하고 정체성 있는 문화를 세우는 데 초점이 맞추어졌다. 단 예수님은 문화의 정체성을 세우기 위해서 변하지 않는 진리(truth)를 방향으로 설정하셨다. 이러한 방향성은 분명한 목적의식 가운데 진행되었다는 것이 특징이다.

현대 문화의 특징인 다양성에 기반한 다원주의 문화를 일방적으로 기독교 문화로 이식하려고 해서는 곤란하다. 오히려 기독교 문화는 다양한 가치관을 인정하면서 그 안에 잘못된 문화를 조금씩 수정해 가는 것이 중요하다. 예컨대 문화 자체는 숭배의 대상이 아니다. 단지 문화는 과거와 현재를 연결해서 내일을 보다 지혜롭게 살 수 있는 방향으로 나아가게 하는 역할을 해야 한다. 그런데 어느 특정 문화가 마치 모든 사회와 상황을 대변하는 것처럼 비쳐져서는 안 된다. 우린 그 문화가 건강한지 혹은 어떤 방향을 가지고 이끄는지를 판단해야 한다. 그렇지 않을 경우 다양한 문화 속에서 우리는 그 안에 담긴 내용을 진단할 수 없다. 따라서 예수님이 당대 문화를 무조건 비판하거나 변화를 주려는 시도를 하지 않으신 것처럼 정체성을 회복할 수 있는 방향으로 계속해서 수정해 가는 것이 건강한 문화를 세우는 방법이 될 수 있다.

4. 매개물로서 문화는 동화이다

C. S. 루이스(C. S. Lewis)의 저작 가운데 《나니아 나라 이야기》는 '나니아 연대기'로 영화화돼 큰 인기를 끌었다. 이 영화는 현실 세계와 옷장을 통해 펼쳐지는 가상의 세계를 통해서 이면의 세계에서 정의와 악의 문제를 다룬다. 루이스가 원작 《나니아 나라 이야기》를 집필한 목적은 첫째, 좋은 판타지 이야기를 들려주고자 했으며, 둘째, 사물에 대한 기독교 세계관을 통해서 또 다른 세상을 볼 수 있게 하려고 했다(양혜원 역, 2006: 172). 나니아 나라는 우리가 사는 세상과 유사하다. 즉 정의는 불의 앞에 무너지지 않았다. '나니아 연대기'에서도 어김없이 정의와 악의 대립을 통해서 긴장감 있게 다뤄진다.

《나니아 나라 이야기》는 왜곡된 세상을 대중들이 가까이 접할 수 있는 문화 콘텐츠로 독자들과 관객들을 설득한다. 악한 자는 타인과 우리를 생각하기보다 자신의 유익을 위해서 살아간다. 그러나 정의로운 자는 자신의 유익이 아니라 전체를 위해 희생한다. 그 이유는 정의는 희생을 통해서 많은 사람들이 부당하게 살지 않도록 길을 열어주기 때문이다.

영화에서 아슬란(사자의 이름)이 자신을 배신한 애드먼드를 위해 희생하는 장면이 나온다. 바로 이 희생은 정의로운 삶이 악한 삶을 이길 수 있다는 것을 보여주기 위한 것이다. 이 희생을 통해서 나니아 나라는 평화를 찾을 수 있게 된다.

현대를 사는 우리는 문화의 홍수 가운데 살아간다. 그러나 좋은 문화와 나쁜 문화는 항상 공존해서 존재한다. 좋은 문화가 우리의 정체성을 지켜주는 것이라면 나쁜 문화는 우리의 정체성에 혼란을 주며, 삶의 방향성을 잃게 만든다. 진정 무엇이 좋은 문화이며 나쁜 문화인가를 구별한다는 것은 말처럼 쉬운 일이 아니다. 무분별한 대중문화는 더욱 정체성 혼란을 가중할 수 있다. 그리고 그 안에 뚜렷한 목적의식을 가지지 못하고 개인, 사회, 세상을 향해서 희생보다는 반향을 불러일으키는 역할을 할 뿐이다.

우리가 사는 현대사회에서 바른 문화를 세운다는 것은 배척, 다양성의 부정이 아니라 예수님이 보여주신 것처럼 그 문화 안에서 하나의 아이콘이 되는 것이다. 다시 말해서 기독교적 관점에서 우리는 그 문화 안에 동화해서 정체성을 회복시키는 것이고, 하나의 뚜렷한 목적을 통해서 잘못된 문화에 대해 수정을 가하는 역할을 하는 것이다.

출처: 영화 '나니아연대기: 새벽 출정호의 항해', 2010

좋은 문화는 지나치게 인위적이지 않다. 그리고 지나치게 자기중심적으로 흐르지 않는다. 인간의 정체성이 무엇인지를 알고 이끌어 주는 것이 소위 좋은 문화라고 설명할 수 있다. 물론 막연하게 느껴질 수도 있지만 문화라는 이름하에 우리가 그 안에 동화되지 못하고 소외받는 것은 관객 없는 공연과도 같다. 기독교 세계관의 관점에서 문화는 하나님의 방향을 향해 수정하는 것이고, 정체성을 잃어버린 현 시대의 문화에 대해 수정 그리고 변경을 가하는 역할을 하는 것이다.

TALK

1. 문화를 파괴하는 주된 원인이 무엇인가?
2. 왜곡되는 문화를 바르게 세우기 위한 방법은?
3. 영화 '언터처블 1%의 우정'을 보고 이 영화에서 드러내고자 하는 의미가 무엇인지 이야기해보자.

▸ 언터처블 1%의 우정(Intouchables, Untouchable, 2011)

▌감독 : 올리비에르 나카체, 에릭 토레다노.
▌주연 : 프랑수아 클루제(필립), 오마 사이(드리스).
▌장르 : 코미디, 드라마.
▌상영시간 : 112분.

하루 24시간 내내 돌봐주는 손길이 없으면 아무것도 할 수 없는 전신불구의 상위 1% 백만장자 필립(프랑수아 클루제). 어느 날 우연히 가진 것이라곤 건강한 신체가 전부인 하위 1% 무일푼 백수 드리스(오마 사이)를 만나게 되고, 그는 거침없이 자유로운 성격의 드리스에게 호기심을 느껴 특별한 내기를 제안한다. 바로 2주 동안 필립의 손발이 되어 한시도 떨어지지 않고 자신을 간호하며 버틸 수 있는지 시험해보겠다는 것. 이에 드리스는 오기가 발동해 엉겁결에 내기를 수락하고, 전혀 어울릴 것 같지 않던 극과 극, 두 남자의 예측불허 기막힌 동거가 시작된다.

제10장
행복은 어디에서 오는가?

많은 사람들이 '행복'에 대해 묻는다. 그리고 현재 자신의 삶이 행복한가에 대해 물을 때 고민을 한다.

미국의 여론조사 전문기관 갤럽과 헬스웨이스가 2013년 전 세계 135개국 국민들을 상대로 조사한 행복지수(Gallup-Healthways Well-Being Index)에서 우리나라는 루마니아, 이란, 요르단 등과 함께 74위를 차지했다(CBS노컷뉴스, 2014).

이 조사는 행복의 전제조건이 되는 다섯 가지 분야에 대해 설문조사를 실시했다. 다섯 가지 분야는 '육체적 건강', '금전적 안정성', '공생적 사회관계', 거주지를 비롯한 '사회공동체에 대한 만족도', '목적의식'이다. 갤럽은 조사대상 135개국 국민들을 상대로 이들 다섯 가지 분야 중 세 가지 이상 만족하는 국민의 비율을 산정했다. 우리나라는 국민의 14%가 세 가지 이상 항목에서 만족하고 있는 것으로 조사됐다. 즉 국민의 14%가 행복하기 위해 필요한 다섯 가지 분야 가운데 세 가지 이상에서 만족하고 있다는 것이다.

만족도가 가장 높은 국가는 파나마로 국민의 61%가 다섯 가지 조건 가운데 목적의식, 사회관계, 공동체, 건강 등 4개 분야에서 조사 대상 국가 가운데 가장 높은 점수를 얻었다. 갤럽 관계자는 "파나마의 경우 높은 경제 성장률이 국민의 행복지수를 높인 원인으로 보인다."고 분석했다.

대체로 남미 지역의 만족도가 높게 나왔는데 이는 이 지역 사람들의 낙천적인 성격과 무관하지 않은 것으로 분석된다. 행복지수가 높은 10개 나라는 모두 유럽과 미주지역에 속해 있다.

이 조사에 의하면, 전 세계 성인 6명 가운데 1명만이 세 가지 이상 조건에서 만족을 느끼고 있었다. 많은 사람들이 생존을 위해 또는 건강, 인간관계 등의 이유로 고통받고 있다는 의미다. 한 국가의 업적을 평가할 때 대부분 그 나라의 경제적 수입에 초점을 맞추지만 전문가들은 실제 국민이 행복을 느끼는 데 있어서는 건강, 교육, 안전 등의 문제가 중요한 부분을 차지한다고 말한다.

수많은 설문조사와 연구를 통해서 행복이 무엇이고, 어디서 오는가에 대해 조사를 하지만 속 시원하게 답을 주지는 못한다. 단지 조사자들은 행복지수를 평가하기 위해서 설문분야만 다르게 할 뿐 큰 변화는 없다. 그렇다면 행복이 무엇이고, 그 행복은 어디서 오며, 과연 어떤 삶이 행복한 삶을 추구하는 것인가에 대해 기독교 관점에서 탐색하고자 한다.

1. 행복은 변하지 않아야 한다

행복은 쉽게 풀어갈 수 있는 주제는 아니다. 왜냐하면 행복은 지나치게 주관적일 수도 있고 혹은 객관적일 수도 있기 때문이다. 여기서 이야기하려는 방향은 행복의 의미를 검토하고, 우리가 생각하는 행복의 의미와 비교를 해보는 것이다. 우선 행복의 의미를 찾기 이전에 인간이 행복하지 못한 이유에 대해 살펴보아야 할 것 같다.

기독교의 입장에서 우선시하는 것은 죄의 문제일 것이다. 이 문제는 결국 인간의 타락과 죄의식과도 결부되는 것이다. 이 사실을 수용하지 못한다면 기독교를 이해하기 어렵다. 그래서 먼저 '유신론(하나님이 있다)'적인 전제가 있어야만 한다.

행복과 잘 어울리는 기독교적 관점은 '모두가 항상 기뻐하고 범사에 감사하며 늘 행복하게 잘 사는 것'이다. 아마도 모두가 희망하는 사항일 것이다. 그런데 스스로를 행복하게 잘 사는 사람이라고 생각하며 사는 사람은 많지 않다. 많은 사람들이 행복하게 잘 살기를 바라면서도 행복하게 살지 못하는 이유가 있다. 그 이유는 행복 아닌 것을 행복이라고 착각하게 되면서 행복을 얻어도 행복하지 못하기 때문이다.

일반적으로 사람들은 돈이나 물질에 관심을 두면서 '많고 적음'에 행복의 기준을 둔다. 그러나 이러한 생각은 잘못 판단하는 것이다. 왜냐하면 가난한 사람들 중에도 얼마든지 행복하게 사는 사람이 있는가 하면, 부유한 사람들 중에도 불행하게 사는 사람들이 있기 때문이다. 그러므로 우리가 단순히 돈을 가지고 행복과 불행을 판단하는 생각을 바꾸어야 한다.

그렇다면 행복은 어떤 의미를 내포하고 있는가, 그리고 우리가 행복이라고 생각했던 것과 어떤 차이를 안고 있는가를 살펴봐야 한다. 먼저 기독교 신학자이자 철학자인 아우구스티누스(Aurelius Augustinus)는 행복에 대해 잘 설명하고 있다. 그는 행복은 영원한 것을 추구하는 것인가 아니면 일시적인 것을 추구하는가에 의미를 둔다.

우리는 행복을 언급할 때 '만족, 성취, 많고 적음' 등으로 평가한다. 예컨대 자신이 원하는 것을 가졌을 때, 욕구하는 것이 채워졌을 때, 필요한 것이 많아졌을 때에 따라 행복의 여부가 좌우된다. 그러나 아우구스티누스는 이런 차원에서 접근하는 것이 아니라 그 자체로 행복해야 하고, 우선적으로 계속해서 지속될 수 있는 것이 무엇인가에 초점을 맞추었다. 즉 영원한 것은 인간에게 있는 것이 아니라 신(하나님)에게 있다. 왜냐하면 신은 영원하기 때문이다. 신은 변하거나 소멸되지 않는다. 마치 인간처럼 있다가 사라지는 존재가 아니다. 그래서 그는 행복을 욕구나, 인간의 만족 혹은 지적으로 뛰어난 것에 두는 것이 아니라 영원히 오래가야 행복이라고 생각했다.

2. 행복, 어디에 있는가?

많은 사람들이 추구하는 행복을 조사해보면 쉽게 사라지는 것을 선택하지는 않을 것이다. 그러나 지금 우리가 선택하는 것들을 볼 때 과연 영원한 것들인가를 살펴보기 바란다. 이런 차원에서 행복은 하나님을 알고 믿는 것이라고 설명할 수 있다. 이것은 지금까지 생각했던 것과는 다르다. 일반적으로 사람들은 행복을 쾌락, 욕구의 만족, 성공, 취업, 좋은 학교, 멋진 이성 친구, 바라는 것의 성취 등으로 생각한다. 그러나 아우구스티누스는 이런 모든 것을 포괄할 수 있는 것으로 행복은 하나님을 소유하는 것, 즉 자신의 내면에 받아들이는 것으로 해석했다.

따라서 행복은 변하거나 임시적인 것이 아니라 하나님처럼 영원해야 한다. 왜인가? 그것은 하나님이 이 세상을 만드셨고, 인간을 만드셨기 때문이다. 그리고 인간이 아무리 지적으로 뛰어나도 이런 모든 것들은 변한다는 것이다. 기술이 아무리 발전해도 변하고 있다는 것이다. 과학의 발전, 의학이 발달해도 인간의 수명은 한정되어 있다. 이런 모든 것을 극복하고 영원한 것을 추구할 수 있는 것은 바로 하나님을 아는 것이다. 여기서 안다는 것은 배우는 것으로 멈추는 차원이 아니다. 행복한 사람은 하나님을 받아들이고, 그 뜻을 따라 행하는 것이다.

모든 사람이 행복한 삶을 원하지만 무엇을 추구하는가에 따라 행복은 좌우된다. 반면 아우구스티누스는 우리를 끊임없이 욕구하게 만들거나 성취하도록 하는 것이 결국 불행하게 만드는 것으로 보았다. 행복은 한 번 성취한 것으로 인해서 변함이 없어야 하며, 영원할 수 있어야 온전하게 행복한 삶을 누릴 수 있는 것이다. 우리가 추구하는 것이 과연 무엇인가, 그 추구하는 것이 영원한가를 가늠해보면 무엇이 진정한 행복인가를 볼 수 있다.

단지 우리가 성취한 것이 한 번 만족으로 사라지거나 계속해서 다른 욕구를 추구하게 만든다면 행복이라고 말할 수 없다. 행복은 그 자체로 인해서 계속 이어져 갈 수 있어야 하고, 변하지 않아야 하며, 그것으로 인해서 만족할 수 있어야 한다. 그러므로 행복은 그 자체로 영원해야 하며, 원인이면서 결과가 되어야 한다.

그러나 현재 우리가 바라는 것에서 이런 원인들을 찾을 수 있는가? 예를 들면 좋은 학교에 입학했다고 영원한 만족을 누릴 수 있는지 혹은 좋은 직장에 취업했다고 그 기쁨이 평생 가는지를 생각해볼 때 그 대답은 여러분이 해보기 바란다.

기독교적 입장과 아우구스티누스가 언급하는 행복은 하나님을 아는 것이고, 그로부터 시작한다고 했다. 우리는 쉽게 행복이 어디에 있는지 찾을 수 있다. 그러나 행복이 하나님으로부터 시작된다는 것은 지식, 학습을 통해서 가능할 수 있을지 모르지만 이것 또한 온전한 행복이라고 말할 수 없다. 왜냐하면 모든 이가 행복을 변하지 않아야 하다는 것에 동의는 하지만 그 대상이 하나님이라고 이야기한다면 미온적인 반응이기 때문이다. 중세에 큰 화두는 '믿음'이냐 '이성'이냐에 초점을 맞추면서 지나치게 어느 한쪽으로 기울어지는 결과를 초래했다. 결국 이러한 모습은 이후 믿음, 즉 신앙을 견제하게 되고, 인간 중심의 이성을 대두하는 역사로 나타났다.

그럼에도 아우구스티누스 등을 비롯해서 몇몇 학자들은 믿음과 이성에 대해 균형을 유지하려고 했다. 단지 이 중에서 우선순위가 있다는 것을 찾고자 한 것이다. 여러분은 무엇에 우선을 두는가? 그리고 그 이유는 무엇인가? 한번 이에 대해 답을 찾아보기 바란다. 이것에 대해 간략하게 설명한다면, 인간이 지식을 통해서 신을 추구하는 것에는 한계가 있다. 왜냐하면 '앎'은 논리적으로 인과관계를 분명하게 따지기 때문이다.

그리고 앎, 즉 지식은 인간을 아는 것에 국한된다. 지식은 인간을 이해하는 것 이상으로 넘어가지 않는다. 단지 신이 있다는 것을 이해하려고 애쓸 뿐이다. 이에 비해 믿음은 인간을 이해하는 차원과 더불어 하나님을 모든 것의 근본으로 보게 만든다. 그래서 믿음은 아는 것에서 출발하는 것이 아니라 '있다'라는 것에 출발을 둔다. 그리고 과연 '있다'는 것이 무엇인지를 앎을 통해 배워가게 된다. 이처럼 행복도 마찬가지이다. 하나님이 존재하고 있다는 믿음에서 출발하면 행복이 어디서 오는지를 쉽게 발견할 수 있다.

3. 행복한 삶, 행복한 사람들

행복의 시작은 하나님을 믿는 것에서 출발하는 것으로 설명했다. 이에 대해 우리가 발휘해야 하는 것은 바로 의지, 즉 결단이다. 믿음은 바로 의지를 발휘하는 것이다. 진정한 행복이 부수적인 것에서 나오는 것이 아니라 우리에게 흩어져 있는 것들의 모든 근원이 어디인지를 파악하고, 그 근원을 찾는 것이 바로 지식 중에서도 하나님을 발견할 수 있는 지식, 즉 지혜일 것이다. 《톨스토이의 어떻게 살 것인가》를 통해 나타난 톨스토이(Lev Nikolayevich Tolstoy)의 지혜에 대한 설명은 오늘날에도 깨달음을 준다(이선미 역, 2014).

> "진정한 지혜는 모든 것을 아는 지식이 아니라, 삶에 어떤 것이 필요한 지식이고 어떤 것이 덜 필요한 지식이며 어떤 것이 필요 없는 지식인지를 아는 것이다. 가장 필요한 지식은 잘 사는 방법에 대한 지식인데, 즉 악행을 최소한으로 줄이고 최대한 선행을 하면서 사는 방법을 아는 것이다. 요즘 사람들은 쓸모없는 학문은 연구하지만 가장 중요한 지식에 대한 연구는 하지 않는다."

우리는 '지식의 홍수' 가운데 살아가고 있지만 정작 중요한 것을 놓치고 있다. 왜냐하면 바로 행복의 근원이 무엇인지 모르고 행복의 주변에만 관심을 두기 때문이다. 행복한 삶을 추구하고 싶다면 행복의 근원이 무엇인지를 먼저 찾기 바란다. 바로 행복은 영원해야 하고, 그로 인해서 학업, 성적, 건강, 부, 명예, 좋은 직장 등이 부수적인 것들이 되게 해야 한다. 부수적인 것을 우리가 좇게 되는 순간 행복을 가장한 것에 우리는 속게 되는 것이다.

진정한 행복은 서열이 있다. 하나님과 나, 물질(이 세상 모든 것)의 순서를 자리매김 할 수 있어야 한다. 이 순서가 바뀌는 순간 우리는 영원한 행복을 누릴 수 없게 된다. 우리는 행복에 대해 맛만 보고 계속 그리워하며 생활할 뿐이다. 우리는 변하지 않고 영원한 하나님이 나보다 물질보다 우선되어야 한다. 그리고 물질이 나를 앞서서는 결코 행복을 추구할 수 없다. 단지 우리는 물질의 노예로써 계속 행복을 추구하기 위해 또 다른 것을 성취하기 위해 평생을 바치며 살아가야 한다.

우리는 무엇에 우선순위를 두며 평생을 투자하고 싶은가? 장 지오노(Jean Giono)의 《나무를 심은 사람》에서 작은 실마리를 찾을 수 있다. 이 책은 지금 한 사람의 올바른 행동이 나중에 도래할 희망을 볼 수 있다는 깨달음을 주는 책이다. 아무것도 피어나지 않을 것 같은 황무지에 나무를 심으며 희망을 키우는 노인과 이미 황무지가 되어서 희망이 없는 땅에 나무를 심는 노인에 대해 이해하지 못하고 떠나는 젊은이의 모습에서 우리의 모습을 비춰 볼 수 있다.

이 책에 등장하는 노인은 현재에 보잘것없고, 희망이 없어 보이지만 믿음을 통해 희망을 본 것이다. 우리가 추구하는 행복도 마찬가지이다. 우리가 믿음을 통해 행복을 추구한다는 것도 전혀 보이지 않는 것 혹은 황무지에 나무를 심는 사람과 다를 게 없다. 그러나 이 땅에서 변하지 않는 것에 믿음을 갖고 투자하는 것만큼 행복한 삶은 없을 것이다. 물론 많은 사람들이 이것을 모르고 있진 않다. 이 책에서 보는 것처럼 황무지에 씨앗을 심고 기다리면 꽃이 피고 나무가 자란다는 것을 안다. 그렇지만 대부분의 사람들은 눈에 보이는 것을 추구하기 때문에 그 이면에 숨어 있는 진정한 행복을 느낄 수 없게 된다. 그 이면의 행복은 다 자란 나무를 보는 것이 아니라 그 나무를 자라게 만드는 노력, 인내이며 또 다른 나무를 자라게 만들 수 있는 믿음일 것이다. 행복한 사람은 바로 그 믿음으로 진정한 행복이 무엇인가를 찾는 자이다.

TALK

1. 186페이지의 행복지수 테스트 결과 자신의 점수는?
2. 행복지수 테스트 점수에 대해 만족하는 이유와 만족하지 못하는 이유는?
3. 영화 '행복을 찾아서'는 크리스 가드너의 실화를 바탕으로 그려진 영화이다. 이 영화에는 "어떤 사람도 '넌 할 수 없다'라는 말을 하게 하지 마라, 꿈이 있다면 넌 그것을 지켜내야 한다. 사람들은 자신이 할 수 없는 일에 대해 너에게 '넌 할 수 없다'고 말하고 싶어 한다. 원하는 게 있다면 가서 쟁취하라!"는 말이 나온다. 행복이 무엇이고 어디에 있는지를 말해주는 이 영화는 집이 있다는 것, 그리고 잘 곳이 있다는 것에 대해 감사하게 만드는데, 자신에게 있는 것에서 행복을 찾는다면 무엇인가? 만약 찾을 수 없다면 그 이유는?

▸ 행복을 찾아서(The Pursuit of Happyness, 2006)

- 감독 : 가브리엘 무치노.
- 주연 : 윌 스미스(크리스 가드너), 제이든 스미스(크리스토퍼).
- 장르 : 드라마.
- 상영시간 : 117분.

모두가 경제난에 허덕이던 1980년대 미국 샌프란시스코. 세일즈맨 크리스 가드너(윌 스미스)는 잠시도 쉬지 않고 이곳저곳을 뛰어다니지만 세금도 못 내고 자동차까지 압류당하는 상황이 되자 참다 지친 아내마저 떠난다. 마침내 살던 집에서도 쫓겨나고 이제 지갑에 남은 전 재산이라곤 달랑 21달러 33센트뿐이다. 크리스는 아들 크리스토퍼와 함께 노숙자 시설과 지하철역을 전전해야 하는 극한의 어려움 속에서도 행복해지기 위한 마지막 도전을 시작한다.

♡ 행복지수 테스트

출처: 《행복은 어디에서 오는가》, 비즈니스북스, 2013

▸ 아래 각 항목에 0~5점까지 점수를 준다.

Ⅰ. 행복지수 100 A부문		절대로 아니다	아니다	약간 아니다	약간 그렇다	그렇다	매우 그렇다
		⓪	①	②	③	④	⑤
1	미래를 생각하면 긍정적인 기분이 든다.	⓪	①	②	③	④	⑤
2	자신이 쓸모 있는 존재라고 생각한다.	⓪	①	②	③	④	⑤
3	에너지가 넘친다.	⓪	①	②	③	④	⑤
4	문제에 잘 대처한다.	⓪	①	②	③	④	⑤
5	분명하게 생각할 수 있다.	⓪	①	②	③	④	⑤
6	자신이 마음에 든다.	⓪	①	②	③	④	⑤
7	타인과 가까운 기분이 든다.	⓪	①	②	③	④	⑤
8	스스로 결정내릴 수 있다.	⓪	①	②	③	④	⑤
9	사랑받는 기분이 든다.	⓪	①	②	③	④	⑤
10	새로운 관심사가 생긴다.	⓪	①	②	③	④	⑤
11	의욕이 넘친다.	⓪	①	②	③	④	⑤
12	쾌활함을 느낀다.	⓪	①	②	③	④	⑤
13	자신감을 느낀다.	⓪	①	②	③	④	⑤
14	열정을 느낀다.	⓪	①	②	③	④	⑤
15	만족을 느낀다.	⓪	①	②	③	④	⑤
16	내 삶의 조건이 훌륭하다고 생각한다.	⓪	①	②	③	④	⑤
17	내 인생이 만족스럽다.	⓪	①	②	③	④	⑤
18	다시 살 기회가 주어진다고 해도 내 인생의 어떤 것도 바꾸지 않을 것이다.	⓪	①	②	③	④	⑤
19	사는 게 즐겁다.	⓪	①	②	③	④	⑤
20	정말로 행복하다.	⓪	①	②	③	④	⑤

II. 행복지수 100 B부문		절대로 아니다	아니다	약간 아니다	약간 그렇다	그렇다	매우 그렇다
		⓪	①	②	③	④	⑤
21	화가 난다.	⓪	①	②	③	④	⑤
22	기분이 가라앉거나 슬프다.	⓪	①	②	③	④	⑤
23	절망을 느낀다.	⓪	①	②	③	④	⑤
24	외로움과 소외감을 느낀다.	⓪	①	②	③	④	⑤
25	내 자신이 불만족스럽고 불행하다.	⓪	①	②	③	④	⑤
26	입안이 건조하다.	⓪	①	②	③	④	⑤
27	무슨 일이든 먼저 나서기가 어렵다.	⓪	①	②	③	④	⑤
28	과민 반응하는 경향이 있다.	⓪	①	②	③	④	⑤
29	몸이 떨린 적이 있다(보기 : 손).	⓪	①	②	③	④	⑤
30	초조함에 많은 에너지를 소모한다.	⓪	①	②	③	④	⑤
31	두렵거나 웃음거리가 될지도 모르는 상황을 떠올리며 걱정한다.	⓪	①	②	③	④	⑤
32	기대되는 일이 전혀 없다.	⓪	①	②	③	④	⑤
33	예민해지고 짜증이 난다.	⓪	①	②	③	④	⑤
34	느긋하게 마음먹기가 힘들다.	⓪	①	②	③	④	⑤
35	하던 일을 중단하게 만드는 어떤 것도 참을 수 없다.	⓪	①	②	③	④	⑤
36	공황상태에 빠질 뻔했다.	⓪	①	②	③	④	⑤
37	어떤 일에도 열의가 느껴지지 않는다.	⓪	①	②	③	④	⑤
38	자신이 별로 가치 없는 인간인 것 같다.	⓪	①	②	③	④	⑤
39	뚜렷한 이유도 없이 두렵다.	⓪	①	②	③	④	⑤
40	인생이 무의미하다.	⓪	①	②	③	④	⑤

점수 계산 방법	
	A부문점수를 2로 나누고(A부문점수/2) B부문점수도 2로 나눈다(B부문점수/2)
	(A부문점수/2)-(B부문점수/2)한 후 나온 값에 50을 플러스(+)하면 자신의 행복지수 예 A부문점수: 69/2=34.5, B부문점수: 31/2=15.5, 34.5-15.5=19+50=69

제3부

기독교는 삶이다

제11장
이름뿐인 교회는 싫다

아이디
비밀번호
로그인

구약성경 〈사사기〉에 삼손이라는 사람이 나온다. 삼손은 거룩한 백성으로 구별된 사람이었다. 그는 사사로서 하나님의 백성을 이끌고 섬겨야 하는 막중한 책임을 부여받은 선택받은 지도자였다. 구약시대에서 사사로 부름받는 것은 하나님의 특별하신 은혜와 부르심이 있어야만 가능한 특권이자 축복이었다. 그러나 삼손은 자신에게 주어진 소중한 책무를 망각하고, 사사로서의 소명을 소홀히 여긴 채, 다른 신을 섬기는 이방 여인 들릴라와 사랑에 빠져 인생의 커다란 쓴맛을 경험하게 된다. 아무리 생각해보아도 삼손의 인생은 안타깝기만 하다.

이렇게 언제 어디서나 사람이 자기 정체성, 즉 '내가 누구인가?'를 바르게 인식하는 것은 대단히 중요하다. 자신의 정체성을 바르게 파악하지 못할 때, 자신이 지켜야 할 자리를 착각하게 되고, 지켜야 할 자리를 분별하지 못하는 사람은 결국 주위 사람들로부터 버림받게 된다. 마찬가지로 기독교인에게 있어서도 분명한 자기 정체성은 대단히 중요하다. 이번 장은 바로 이러한 질문에 대해 그 대답을 찾아가는 여정이다.

기독교인은 누구인가?
어떤 사명을 감당해야 하는 사람인가?
교회는 무엇이고 어떤 특성을 가져야 하는가?

내용검색
검색

우선 교회가 무엇인지부터 살펴보자. 일반적으로 말하면 교회는 하나의 종교 기관이다. 기독교 신앙을 가진 사람들이 모여서 종교적인 활동을 하는 곳이다. 하지만 성경은 단지 종교적 현장만이 아니라 공동체라는 시각에서 교회를 말하고 있다.

1. 교회란 무엇인가?[1)]

1) 에클레시아(그리스도인의 모임)

교회는 '에클레시아(ecclesia)'이다. 즉, 하나님의 백성이다. 현대적인 의미로는 예수 그리스도를 믿고 따르는 사람들의 모임을 말한다. 사실 에클레시아는 하나님의 백성을 설명하기 위한 말들 중 하나이다. 에클레시아로서의 교회는 하나님으로부터 자신의 고향과 친척 집을 떠나라는 부르심을 받았던 아브라함과 함께 시작한다. 하나님의 부르심은 아브라함을 통해 한 민족과 나라를 이루고 또 세상의 많은 민족으로 복을 받게 하기 위함이었다. 이 은혜의 언약은 그 후 네 번이나 아브라함에게 확증되었고, 그것을 통해 그의 후손은 복을 받게 되었다(창세기 22:17-18).[2)] 그 언약은 다시 아브라함

---

1) 교회란 무엇인가에 대한 내용은 이준우(2014)의 《교회사회복지실천의 새 지평: 복지선교와 복지목회》 중에서 일부(pp. 31-52)를 발췌하여 요약·정리하였음을 밝힌다.

2) 창세기 22장 17-18절. "내가 네게 큰 복을 주고 네 씨가 크게 번성하여 하늘의 별과 같고 바닷가의 모래와 같게 하리니 네 씨가 그 대적의 성문을 차지하리라. 또 네 씨로 말미암아 천하 만민이 복을 받으리니 이는 네가 나의 말을 준행하였음이니라 하셨다 하니라."

의 자손 이삭과 그의 아들 야곱에게 확증되었다. 그러나 야곱은 애굽(이집트)에서 죽었고 그의 아들 요셉도 그러했다. 창세기는 이를 이스라엘 자손이 "아버지의 몸을 향으로 처리하게 하매(창세기 50:2)."라는 말로 간략하게 기술한다.

야곱의 아들 레위의 후손인 모세가 애굽의 억압으로부터 이스라엘 백성을 구원했을 때 하나님이 아브라함에게 하셨던 언약의 성취는 큰 진전을 보게 되었다. 이스라엘은 출애굽한 지 석 달 후에 시내 광야로 들어갔다. 그러고는 하나님의 언약은 확증되었고 율법을 받아 성막의 예배 제도가 시작되었다. 그 후 이스라엘은 약속의 땅을 정복하고 그곳에서 왕정체제를 세웠다. 그러나 이 모든 것은 재앙으로 끝나고 말았다. 이스라엘 백성들이 하나님과의 언약을 파기하고, 그분의 율례를 거부했다. 하나님의 예언자들을 멸시해서 결코 용서받을 수 없는 상태에 이르렀다. 결국 하나님께서는 그들을 심판하셨고 바벨론으로 유배를 보내버리셨다.

하지만 하나님께서는 그들을 완전히 버리지는 않으셨다. 때가 되었을 때, 언약에 신실하신 하나님이 애굽에서 이스라엘을 구원하신 것처럼 하나님은 그들을 바벨론으로부터 불러내어 본토로 돌려보내셨다. 하나님께서는 그 백성을 통해 전 세계의 모든 족속에게 복을 주시겠다고 약속하셨다. 그리고 이 약속은 예수 그리스도를 통해 성취되었다. 하나님은 먼저 아브라함과 그의 가족을 우르와 하란을 떠나 가나안을 향하도록 부르시고, 후에는 야곱의 후손들을 애굽에서 구원하시고, 유다의 남은 족속을 바벨론에서 불러내셨다. 이 모든 것은 온전한 소명, 더 위대한 구원, 더 풍성한 유산을 위한 그림자였다. 하나님의 원대한 목적은 예수 그리스도의 죽음과 부활을 통해 하나님의 백성들을 죄로부터 구원하시고 구속의 언약을 그들로 하여금 상속받게 하려는 것이었다.

이렇게 교회는 하나님의 에클레시아, 즉 하나님의 부르심을 받아 그분의 소유가 되어 세상으로부터 분리된 그러나 세상 속에 존재하는 하나님의 백성이다. 아브라함을 통해 언약을 맺으셨던 하나님의 은혜로 아브라함의 후손들은 언약 속에 들어가 있었다. 그 언약의 백성이 하나님의 백성인 것이다. 사도 바울은 교회를 하나님의 백성으로 여겼다.

하나님께서 하나님의 백성을 선택하셨다. 그 선택에는 하나님의 계획과 목적이 있다. 그러므로 하나님의 백성은 축복의 근원이 되고, 모든 사람들이 축복을 받게끔 해야 한다. 축복의 통로가 되어야 한다. 하나님의 백성은 예수님 안에 있는 모든 사람인 것이다. 이런 이유로 사도 바울은 〈에베소서〉에 다음과 같이 기록할 수 있었다.

> 이제는 전에 멀리 있던 너희가 그리스도 예수 안에서 그리스도의 피로 가까워졌느니라. 그는 우리의 화평이신지라. 둘로 하나를 만드사 원수 된 것 곧 중간에 막힌 담을 자기 육체로 허시고 법조문으로 된 계명의 율법을 폐하셨으니 이는 이 둘로 자기 안에서 한 새 사람을 지어 화평하게 하시고 또 십자가로 이 둘을 한 몸으로 하나님과 화목하게 하려 하심이라. 원수 된 것을 십자가로 소멸하시고. (에베소서 2:13-16)

하나님은 이스라엘을 구별된 백성으로 만들었던 율법을

폐기하고 '한 새 사람'을 창조하셨다. 이 새로운 사람이 교회인 것이다. 바로 이 교회는 놀라울 정도로 매우 포괄적인 공동체이다. 그리스도는 혈육과 국가라는 장벽을 폐하셨고 계층과 성차별도 폐하셨다.

> 너희는 유대인이나 헬라인이나 종이나 자유인이나 남자나 여자나 다 그리스도 예수 안에서 하나이니라. (갈라디아서 3:28)

차별의 시대는 끝났다. 그리스도께서 교회 안에 창조한 새로운 사람들 간에는 혈육이나 계급, 남성 혹은 여성 같은 어떤 차별도 존재하지 않는다. 하나님 앞에서는 어떤 영적 차별도 존재해서는 안 된다는 것이다. 교회는 그런 공동체이어야 한다.

2) 하나님의 가족

교회는 하나님의 가족 혹은 가정이다. '하우스홀드(house hold)' 즉 가정이라는 개념, 여기에서 가정은 '소(小) 가정'이 아니라 '대(大) 가정' 즉 종의 가정까지를 포함한다. 가훈이 필요하다. '대 가정'의 규율이 필요한 것이다. 사도 바울은 하나님의 '하우스홀드'를 교회의 개념으로 살폈다. 그는 교회를 하나님의 '대 가정'이라고 생각했다. 교회를 '하나님의 대 가정'이라고 생각하는 개념은 〈디모데전서〉에서 구체적으로 드러난다. 예수 그리스도의 피로 우리 교회의 구성원들은 대가족이 되었다. 하나님의 교회가 하나님의 가족이며 권속이다. 실제로 초대교회에서는 평균 30여 명이 가정에 모여 공동체적 교회를 이루었다.

'믿음 안에서 다른 사람들을 어떻게 대해야 할까?'라는 질문에 대한 답을 윤리적인 측면에서 고민할 때, 자연스럽게 가족의 개념이 나오게 된다. 가족은 이해타산을 따지지 않는다. 이해타산을 초월한 것이 가족이고, 형제자매이다. 그러므로 교회를 이렇게 가족으로 보고 서로 사랑해야 하는 것이다. 교회를 하나님의 가족으로 보고, 옛날 전통적인 가족과 같은 교회가 되어야 한다. 그런 가족과 같은 공동체적인 교회 속에서 문화가 형성되고 예절을 배운다. 공동체 속에서 배운다. 진정한 교회는 가족과 같은 공동체이다. 사도 바울은 교회를 그리스도의 가정이라고 생각했다.

사람이 알아주든 안 알아주든 하나님 앞에서 눈물을 흘리는 목사와 장로, 권사, 집사가 필요하다. 하나님 안에서 가족의식, 가족애를 느낄 수 있는 교회여야 한다. 영적인 가족이 되어야 한다. 설교와 기도를 통해서 사람을 변화시킬 수 있다. 동시에 가족과 같은 끈끈하고 친밀한 공동체성을 통해서도 사람을 변화시킬 수 있다.

3) 그리스도의 몸

교회는 하나님이 우리를 부르시고 교회를 세우신 목적을 이루어 가야 한다. 삼위 하나님이 우리를 부르시고 구원하신 목적은 아들의 형상을 이루어 가는 것이며, 교회를 세우시고 성령을 보내신 것은 이 뜻을 실현하시기 위함이다. 그래서 교회를 '그리스도의 몸'이라고 했다.

그리스도의 몸이라는 말은 교회가 '그리스도가 자신의 피로 사시고 친히 머리가 되사 주관하시는 공동체'라는 뜻이 있을 뿐 아니라, '그리스도가 우리가 지향해야 할 목표이자 교회의 척도'라는 의미도 내포한다. 그래서 사도 바울은 〈에베소서〉 4장 13절에서 "그리스도의 장성한 분량이 충만한 데까지 이르는 것"을 교회가 추구해야 할 이상으로 제시하였다. 그리스도의 장성한 분량까지 성장하는 이상이 실현될 유일한 가능성 또한 그리스도에게 있다. 이를 위해 그리스도가 우리 가운데 거하시고 행하셔야만 그의 은혜와 능력으로 이 목표가 이루어질 수 있는 것이다.

그러므로 믿음의 사람은 예수님과 하나로 연결되어야 한다. 뗄 수 없는 관계여야 한다. 육신과 영혼, 내 전체가 다 포함하여 나의 전부가 연합되어 있다. 단지 아직 완전히 성화되지 못했기에 문제일 뿐이다. 나아가 예수님 때문에 각 개개인이 연합되었기에 우리 모두는 예수 그리스도를 통해서 다 같이 연합된 것이다. 예수님 안에서 예수님과 함께한 공동체를 이루었다. 그 공동체를 예수님의 몸이라 했다. 확장된 공동체의 몸으로 한 개인의 몸이기도 하면서 공동체의 몸이다. 예수님과 내가 연합되어 둘이 합하여 한 몸이 되었다. 예수 그리스도의 확장된 몸, 그리스도의 몸이다. 우리 성도들이 수평적으로 연합되었다. 그래서 사도 바울이 "갈라디아 교회들." 그러면 '갈라디아에 있는 모든 성도들'을 의미한다. 교회를 일개교회, 지역교회로만 국한시키지 않는다.

사도 바울이 교회를 그리스도의 몸이라 표현할 때는 세 가지 특징이 있다. 첫째, 교회의 통일성, 둘째, 다양성, 셋째,

성장과 성숙이다. 이런 특성들을 사도 바울이 말할 때, 몸을 사용해서 설명한다. 하나가 되었다(통일성)는 것은 모두 다 똑같은 것이 아니라 다양성이 있다. 인종, 민족, 성별, 사회적 지위에 따른 다양성이 다 있다. 진정한 다양성은 그리스도의 몸인 생명력이 있어야 한다. 생명이 있을 때, 성장하고 성숙하게 된다.

그게 없으면 조직이 되고, 그냥 그저 그런 단체가 된다. 그러므로 교회 공동체는 성령이 역사하게 만들어서 모든 기능을 하게 해야 한다. 한 개인을 향한 성령의 역사, 공동체에 주시는 성령의 역사가 있다. 은사에 따른 다양성이 있다. 성령이 역사하시는 은사에 따라 다양성이 있다. 〈에베소서〉 4장을 보면 성장과 성숙을 말하고 있다. 장성한 분량까지 성장해야 한다. 성장을 말할 때는 항상 몸의 개념이 들어간다. 성장과 성숙의 개념은 몸을 들어 설명할 수 있다.

교회는 성장해야 한다. '교회 성장'이라고 하면 뭐가 생각나는가? 외적인 성장을 생각할 수 있다. 숫자를 생각한다. 목회하다 보면 그런 압력을 많이 받게 된다. 하지만 사도 바울은 '교회 성장'을 숫자적인 개념으로 쓴 적이 없다. 물론 누가의 〈사도행전〉은 숫자 개념을 쓴다. 하지만 사도 바울이 교회의 성장을 말할 때는 성숙을 의미한다. 앞서도 말한 바와 같이 사도 바울은 장성한 분량까지 성숙해야 한다고 했다. 교회는 숫자가 부족하다고 온전하지 않은 것이 아니다. 교회는 처음부터 온전한 몸이다. 예수 그리스도의 몸은 온전하다. 숫자가 적든지 많든지 온전한 몸이다. 사도 바울이 말하는 교회 성장은 내적인 성숙이다. 그것이 교회 성장이다.

교회가 몸이라면 교회는 살아 있어야 한다. 살아 있는 유기체라면 성숙해야 한다. 성도들이 있는 그리스도의 몸이라면, 확장된 그리스도의 몸이라면 교회는 정말 소중하다. 교회는 조직체가 아니라 살아 있는 유기체이다. 교회에 대해서 이렇게 말할 수 있어야 한다.

> 몸이 하나요 성령도 한 분이시니 이와 같이 너희가 부르심의 한 소망 안에서 부르심을 받았느니라. 주도 한 분이시요 믿음도 하나요 세례도 하나요 하나님도 한 분이시니 곧 만유의 아버지시라. 만유 위에 계시고 만유를 통일하시고 만유 가운데 계시도다. (에베소서 4:4-6)

이렇게 말씀하신 것처럼 그만큼 하나라는 것을 강조해도 지나침이 없는 이유가 무엇인가? 교회 공동체의 핵심이 그리스도의 몸이기 때문이다.

4) 하나님의 성전

'그리스도의 몸'과 함께 등장하는 중요한 교회의 개념은 '하나님의 성전'이다. 사도 바울은 교회를 하나님의 성전으로 보았다. 특히 사도 바울은 '예루살렘에 있는 성전이 하나님의 성전이 아니라 너희가 하나님의 성전'이라고 강조했다.

그렇다면 사도 바울이 말하는 성전 개념은 도대체 무엇인가? 한 마디로 사도 바울은 교회를 '주 안에서 성전', '성령 안에서 하나님이 거하실 처소'라고 〈에베소서〉 2장 21절과 22절에서 밝혔다. 사도 바울은 교회 안의 성령의 임재는 구약의 성막과 성전에 성령을 상징하는 구름이 가득했던 구약의 개념이 실현된 것이며, 하나님이 말세에는 손으로 만든 성전이 아니라 친히 성령으로 우리 가운데 거하시겠다고 하신 새 언약이 성취된 것으로 설명하였다. 사도 바울은 구약의 성전 개념을 염두에 두고 말했던 것이다. 즉 구약 시대의 성전에 성령의 임재를 상징하는 구름이 가득했던 것처럼 새로운 성전인 교회에 하나님의 성령이 충만해야 한다는 것이다.

사도 바울은 교회를 그리스도로 충만할 뿐만 아니라 하나님으로 충만한 성전으로 보았다. 그래서 그는 교회가 하나님의 모든 충만하신 것으로 우리가 충만해지기를 소원하였다(에베소서 3:19). 교회가 성령으로 충만해질 때 사도 바울이 소원했던 하나님과 그리스도로 충만함이 동시에 구체적으로 실현된다. 교회는 성령으로 충만함으로 삼위 하나님이 충만히 거하시는 영광스러운 성전이 되었다. 비록 현실 교회의 모습이 초라하기 그지없을지라도 교회는 본질적으로 말할 수 없이 영광스러운 공동체다. 교회는 삼위 하나님이 그 구속 사역의 첫 열매로 세우시고 친히 거하시며 다스리시는 천국 공동체다. 교회의 영광에 대한 바른 인식이 회복되어야 하고 교회의 모든 활동, 즉 예배와 교제, 설교와 기도, 선교 그리고 사회봉사 내지 교회사회복지실천은 교회의 삼위일체적인 본질을 구현하고 잘 반영해야 한다(박영돈, 2013).

사실 교회가 성전인 것은 당연하다. 그럼에도 사도 바울이 특별히 교회를 하나님의 성전이라고 분명하게 말한 데에는 이유가 있다. 바로 사도들과 그리스도인들의 기초 위에 초대교회 성도들이 다 연결되어 성전으로 지어져 감을 말하기 위해서다. 실제로 사도 바울의 생각대로 오늘날 예수 그리스도 안에서 모든 사람이 다 연합되었다. 함께 연결되어 성전으로 지어져 간다. 그러므로 '성전'이라는 개념을 교회에 적용한 것은 교회는 그 구성원들이 하나된 연합체이기 때문이다.

5) 그리스도의 신부

교회는 그리스도의 신부이다. 그리스도의 신부도 구약에서부터 나오는 개념이다. 호세아를 비롯한 여러 선지자들로부터 나오는 개념이다. 이 부분은 상당한 시간을 할애해야 설명이 가능하다. 그리스도의 신부라는 개념은 남편과 아내가 한 몸이 된다는 개념과 함께 살펴야 한다. 나아가 교회가 삼위일체 하나님과 어떻게 연결되는가에 대한 설명이 있어야 한다. 그렇다면 교회가 삼위일체 하나님과 어떻게 연결되는가? 여기에서의 핵심은 하나님은 '공동 혹은 통합(corporate)'적인 존재로서 이해되어야 한다는 것이다. 이를 요약하면 첫째, 성부 하나님이 계획하신 것이다. 둘째, 성자 하나님을 통하여 실현되었다. 셋째, 성령 하나님을 통하여 생명력을 갖게 되었다.

사실 사도 바울이 정리했던 교회에 관한 다섯 가지 이미지 중에서 4개가 모두 다 구약적인 개념이다. 신약의 뿌리는 모두 구약에서 나왔다. 〈창세기〉 12장에서부터 구약의 흐름이 바울에까지 흐른다. 교회는 하나님의 백성이다. 교회는 오순절에서 시작된 것이 아니라 이미 하나님의 계획 속에 있었고, 그때는 하나님의 백성이라는 표현이었으나 그 뿌리는 구약에서부터 있었다. 하나님의 성전이라는 개념도 마찬가지다. 다만 성전을 우상화하는 것은 문제시하였다. 그래서 사도 바울은 성전의 의미를 다시 정의하여 가르쳤던 것이다. 그렇다고 해서 새로운 개념이 아니라 이미 구약에서부터 연결되어 있었던 개념이다. 진짜 참된 의미가 살아났을 뿐이다.

그리스도의 신부라는 개념도 원래 야훼의 신부에서 나온 것이다. 이스라엘이 신실하지 못했을 때, 간음한 여인이 되어버린다. 예수님도 신랑이고, 우리 믿는 사람도 신부로 비유하는 것이다. 그런 개념으로 계속 연결되어 있다. 구약을 새로운 개념으로 대치한 것이 아니다. 사도 바울은 구약의 연속선상에서 교회의 개념을 신약에서 정리하고 있다. 바울 신학의 근원은 이방 헬라 문화도 아니고 영지주의도 아니다. 바울신학의 깊은 뿌리는 구약이고 예수님의 가르침이며 그가 '하나님/예수님'으로부터 받은 계시였다. 이것을 종합하여 살펴보아야 한다.

단, 그리스도의 몸이라는 개념은 바울서신에만 나오는 바울의 개념이었다. 하지만 그리스도의 몸이라는 개념도 〈요한복음〉 2장 19절에서 21절에 나오는 대로, 예수님에 의해 성전과 몸이 연합된 것이다. 이미 예수님의 말씀 속에 있었기에 예수님으로부터 영향을 받은 개념이 그리스도의 몸이라는 개념인 것이다. 또한 그리스도의 몸을 말할 때는 성령을 이야기한다. 하나님의 성전과 성령과도 구분할 수 없다. 그러므로 '삼위일체'적으로 교회를 보아야 한다. 구약에는 성부 하나님이 활동하셨다. 성부 하나님이 주인공이 되셔서 활동하셨다. 하지만 성자와 성령도 분명히 존재하셨다. 성자 하나님, 성령 하나님이 태초부터 함께하셨다. 하지만 구약의 실제적인 역사는 성부 하나님이 직접 하신다. 그래서 무대 위에는 성부 하나님만 보인다. 예수님께서 오시기 전까지는 그렇다. 예수님이 오신 후에는 예수님이 주인공으로 등장하셨다. 뒤에서 성부 하나님과 성령 하나님이 지원하신다.

그런데 예수님이 승천하시면서 그때부터 인간의 역사에서는 성령님이 주인공이 되셨다. 우리의 구속사 역사의 현장에서 우리를 도우시며 성화시키시는 분이 성령님이 되셨다. 성령 안에서 우리가 살아가고 있는 것이다. 성령님이 역사하시는데 성부와 성자도 함께 일하신다. 그리고 언젠가는 예수님이 재림하실 것이다. 예수님께서 다시 오시면 그때는 예수님이 전면에 서실 것이고, 성부 하나님과 성령 하나님은 지원하실 것이다.

그러므로 오늘 우리의 교회는 재림하실 예수를 기다리며 현재를 충실하게 살아야 한다. 그래서 교회는 종말론적이어야 한다. 하나님의 계획 속에서 구약에서부터 시작해서 예수 그리스도의 사역에 의해 교회는 이루어져 가지만 예수님의 재림 때까지 완성해 가는 것이다. 성전의 개념과 신부의 개념, 특히 신부의 개념에서는 종말론적 개념이 담겨 있다. 즉, 오늘 우리 교회는 신랑 되신 예수님께서 재림하실 날을 고대하며 하루하루의 삶에 최선을 다해야 하는 사명을 부여받은 것이다.

교회가 무엇인가? 교회는 정형화된 형태나 조직이 아니다. 교회는 공동체이다. 교회는 예수님의 몸이다. 동시에 교회는 성도의 공동체다. 그리고 그 공동체는 하나님의 나라를 이루어 나가기 위해 노력한다. 예수님께서 강조하신 하나님 나라의 사상은 전통적으로 히브리 민족의 의식 속에 깊이 뿌리내리고 있었다(이기문 역, 1987). 하나님 나라는 추상적인 개념이 아니라, 역사에 있어서 하나님의 주권을 세우려는 그의 구체적 활동을 상징한다. 예를 들면, 구약성경에서 하나님 나라는 종종 시적 언어나 상징적인 언어로 묘사되고 있지만, 그것을 구체적 실재(實在), 즉 하나님께서 하시는 역사(役事), 또는 미래에 하실 일로 이해할 수 있다(출애굽기 15:18; 시편 11:4, 47:3, 145:13; 예레미야 10:7–10).[3)]

하나님 나라는 전능하시고 신실하신 하나님께서 천지 만물을 창조하시고 완성되게 하시기 위해 현재의 질서를 변형시키시고 역사(歷史)에 개입하시는 구체적 사건으로 제시되어 있다. 하나님 나라는 인간의 진정한 모든 열망과 인류의 요구들의 성취를 의미하며, 그것은 하나님께서 백성을 사랑하심과 하나님의 정의와 평화, 완성과 온전함, 일치와 행복, 충만함과 풍성, 기쁨과 승리, 인간 고통의 종식으로 나타난다.

예수님은 이러한 히브리 전통과 문화적 환경에서 성장하여 하나님 나라를 그의 복음사역의 출발점으로 삼으셨다. 그러나 예수님은 전통적인 하나님 나라의 사상을 히브리 문화 중심적인 편협하고 특수한 개인주의적 사상에서 과감하게 탈피하여 모든 인류를 위한 보편적이며 우주적 사상으로 확대하여 재해석하셨다(누가복음 1:32, 2:11, 38).[4)] 물론 예수님

---

3) 하나님 나라의 상징은 모든 피조물(출애굽기 15:18; 시편 145:13), 하늘(시편 11:4), 땅(시편 47:3), 만백성(예레미야 10:7-10)에 대한 하나님의 영원하시고 완전한 지배를 의미한다.

4) 물론 히브리 문화에서도 기원전 8세기 이후 예언자들에 의해 전파된 세계주의, 보편주의의 기틀이 마련되어 있었다. 온 나라가 하나님께 복종해야 할 유일신 신앙이 필연적으로 이방인에까지 확산되기를 열망하였기 때문이다(이사야 42:1-7, 49:6, 56:7; 하박국 2:14).

께서 강조하신 하나님 나라는 전통적인 히브리 민족의 이해와 일치를 이루고 있었으나, 그 연속성이 하나님 나라는 역시 인류 역사의 한가운데에서 하나님의 구속적 활동을 지시하시는 동적이고 구체적 실재라는 사실에서 명백하게 드러났다.

그래서 예수님의 하나님 나라는 인간의 역사적 시간 속에 있으면서도 그 시간성을 초월하는, 즉 현재뿐만 아니라 미래와도 관계가 있는 보다 두드러진 특징으로 나타난다. 전자는 하나님 나라가 "이미 이루어짐(누가복음 11:20)."의 현재적 표적으로써 사탄과 악의 세력에 대한 자신의 정복을 지적하고 있다면, 후자는 "아직 오지 않음(마가복음 6:10; 누가복음 11:2, 17:20-21)."의 미래에서만이 완전하게 실현될 것으로 선포되어 있다. 이와 같이 예수님의 하나님 나라는 시간적·공간적 사건으로서 존재하는 것이 아니라 개인의 내면적 체험과 사회와의 관계성 속에 그 본질적 근거를 두고 있다는 것을 알 수 있다. 그리고 하나님 나라는 단순히 주관적이며 이상적인 실재가 아니라, 개인을 통하여 문화 및 역사에서 전개되는 구체적이며 보편적인 사회를 의미하는 것이다.

예수님의 하나님 나라의 또 다른 특징은 그것을 자신의 실제적 생활과 그의 사역에 일치시키셨다는 사실이다. 그것은 예수님께서 그의 사랑의 계명을 하나님 나라의 최고의 가치로 제시하신 점에서 알 수 있다. 즉, 하나님을 사랑하고 이웃을 사랑하라는 이중적 계명에 대한 예수님의 강조는 그 계명을 하나님 나라의 핵심으로서 히브리 사상의 연속성을 나타내는 것이었다(마태복음 22:37-40). 동시에 예수님은 하나님 나라를 하나님의 은총과 능력에 의해 도래되는 선물로 선포하고 있지만, 인간으로 하여금 시간과 역사 속에서 그 나라의 가치에 대한 능동적인 응답, 곧 '마음의 변화'를 의미하는 회개를 강조하였다. 인간의 회개로 응답되어야 할 하나님 나라는 인간과 인간 사이의 관계, 하나님과 인간과의 관계, 그리고 자연과 인간과의 관계에서 하나님께서 주권자가 되어 그가 창조하신 모든 생명을 살리는 유일한 길로 이해할 수 있다(김덕준 편저, 1985).

이렇게 예수님이 추구했던 하나님 나라를 향해 나아가는 교회라면 성도의 공동체를 통하여 예수님의 삶을 살고, 예수님이 하시던 사역을 계속함으로써 그의 존재를 세상에 나타내어야 한다. 예수님께서 말씀이 육신이 되어 살아가셨듯이 그리고 우리가 예수 그리스도를 통하여 하나님을 만나듯이 교회는 공동체를 '예수화'하여 사람들로 하여금 그 공동체를 통하여 예수님을 체험하고 만나게 해야 하는 것이다. 예수님께서는 태초부터 있는 생명의 말씀을 눈으로 보고, 귀로 듣고, 손으로 만질 수 있도록 역사의 현장에 한 인간으로 오셨다.

'태초, 말씀, 생명'과 같은 추상적이고 관념적인 형이상학의 세계와 '보고, 듣고, 만지는' 실제적이고 구체적인 형이하학의 세계가 예수님 안에서 하나가 된 것이다. 예수님은 참사람이셨다. 참사람이신 예수님을 만나면 말씀으로 설명되었던 참하나님을 구체적으로 경험할 수 있다. 참사람은 하나님의 형상을 그대로 갖고 있기 때문이다.

그렇다면 교회가 할 일은 무엇인가? 예수님을 닮은 참사람을 회복하는 것이다. 예수님을 닮은 참사람은 공동체 안에서만 존재한다. 그는 개별적인 존재양식에 의해서 결정되는 것이 아니라 공동체 안에서 관계적인 존재양식에 의해서 결정되는 것이다(유장춘, 2008).

2. 교회가 하는 일

1) 예배

교회는 하나님께 예배(worship)를 드린다. 예배는 하나님께 영광과 감사를 드리는 행위이다. 예배는 하나님을 섬기는 구체적인 행동이다. 예배는 하나님의 은혜를 기억하고 기념하는 상징적 행동임과 동시에, 하나님을 만나고 경험하는 현장이며, 그 하나님 안에서 살아가는 삶 그 자체이다. 따라서 예배는 기독교적 신앙과 삶의 총체적 표현이라고 할 수 있다. 결국 예배는 그리스도인의 삶에 있어서 가장 중요한 요소이자 '그리스도인 여부'를 가늠하는 척도가 된다.

하나님은 우주를 진실하고 선하며 아름답게 창조한 창조주이시고, 우리 사람을 자기의 거룩한 형상으로 지으신 영원한 아버지이시며, 우주와 역사의 보존자와 주관자이시다. 그러므로 우리는 하나님께 무한한 존경과 경배를 드리는 것이 마땅하다. 하나님은 우리를 거룩하고 선하며 영원한 존재로 서로 사랑하라고 지으시고 영생과 자연을 우리에게 선물로 주셨으나 사람이 교만하여 하나님의 선하심을 거역하고 죄를 지었다. 죄의 결과 사람은 하나님과 단절되고 죽음 아래 처하게 되었다. 하나님의 자녀 자리도 박탈당하였다. 그러나 사랑이신 하나님께서는 우리를 사랑하셔서 자기 자신보다 더 사랑하는 유일한 아들 예수 그리스도를 이 땅에 보내주셔서 우리의 죄에 대한 죽음의 형벌을 십자가에서 대속하게 하셨다.

> 하나님이 세상을 이처럼 사랑하사 독생자를 주셨으니 이는 그를 믿는 자마다 멸망하지 않고 영생을 얻게 하려 하심이라.
> (요한복음 3:16)

하나님은 우리의 창조주와 주관자이실 뿐 아니라 구원자도 되신다. 그 아들을 통하여 우리를 영원한 죽음에서 영원한 생명으로 구원하신 것이다. 누구든지 그 아들 예수 그리스도를 영접하기만 하면 하나님의 자녀가 되는 권리를 받고 영생을 얻게 된다. 그러므로 이 사실을 믿어 모든 죄를 용서받고 영생을 얻은 사람들이 교회에 모여서 하나님을 찬양하며 경배하는 것이다. 하나님은 우리에게 자신을 예배하도록 결코 강요하지 않으신다. 오직 구원의 감격을 경험한 사람들이 자원하여 하나님께 감사하며 찬양하는 것이다.

2) 복음 전도

교회는 복음을 전파한다. 예수님께서 부활하여 승천(ascension)하신 후 약속하신대로 성령님이 오셨다(사도행전 1:5; 2:1-5). 성령님은 하나님 아버지와 하나님의 아들과 함께 천지와 그

가운데 만물과 사람을 창조하신 하나님의 거룩하신 영이시다. 성령님은 창조의 영이시고 생명의 영이시며 우리를 온전히 도우시는 분(The Helper)이시다. 예수님을 믿고 하나님의 자녀가 되어도 사람은 여전히 약하다. 악한 세상을 이길 힘도 부족하고 심지어 자기 자신도 이기지 못한다. 전능하신 하나님의 도움이 절대적으로 필요하다.

그래서 하나님께서는 지혜와 능력이 무한하신 성령님을 믿는 사람들에게 보내주신 것이다. 성령님은 회개하고 예수님을 영접한 사람의 마음에 들어오셔서 내주(indwelling)하신다(요한복음 14:16; 고린도전서 3:16). 영원히 함께하신다. 그리고 동시에 믿는 사람들의 무리 곧 교회 안에 임재하셔서 말씀을 깨닫게 도우시고 기도를 도우시며 성도와 교회의 모든 삶을 인도하시고 보살펴 주신다. 또한 모든 악한 세력으로부터 지켜 주신다.

그러나 무엇보다도 우선적으로 성령님은 교회가 복음을 전파할 힘을 주신다. 복음(福音)은 문자 그대로 복된 소식이다. 영어로는 'Good News(좋은 소식)'라고 한다. 우리에게 어떤 소식이 가장 복된 소식이며 가장 좋은 뉴스일까? 사람은 태어나서 성장한 후에는 모두 늙고 병들어 마침내 죽고 만다. 죽음으로써 인생은 처참한 최후를 맞이한다. 120년도 살지 못하고 종말을 맞이하게 되는 것이다.

그러므로 아마 내일 아침 뉴스에 한 세계적인 과학자가 놀라운 약을 발명하였는데 누구든지 그 약을 먹으면 어떤 질병에도 걸리지 않고, 건강하게 1000년을 살 수 있는데 그 약값은 100만 원이라면 많은 사람들에게 이보다 더 기쁜 소식이 있을까? 그러나 이러한 뉴스는 어디까지나 공상에 불과한 것이다. 아니, 실제로 그러한 일이 일어난다 하더라도 1000년 후에 죽음을 맞이한다면 그때는 어떤 심정이 들겠는가? 그런데 그러한 뉴스와는 비교도 할 수 없는 참으로 기쁜 소식이 이미 오래전에 우리 인류 역사에서 전해져 오고 있다. 1000년 정도가 아니라 영원히 사는 길이 열려져 있는 것이다. 그런데 그 값은 무한하여 너무나 비싸기 때문에 우리의 유한한 능력으로는 지불할 수가 없다. 그러므로 무한한 하나님의 아들이신 예수님께서 십자가에서 그 값을 지불하셨으며 우리에게 선물로 주시는 것이다. 이것이 교회가 전하는 복음이다.

> 이 복음은 하나님이 선지자들을 통하여 그의 아들에 관하여 성경에 미리 약속하신 것이라. 그의 아들에 관하여 말하면 육신으로는 다윗의 혈통에서 나셨고 성결의 영으로는 죽은 자들 가운데서 부활하사 능력으로 하나님의 아들로 선포되셨으니 곧 우리 주 예수 그리스도시니라. (로마서 1:2-4)

이 복음은 하나님의 신실한 약속이다. 그리고 이 약속은 하나님께서 예언자들을 통하여 오래전에 성경에 기록해둔 것이다. 이 복음의 내용은 하나님의 아들 예수 그리스도이시다. 예수 그리스도는 육체적으로는 이스라엘 다윗 왕의 가문에서 태어났으나 영적으로는 하나님의 아들이시다. 그리고 그분은 우리 죄를 대신하여 십자가에 달려 죽으신 후 부활하셨다. 예수 그리스도의 부활로 모든 사람의 부활이 가능하게 된 것이다.

그리스도께서 죽은 자 가운데서 다시 살아나셨다 전파되었거늘 너희 중에서 어떤 사람들은 어찌하여 죽은 자 가운데서 부활이 없다 하느냐. 만일 죽은 자의 부활이 없으면 그리스도도 다시 살아나지 못하셨으리라. 그리스도께서 만일 다시 살아나지 못하셨으면 우리가 전파하는 것도 헛것이요 또 너희 믿음도 헛것이며 또 우리가 하나님의 거짓 증인으로 발견되리니 우리가 하나님이 그리스도를 다시 살리셨다고 증언하였음이라. 만일 죽은 자가 다시 살아나는 일이 없으면 하나님이 그리스도를 다시 살리지 아니하셨으리라. 만일 죽은 자가 다시 살아나는 일이 없으면 그리스도도 다시 살아나신 일이 없었을 터이요. 그리스도께서 다시 살아나신 일이 없으면 너희의 믿음도 헛되고 너희가 여전히 죄 가운데 있을 것이요. 또한 그리스도 안에서 잠자는 자도 망하였으리니 만일 그리스도 안에서 우리가 바라는 것이 다만 이 세상의 삶뿐이면 모든 사람 가운데 우리가 더욱 불쌍한 자이리라. 그러나 이제 그리스도께서 죽은 자 가운데서 다시 살아나사 잠자는 자들의 첫 열매가 되셨도다. 사망이 한 사람으로 말미암았으니 죽은 자의 부활도 한 사람으로 말미암는도다. 아담 안에서 모든 사람이 죽은 것 같이 그리스도 안에서 모든 사람이 삶을 얻으리라. (고린도전서 15:12-22)

그리스도의 부활은 몸의 부활이다. 이 몸은 완전한 몸으로서 다시는 늙거나 병들거나 죽지 않는 영원한 몸이다. 이 복음을 진실하게 믿는 사람들에게는 부활의 영이신 성령님이 함께하셔서 부활의 소망과 함께 영생의 확신을 주신다.

보라. 내가 너희에게 비밀을 말하노니 우리가 다 잠 잘 것이 아니요. 마지막 나팔에 순식간에 홀연히 다 변화되리니 나팔 소리가 나매 죽은 자들이 썩지 아니할 것으로 다시 살아나고 우리도 변화되리라. 이 썩을 것이 반드시 썩지 아니할 것을 입겠고 이 죽을 것이 죽지 아니함을 입으리로다.
(고린도전서 15:51-53)

교회가 전하는 이 복음은 거룩하신 하나님의 성령이 보증하시는 진실이다.

3) 교회교육

교회는 하나님의 말씀을 가르친다. 하나님을 알려면 하나님을 배워야 한다. 하나님을 배울 수 있는 것은 하나님의 말씀인 성경이다. 성경을 혼자 읽어도 어느 정도 배울 수 있지만 먼저 배우고 깨달은 교회의 지도자들에게 배우는 과정이 필요하다. 하나님의 말씀인 성경은 세상의 다른 지식과 달라서 먼저 깨달은 사람의 가르침이 절대적으로 필요하다. 예수님은 3년간 제자들에게 하나님의 나라에 관하여 가르치시고 십자가에 못 박혀 죽은 지 사흘 만에 부활하신 후 하나님께로 올라가시기 전에 제자들에게 다음과 같이 부탁하셨다.

그러므로 너희는 가서 모든 민족을 제자로 삼아 아버지와 아들과 성령의 이름으로 세례를 베풀고 내가 너희에게 분부한 모든 것을 가르쳐 지키게 하라. 볼지어다. 내가 세상 끝날까지 너희와 항상 함께 있으리라 하시니라. (마태복음 28:19-20)

성경을 배우면서 하나님을 더 알게 되고 하나님의 나라에 관한 지식이 깊고 넓어지며 하나님의 사랑을 온전히 깨달아 가게 된다. 하나님의 뜻을 분별하는 분별력이 생기고 죄를 이기고 거룩한 삶을 살 수 있는 능력이 생긴다.

이렇게 교회는 인간이 왜 살아야 하는지 그 삶의 목적이 무엇인지, 그리고 살아야 할 가치와 의의가 무엇인지를 인식시키고 어떻게 사는 것이 기독교 신앙을 갖고 사는 그리스도인의 합당한 삶인가를 배우도록 해주어야 한다. 교회는 '그리스도인이 어떻게 세상의 삶 속에서 그리스도인으로서 살아야 할 것인지에 대한 삶'을 교육을 통해 가르쳐야 한다. 그러므로 교회교육의 가장 기본적인 목표는 신앙의 정체성을 확립하고 기독교 신앙 진리에 대한 올바른 통찰력과 분별력을 하나님의 말씀인 성경을 가르침으로써 확립시키는 것임과 동시에 기독교인으로서 삶을 힘 있게 살아가는 역량을 길러주는 데에 있어야 한다.

4) 기도와 찬송

기도는 하나님과의 인격적인 교통을 경험하는 행위이다. 또한 기도는 영혼의 호흡이며 맥박이다. 기도는 우리의 메마르고 시들은 마음속에 예수님을 모시는 일이다. 기도는 무력한 자가 마지막으로 의지하는 수단이다. 기도는 하나님과의 대화이다. 기도는 개인적으로도 하지만 예배에서도 드려진다.

"내 집은 만민이 기도하는 집이라 칭함을 받으리라(이사야 56:7; 마가복음 11:17)."에서 보듯 교회는 '만민이 기도하는 곳'이다. 교회는 하나님께 기도하는 곳이다. 하나님은 살아계셔서 우리의 기도를 들으시는 분이시다. 우리를 사랑하셔서 우리가 구하는 것을 다 들어주고 싶어 하신다. 하나님은 무한한 능력을 지니고 계시기 때문에 우리의 소원을 이루어주실 수 있다. 그러므로 우리에게 무엇이든지 구하라고 하시는 것이다. 또한 모르는 것이 있으면 물으라고 하신다.

성경의 많은 인물들이 하나님께 구하여 많은 응답을 받았다. 그리고 하나님께 여쭈면 지혜를 주신다. 다윗 왕은 하나님께 묻기를 잘 했고, 이 세상이나 사람으로부터 얻을 수 없는 많은 해답을 얻었다. 예수님의 육신의 동생이었던 야고보도 다음과 같이 말하고 있다.

> 너희 중에 누구든지 지혜가 부족하거든 모든 사람에게 후히 주시고 꾸짖지 아니하시는 하나님께 구하라 그리하면 주시리라.
>
> (야고보서 1:5)

기도 중에 가장 기본적인 것이 회개하는 기도이다. 자기의 잘못을 깨닫는 즉시 뉘우치고, 그 잘못을 고하며 기도하면, 하나님은 즉시 용서해주신다고 약속하셨다. 그다음으로, 감사하는 기도가 있다. 그리고 다른 사람이나 나라와 민족과 세계를 위한 기도는 중보기도라고 한다. 기도할 때, 가장 중요한 것은 예수님의 이름으로 기도하는 것이다. 하나님 아버지께서 예수님에게 하늘과 땅의 모든 권세를 주셨기 때문에(마태복음 28:18) 기도 말미에 "예수님의 이름으로 기도드립니다. 아멘."하면 그 기도가 우편물에 우표가 붙어 배달되듯이 하나님께 전달된다.

예수님께서는 "내 이름으로 무엇이든지 내게 구하면 내가 행하리라(요한복음 14:14)."고 약속하셨다. 수많은 사람들이 수 없이 많은 크고 작은 기도의 응답을 받았다.

어떤 사람은 기도해서 그 기도가 응답된 것이 아니라, 우연의 일치라고 생각하기도 한다. 그런데 한 가지 알아야 할 사실은 기도하면 우연이 생기고, 기도를 많이 하면 우연이 많이 생기나, 기도를 적게 하면 우연이 적게 일어나며, 기도하지 않으면 우연이 잘 생기지 않는다는 사실이다. 하나님은 기도받기를 기뻐하시고 응답하기를 원하신다.

찬송은 성도의 존재양식을 표현하는 것이다. 모든 피조물은 하나님을 찬양하고 그를 영화롭게 하기 위해 존재한다. 〈시편〉 50편 23절에서 하나님은 "감사로 (찬양의) 제사를 드리는 자가 나를 영화롭게 하나니."라고 말씀하신다. 감사의 찬송은 하나님의 속성과 행위를 고백하고, 하나님이 행하신 일들에 감사함으로써 하나님을 높이는 것이다. 이렇게 찬송의 목적은 하나님께 영광을 돌리는 것이지만 찬송의 기능과 영향은 훨씬 다양하다.

찬송은 부르는 그 자체로 음악치료적인 기능이 있다. 동시에 심리사회적인 기능을 향상시키기도 한다. 찬송은 그 자체가 하나님께 드리는 것이지만 때로 찬송은 독립적 기능으로서만이 아니라 기도, 가르침, 축복, 교제 등과 같은 것들을 행할 때 필요한 부가적인 방식이 되기도 한다. 예를 들면 과거 종교개혁자들은 예배의 시편을 통한 찬송과 성경 읽기를 통하여 찬송을 교육의 도구로써 동시에 매일 드리는 예배의 주요 기능으로 삼도록 하였다. 그래서 많은 찬송가들이 신앙 교육적인 목적으로 불렸던 것이다.

실제로 찬송은 그 본질적 아름다움을 통하여 사람들의 감정을 정화시킨다. 또한 건전한 사상과 정신으로 성숙된 인격이 되게 한다. 뿐만 아니라 진리를 깨닫고 사회정의에 대한 사명을 의식하게 한다. 신앙 안에서 사회참여와 사회봉사에 능동적이고 적극적으로 행동하도록 의지를 갖게 하고 격려한다.

5) 성도 간의 사귐과 섬김 그리고 나눔

예수 그리스도의 몸인 교회 안에서는 사귐과 섬김과 나눔이 있다. 앞서 언급한 대로 교회가 예수 그리스도의 몸이라는 근거는 "예수 그리스도는 교회의 머리이시다."는 말이다. 교회에 나오는 그리스도인들은 머리이신 예수님의 몸에 붙은 여러 지체들인 셈이다. 어떤 사람은 눈과 같고 어떤 사람은 손, 발과 같다. 손과 발은 멀리 떨어져 있고, 코와 귀는 서로 한 번도 만날 수 없으며 볼 수도 없지만 한 몸에 있어서 같은 피가 흐르고 같은 영양분이 공급된다.

기독교인 혹은 그리스도인을 교인 또는 성도(聖徒)라고 한다. 성도는 거룩하신 하나님의 자녀가 되었기 때문에 거룩하게 된 자라는 뜻이다. 교회는 하나님의 가족(the family of God)인 동시에 그리스도의 몸이요 하나님의 자녀로서 형제요 자매이다. 그리고 그리스도의 몸에 붙은 지체들이다. 형제 간에는 높고 낮음이 없다. 한 몸에 붙은 지체는 다 동일한 몸속에서 하나이기 때문이다. 누가 누구를 지배하는 조직체(organization)가 아니라 서로 섬기며 몸을 온전하게 하는 유기체(organism)이다. 이익사회(Gesellschaft)가 아니라 공동체(Gemeinschaft)인 것이다.

> 그러나 너희는 랍비라 칭함을 받지 말라. 너희 선생은 하나요, 너희는 다 형제니라. (마태복음 23:8)

한 몸의 여러 지체로서(고린도전서 12:12) 같은 피가 흐르고 한 신경으로 아픔을 같이 느끼며 함께 웃고 함께 운다. 그러나 한 가족도 서로 접촉해야 사귐이 일어나듯이 성도들도 자주 접촉해야 사귐이 윤활하게 이루어진다. 함께 예배를 드리고 하나님의 말씀을 배우며 경험한 말씀과 삶을 나눌 때 사귐이 이루어진다. 그리고 몸의 여러 지체가 각각 자기의 위치에서 다른 지체를 섬기는 일이 일어나듯이 그리스도의 교회 안에서도 각자의 은사와 직책을 따라 섬김이 이루어진다.

서로 사랑으로 봉사하고, 경험을 나누며, 필요를 나누고, 가진 것을 나누며, 어려움도 기쁨도 함께 나눈다. 하나님 아버지 안에서 영적으로 한 형제자매요 그리스도 안에서 한 몸이기 때문에 그렇다.

6) 사회봉사

예수 그리스도의 몸인 교회는 세상을 사랑하며 섬긴다. 예수님은 성경에서 가장 으뜸 되는 계명(commandment)을 "하나님을 사랑하고 이웃을 사랑하는 것."이라고 말씀하셨다(마태복음 22:36-39). 그러므로 하나님의 사랑을 깨닫고 예수님의 가르침을 받은 교회는 하나님을 사랑할 뿐 아니라 사람들을 사랑하며 섬기는 것을 가장 중요하게 여긴다.

그러므로 교회를 통해 선포되는 복음은 교회나 교인 개인을 통하여 반드시 사랑의 행동으로 실천되어야 한다. 이런 실천의 증거를 통하여 세상 사람들이 하나님을 알고 믿게 되는 것이다(마태복음 5:16). 그래서 예수님께서는 당시 종교 지도자들 중에서 말과 행동이 일치되지 않는 바리새인, 사두개인, 제사장들에게 대단히 분노하셨다. 그들이 하나님 나라를 전파하기보다는 위선과 궤변을 늘어놓아 하늘나라의 문을 가로막고 있다는 사실에 격분하신 것이다. 믿음이 있다면 반드시 열매를 맺어야 하며, 열매를 맺지 못하는 믿음은 진정한 믿음이 아니라고 하셨다(마태복음 11:13-14). 심지어 〈야고보서〉에는 행함이 없는 믿음은 죽은 것이라고 기록되어 있다.

> 내 형제들아 만일 사람이 믿음이 있노라 하고 행함이 없으면 무슨 이익이 있으리요. 그 믿음이 능히 자기를 구원하겠느냐. 만일 형제나 자매가 헐벗고 일용할 양식이 없는데 너희 중에 누구든지 그에게 이르되 평안히 가라, 덥게 하라, 배부르게 하라 하며, 그 몸에 쓸 것을 주지 아니하면 무슨 이익이 있으리요. 이와 같이 행함이 없는 믿음은 그 자체가 죽은 것이라. (야고보서 2:14-17)

복음은 믿음과 행함이 일치되어야 한다는 사실이 선택의 문제가 아니라 절대적인 하나님의 명령이라는 사실을 분명히 보여주고 있다. 사실 신앙생활 성장의 척도는 이와 같이 믿음과 행함을 일치시키려는 신앙적 노력의 기본자세와 결과에서 나타난다고 본다. 물론 기독교는 믿음으로 말미암아 의인이 된다는 로마서의 '이신득의(以信得義)' 교리를 믿는다. 그러나 이 믿음이 열매를 맺느냐 맺지 못하느냐는 질문은 반드시 던져야 한다. 사실 믿음을 실천할 때, 그 봉사의 결과로 인간의 생명이 구원을 받게 된다는 사실을 체험하는 일은 복음만이 줄 수 있는 진정한 기쁨이며, 평안이다. 그리고 이 복음을 전파하는 것이 하나님 나라 운동이며 동시에 참된 선교라고 할 수 있다.

따라서 교회는 사회봉사를 교회의 본질적 사명으로 인식해야 한다. 사회봉사와 복음전도가 융합된 선교야말로 하나님 나라 운동이다. 이 운동은 예수 그리스도의 사역 그 자체였으며 지금도 그대로 유효하다. 왜 그런가? 그 이유는 예수 그리스도가 그렇게 사셨고, 사역하셨기 때문이다. 예수님이 사회에 봉사하는 삶을 살았기 때문이다. 우리는 세상 나라에 충성하는 사람들이 아니라 하나님 나라의 왕이신 예수님께만 충성하는 사람들이다. 하나님 나라에 속한 사람들을 성경은 "제자."라고 부른다. 하나님 나라의 백성은 사적 · 공적인 모든 영역에서 하나님을 섬기는 사람들이다. 하나님 나라 백성은 모두 제자이다. 제자란 예수님을 따르겠다는 분명한 의식을 가지고 살아가는 모든 사람을 말한다. 예수님은 제자들에게 다음과 같이 말씀하신다.

예수께서 그 자라나신 곳 나사렛에 이르사 안식일에 늘 하시던 대로 회당에 들어가사 성경을 읽으려고 서시매 선지자 이사야의 글을 드리거늘 책을 펴서 이렇게 기록된 데를 찾으시니 곧 주의 성령이 내게 임하셨으니 이는 가난한 자에게 복음을 전하게 하시려고 내게 기름을 부으시고 나를 보내사 포로 된 자에게 자유를, 눈 먼 자에게 다시 보게 함을 전파하며 눌린 자를 자유롭게 하고 주의 은혜의 해를 전파하게 하려 하심이라 하였더라. 책을 덮어 그 맡은 자에게 주시고 앉으시니 회당에 있는 자들이 다 주목하여 보더라. 이에 예수께서 그들에게 말씀하시되 이 글이 오늘 너희 귀에 응하였느니라 하시니 그들이 다 그를 증언하고 그 입으로 나오는 바 은혜로운 말을 놀랍게 여겨 이르되 이 사람이 요셉의 아들이 아니냐. (누가복음 4:16-22)

예수님은 성령으로 기름부음받았으며 가난한 자에게 복음을 전하고자 오셨음을 천명한다. 예수님이 원하시는 하나님 나라는 치유하고 구원하는 사랑의 능력으로 세상을 채우며, 모든 단절과 차별을 극복한다. 적대성을 종결하며, 이기주의와 집단이기주의에서 해방함으로써 세상의 모든 영역과 생활영역을 전적으로 변화시키면서 혁명적으로 실현한다. 그리고 바로 그 하나님 나라를 이루어 나가는 사람이 제자라고 하신다.

예수님은 병든 자를 고치시고, 소외된 자를 받아들이시며, 죄인과 세리의 친구가 되어 주셨다. 예수님은 인간의 사회를 그들의 가장 밑바닥으로부터 파악하고자 하셨다. 예수님은 자신의 사역을 시작할 때부터 마지막까지 질병과 불행으로 가득 찬 인생들과 함께하셨다. 열병 환자, 시각장애인, 청각장애인, 지체장애인, 정신장애인, 한센병 환자, 굶주린 사람, 죄 지은 수많은 사람들이 예수님에 의해 사회의 어두운 구석에서 떳떳하게 걸어 나왔다. 예수님이 사랑을 통해 펼쳐 보였던 삶을 보았기 때문이다. 그들은 예수님을 메시아로서, 구원자로서 받아들인다. 예수님께서 바로 그들의 희망이었기 때문이다. 그들이 하나님 나라로 나아가는 것이 아니라 그들이 영접한 인자(人子)의 모습으로 하나님 나라가 그들에게 다가오기 때문이다.

그래서 예수님의 제자는 이웃과 사회를 향한 지고지순한 사랑을 실천하는 사람이어야 한다. 예수님은 이웃과 사회에 대한 사랑을 계명과 사랑의 행위로 나타나는 모든 봉사(diakonia)라는 말로 일반화시켜 표현하였다. 이런 의미에서 예수님의 봉사는 사회에서 실천하는 봉사의 의미와는 차이가 있다.

> 인자가 온 것은 섬김을 받으려 함이 아니라 도리어 섬기려 하고 자기 목숨을 많은 사람의 대속물로 주려 함이니라.
> (마가복음 10:45)

봉사라는 말은 '섬긴다(serve)'는 말에서 나온 단어이다. 물론 예수님은 섬기는 일 이외에 말씀을 직접 전파하고 가르치는 일을 하셨다. 기쁜 소식(복음)을 전하는 말씀의 전파와 이 말씀의 내용인 사랑과 구원을 실천하는 봉사는 예수님의 전 생애를 통해 잠시도 쉬지 않고 수행된 양대 과업이다. 예수님은 가르치면서 행동하셨고, 설교하시면서 구원의 활동을 하였다. 이런 면에서 사회봉사는 말씀의 실천일 뿐만 아니라 복음의 구체적 실현이었다. 복음의 전파와 복음의 실천은 사실상 하나로 연결된 행위이지 서로 분리될 수 없는 것이다.

3. 이름만 교회가 아니라 진짜 교회다운 교회

교회는 어둠 속의 빛이다. 동시에 썩어가는 세상 속의 소금이다. 교회는 세상을 위한 교회이다. 교회는 교회 자체로는 아무 의미가 없다. 교회는 하나님의 뜻을 이 땅에 펼쳐가는 특별한 백성이다. 교회와 기독교인은 빛이신 예수 그리스도를 증거하는 도구이며, 증인이다. 예수 그리스도를 '증거' 하는 까닭은 세상 사람들로 하여금 빛이신 예수 그리스도를 믿게끔 하는 데에 있다. 교회에서 드러나야 할 분은 예수님이셔야 한다. 목사가 드러나서는 안 된다. 예배당이 되어서도 안 된다. 교회의 프로그램이어서도 안 된다. 처음부터 끝까지 예수님 중심의 삶을 말하고 사는 공동체가 교회이다. 그러므로 참된 기독교인은 예수님의 은혜에 녹아 살아야 한다. 예수님의 사랑에 젖어 살아야 한다. 예수님의 심장으로 채워 살아야 한다. 예수님의 보혈에 잠겨 살아야 한다. 예수님의 사명에 불타야 한다.

그러나 현실은 어떠한가? 역사상 많은 교회와 기독교인들이, 심지어 목사들까지도 자기 정체성을 잊어버리고 자신을 빛 그 자체로 착각하여 빛을 증거하기는커녕 오히려 이 빛을 차단했음을 우리는 익히 알고 있다. 빛의 통로에 지나지 않는 교회와 목사 그리고 기독교인들이 자신을 빛이라 착각하는 순간부터 드러나는 것은 인간의 흉측한 몰골 이외에는 아무것도 없다. 교회와 기독교인들이 천박해지고 탐욕 덩어리로 비춰지는 것은 자신을 빛이라고 여기는 순간부터이다.

오늘날 우리 한국교회의 위기가 바로 여기에 기인하는 것은 아닐까? 예수님만이 진짜 '본질'임을 잊어선 안 된다. 성경의 본질도 예수님이시다. 예수님을 증거하기 때문에 성경인 것이다. 복음의 본질도 예수님이시다. 믿음의 본질도, 신앙생활의 본질도, 구원의 본질, 제자도의 본질, 교회의 본질도 예수님이셔야 한다. 이러한 신앙의 본질을 바로 깨닫는 것이 은혜의 시작이다.

복음을 바로 깨닫고 예수님을 바로 만나면 예수님의 은혜에 녹는 감격이 있게 되는 것이다. 예수님 안에서만 진정한 생명이 있다. 예수님이야말로 생명의 근원이시다. 또한 빛이신 예수님은 생명의 힘 그 자체가 되시며 생명의 실체이시다. 그 생명 되신 예수님이 빛으로 세상에 오셨다. 그러고는 우리를 위해 십자가에 달려 죽으셨다. 구원을 주셨다. 영원한 생명을 주신 것이다. 은혜로 다 주셨다. 예수님은 생명의 빛이셨다. 우리는 그 빛 때문에 생명의 사람이 되었다.

그러므로 빛의 통로인 동시에 빛의 증인인 교회와 기독교인은 주님의 말씀 앞에서 부단하게 자기를 돌아보고 자기를 부인하며 스스로를 성결하게 하도록 애써야 한다. 그렇지 않을 경우 교회와 기독교인은 빛은커녕 시커먼 욕망의 그을음만 뿜어내면서도 자기 교만에 빠져 자신의 정체성을 망각한 채, 스스로 빛이라 착각하는 어둠의 노예로 전락하게 되는 것이다.

아무리 좋은 제도와 뛰어난 조직을 지닌 교회라고 할지라도 그 교회를 이루고 있는 구성원들의 삶이 세상 사람들과 구별되지 않는다면, 그런 교회와 그런 기독교인들이 어찌 빛을 발하며 빛이신 주님을 믿게 하는 빛의 통로가 되겠는가? 내가 단 하루를 살더라도 내 욕망의 옛 삶으로 회귀할 것인가 혹은 사람을 살리는 빛의 증인이 될 것인가, 교회가 단순한 사교단체로 빛의 걸림돌이 될 것인가 아니면 세상을 구원하는 빛의 통로가 될 것인가, 교회와 기독교인들이 지역주민들로부터 참된 믿음의 사람들로 인정받을 것인가 아니면 자신들의 욕구만을 채우는 이기적인 집단으로 평가받을 것인가, 이것은 오직 한 가지, 교회가 예수님 중심의 믿음 속에서 자신의 정체성을 바르게 인식하고 바르게 지켜 나가느냐 아니냐에 의해 판가름 날 것이다.

교회는 세상과 같아서는 안 되고, 세상과 구별되어야 한다. 교회가 세상의 지배적 질서나 계급사회의 흐름 속에 함몰된다면 교회는 세상을 변혁하고 해방하는 하나님 나라 증인의 역할, 즉 선교적인 사명을 포기하고, 하나님께서 맡겨 주신 세상의 빛과 소금의 역할을 못하게 된다. 만약 교회가 그 빛을 발산하지 못한다면 등불은 반드시 꺼지고야 말 것이다.

또한 소금의 역할을 못한다면 세상은 부패해서 그 썩은

냄새가 천지를 진동하게 될 것이다. 이렇게 되면 교회의 의미가 사라지는 것이며 교회는 많은 사람들의 멸시를 받고 세상은 하나님을 알아보는 사람들이 없게 될 것이다. 그러므로 교회는 하나님 나라를 이 땅에 구현하기 위해 진정한 선교를 펼치는 거룩한 신앙 공동체가 되어야 한다.

어떤 이들은 말한다. 한국교회는 하나님 나라를 염원하며 교회의 본질적 사명인 선교에 힘써 왔다고 말이다. 문제는 모든 교회들이 그런 것이 아니라는 데에 있다. 교회가 해야 할 당연한 일을 충실하게 감당하는 교회가 오히려 소수라는 것이 큰 문제인 것이다.

그 결과 한국교회는 마치 종교개혁 전야와 같은 어둠과 부패와 타락이 짓누르고 있다. 설교와 선포는 있으나 행함이 없는 교회, 세상을 향해 의와 진리로 나아가기보다는 교회의 번영과 부귀영화에 더 가치를 집중하는 교회로는 더 이상 세상을 변혁시킬 수 없다.

하나님 나라의 교회는 복음의 정신으로 이 땅의 가치를 상대화시키는 세력이 되어야 한다. 하나님 나라의 전진기지인 교회는 창조적으로 이 세상을 상대로 복된 공격을 감행해야 한다.

교회는 정치, 경제, 사회, 문화 등 모든 삶의 영역에서 하나님 나라 운동을 전개하도록 부름받았다. 하나님 나라 운동은 하나님의 자유와 정의의 통치 원리에 맞선 모든 세상 가치관, 체제, 구조를 혁파하고 대안, 대조, 대항 가치관과 체제와 구조를 주창하는 운동으로 나서야 한다. 이런 하나님 나라 운동이 교회가 힘써야 할 선교이다. 이것은 말로만 해서는 안 된다. 행동과 실천이 따라야 하는 선교이다. 하나님 나라를 향한 선교는 복음의 선포(전도)와 그 선포된 복음의 실천(사회봉사)이라는 양대 축으로 이루어져 왔다.

교회는 하나님의 말씀을 성실히 선포(복음 · 전도)하고, 믿음의 공동체에 대한 신앙적 교육을 통해 말씀으로 무장시키며, 그 말씀에 입각한 삶을 통해서 봉사의 열매를 맺어 나가야 한다.

나아가 기독교인들은 개개인 및 교회, 교파, 국가 간의 벽을 넘어 나눔과 협동의 친교가 있어야 한다. 이제 이름뿐인 교회는 "싫다!"고 선언하자. 살아 있는 좋은 교회를 만들어 가자.

좋은 교회는 어떤 교회일까? 지금까지 설명한 내용을 토대로 정리해보면, 좋은 교회는 다음과 같은 교회가 아닐까 싶다.

- † 예배가 경건하고 회중이 큰 은혜로 감격하는 교회.
- † 설교의 깊이와 적용이 탁월한 말씀 중심의 교회.
- † 올바른 성경적 교리를 가르치는 교회.
- † 기도가 순전하며 뜨거운 교회.
- † 끈끈한 친밀감과 가족애를 느끼는 교회.
- † 서로의 의견을 존중하는 민주적인 교회.
- † 어르신을 공경하고 젊은 세대에게 투자하는 교회.
- † 지역사회와 함께하는 교회.
- † 목회자가 신실하며 소탈하고 겸소한 교회.
- † 교인들로 하여금 건전하고 합리적인 시민으로서 살아갈 수 있도록 도와주고 배려하는 교회.

TALK

1. 교회는 무엇인가?
2. 교회는 어떤 일을 하는가?
3. 어떤 교회가 좋은 교회일까?

제12장
기독교 윤리에서 삶을 비춰 본다

한국 기독교의 위기는 어제오늘의 이야기가 아니지만 최근 10년 사이는 그야말로 심각한 상황이다. 교세가 급속히 위축되고 있고, 교회의 지도자들과 교회가 사회적 지탄을 받는 경우가 빈번해졌다. 이제는 사회가 교회를 걱정하는 지경에까지 이르렀다.

이러한 교회의 위기는 교회가 세상과 타협해버린 결과다. 세상을 향해 올바른 성경적 가치와 윤리로 세상의 위기를 알리고 고발하며 바로잡아야 할 교회가 세상 속에 안주해서 세상을 따라가고 있기 때문이다. 한국교회와 기독교는 세상을 변혁시킬 힘을 상실해가고 있다.

이런 상황에서 한국교회와 기독교는 어떻게 해야 할까? 대사회적인 영향력을 회복하여 사회를 아름답게 변화시켜 나가기 위해서는 가장 우선적으로 기독교적 가치관, 즉 '기독교 세계관'과 그에 따른 기독교 윤리를 바르게 확립하는 일이 선행되어야 한다. 기독교인들이 하나님의 말씀대로, 다시 말해 성경적 원리에 따라 살아야 하는 것이다. 그렇지 않으면 기독교인과 세상은 전혀 구별되지 못하고, 결국 교회와 기독교인은 사회를 변혁시키기는 커녕 여전히 아무런 사회적 영향력을 발휘하지 못할 것이다. 그렇게 되지 않기를 바라지만 일부 기독교인들의 몰지각한 행위가 지속된다면 한국교회와 기독교는 또다시 지탄의 대상이 될 가능성이 높다. 따라서 성경적인 삶을 실현하기 위해서는 기독교 윤리적 원칙이 기독교인의 생활에서 적용되어야 한다.

기독교 윤리에 따른 그리스도인의 삶을 정리하기 위해서는 세상의 가치관을 먼저 살펴보아야 한다. 즉, 오늘날 이 땅에서 살고 있는 현대인들이 지닌 세계관의 특징을 파악해볼 필요가 있다. 그런 후, 기독교 윤리의 기초가 되는 기독교 세계관을 정리해야 한다. 그런 다음 기독교 윤리의 강령이 되는 '경천애인'과 '윤리적 원칙'을 설명할 것이다.

1. 현대인이 갖고 있는 일반적인 세계관의 특징

세계관(world-view)이란 어떤 상황 속에서 가치판단을 할 때, 기본이 되는 틀과 같은 것으로서 윤리관과 동전의 양면과 같은 밀접한 관계가 있다. 세계관을 독일어로는 '벨텡샤웅(weltanschauung)'이라고 하는데 이 단어에는 '전체적'이란 뜻이 있다. 그리고 이 '전체'라는 단어 속에는 인간과 자연, 신에 대한 의미가 포함되어 있다. 그래서 세계관이란 하나님과 인간, 그리고 자연에 대한 포괄적인 관점을 의미한다. 그러나 현대사회로 오면서 '전체적'이란 의미에 변화가 일어나고 있다.

1) 인간 중심의 가치관

현대사회는 이성주의와 계몽주의의 영향으로 하나님을 부인하고, 인간 중심적인 가치관을 추구하려는 경향으로 흐르고 있다. 계몽주의란 인간이 모든 전통이나 종교의 예속으로부터 벗어나 '스스로'의 주인이 되는 것을 말한다. 그러므로 현대사회에서는 타자(他者)가 아닌 자기 자신이 자기에게 법이 되고 스스로 규범을 만들어 제시한다. 그래서 객관적 가치보다는 상대적 가치에 의존하며 '자기 중심'과 '자기 보존'이라고 하는 사상 속에서 자기가 주인이고 하나님이란 존재는 '자기 보존'을 위한 보조적 개념으로 전락한다. 이것이 현대를 지배하는 포스트모더니즘(postmodernism)의 중심 사상이다. 이런 사회에서는 인간의 평등성, 자유와 권리, 창조성이 극대화되어 전통이나 종교, 사회적 제도나 교육마저도 의미를 잃게 되는 결과를 초래할 수 있다.

2) 인간 존재 의미의 상실

현대의 가치관은 중대한 모순을 지니고 있다. 인간 중심적이면서 동시에 인간의 존재 의미를 상실해 가고 있기 때문이다. 현대인에게 있어서 '왜 사는가?'라든가 '삶의 목적은 무엇인가?'와 같은 인간 존재의 의미와 목적에 대한 질문은 무의미한 것이 되었다. '그것은 얼마짜리인가?', '얼마나 편리한 것인가?'와 같은 물질적 가치와 효용성이 현대인에게는 중요한 의미가 있는 질문이다. 기업인들의 윤리관 역시 소비자들의 '필요'를 충족시키는 것보다는 제품의 생산성과 효율성을 극대화시켜서 더 많은 이익을 창출하는 것이 최대의 관심사이며 사업의 목적이 되고 있다.

2. 기독교 세계관의 개념

기독교 세계관은 성경적 세계관이다. 왜냐하면 기독교적 세계관은 성경에 근거하고 있기 때문이다. 성경은 세계의 기원과 의미, 그리고 그 본질과 목적을 명확히 제시한다. 성경은 하나님의 창조와 인간의 타락, 죄로 타락한 인간을 구원하시는 하나님의 구속 사역을 기록하고 있다. 그러므로 역사적으로 기독교적 세계관은 창조, 타락, 구속이라는 뼈대 위에서 발전되어 왔다(Wolters, 1985; 전광식, 1998; 양승훈, 1999). 구체적으로 기독교 세계관은 창조된 세계에 관하여, 인간에 관하여, 삶의 본질과 목적에 관하여 다음과 같이 설명한다.

기독교 세계관에서 인간과 세상은 살아계신 하나님의 말씀에 의해 창조되었고, 보존되며 지금도 유지되는 실제로 존재하는 것이다. 인간은 진화된 것이 아니라 하나님의 형상으로 지음을 받은 존재이다. 하나님은 인간에게 문화와 사회를 위한 규범 또는 가치들을 주고, 이 창조세계를 돌보고 다스리는 문화명령을 수행하며 살도록 하였다. 인간은 하나님의 뜻에 순종하여 이웃과 자연 세계와의 바른 관계 속에서 모든 일에 하나님의 영광을 위하여 살도록 부름받은 존재이다.

그러나 인간은 하나님의 창조질서를 지키지 않고 불순종하여 죄악이 세상에 들어왔다. 이로 인해 올바른 삶의 질서와 관계는 파괴되고 왜곡되어 타락한 세상이 되었다. 죄는 인간의 모든 삶, 곧 개인의 도덕, 결혼과 가정생활, 정치, 경제, 과학기술의 사용, 예술, 교육 등의 의미와 활동을 왜곡시켰다. 인간이 더 이상 하나님을 경외하며 그의 뜻을 따라 사는 길을 버리고 저마다의 우상을 섬기며 살아가게 됨으로써 오늘날 삶의 모든 영역에서 수많은 불의와 부정과 부패가 그 결과로 나타나고 있다.

성경에 의하면 인간은 스스로 이 세상을 구원할 수 있는 힘이나 능력이 없는 존재다. 하지만 하나님은 세상을 타락 상태로 버려두지 않고 구속하기 위해 예수 그리스도를 보내셨다. 예수 그리스도 안에서 구속은 시작되었으며 완성될 것이다. 하나님의 자녀 된 인간은 이러한 삶 속의 왜곡과 분열과 죄악을 올바로 인식하고 인간과 창조세계를 구속하는 하나님께 응답하는 삶을 살아가도록 부름을 받았다. 이 하나님의 구속활동은 인간의 존재를 예수 그리스도를 닮아 하나님의 형상으로 회복하는 동시에 삶의 모든 영역을 포함하는 창조세계 전체를 하나님의 본래의 뜻과 질서로 회복하는 것이다.

기독교 세계관은 또한 인간이 세상에서 지키며 살아야 할 책임 또는 명령을 세 가지로 제시한다. 먼저는 문화명령으로 하나님이 인간에게 생육하고 번성하여 땅을 정복하고 다스리며 지키라는 명령이다(창세기 1:28; 2:15). 이 창조명령은 그리스도인들이 문화를 형성하는 일에 관여할 것을 요구한다. 둘째는 대 명령으로 하나님을 사랑하고 이웃을 사랑하라는 명령(마태복음 22:37-39)이다. 마지막으로 하나님이 인간에게 주신 명령은 예수님이 분부한 모든 것을 지키도록 사람들을 가르치라는 대 위임명령이다(마태복음 28:18-20).

요약하면 창조명령은 책임 있는 청지기 정신의 중요성을 강조하고, 대 명령은 하나님과 이웃에 대한 이타적인 사랑과 섬김을 가치 있는 것으로 여기며 하나님의 형상으로서 모든 인격의 존엄성과 가치를 존중하도록 명령하는 것이다. 대 위임명령은 의와 공평에 기초한 인격적·공동체적 '제자도'를 고양시키는 명령이다.

3. 기독교 윤리관의 대강령

인간 중심적이면서 동시에 인간성을 상실해 가고 있는 현대사회 속에서 인간이 일상의 삶 속에서 어떤 가치판단을 해야 하고, 어떻게 살아야 하며 행동해야 하는가에 대해 기독교 세계관에 근거하여 기독교가 제시하는 핵심 가치 규범을 살펴보기로 하자. 한마디로 기독교 윤리의 대강령이라고 할 수 있다. 즉, 성경이 제시하는 기독교 윤리의 대강령은 경천애인(敬天愛人), 즉 하나님 사랑, 이웃 사랑의 원리이다. 구약성경은 경천애인의 구체적 규범으로서 십계명을 제시하고 있다. 십계명은 이스라엘 민족이 이집트로부터 해방되어 팔레스타인으로 귀환할 때, 하나님께서 지도자 모세를 통해 주신 열 가지 계명으로 그 내용은 다음과 같다.

첫째, 여호와 하나님 이외의 다른 신을 섬기지 말라.
둘째, 우상을 섬기지 말라.
셋째, 하나님의 이름을 망령되이 부르지 말라.
넷째, 안식일을 거룩히 지키라.

다섯째, 너희 부모를 공경하라.
여섯째, 살인하지 말라.
일곱째, 간음하지 말라.
여덟째, 도둑질하지 말라.
아홉째, 이웃에게 불리한 거짓증언을 하지 말라.
열 번째, 네 이웃의 재물을 탐내지 말라.

위의 십계명에서 제1~4계명은 경천(敬天)과 관련한 계명이고 제5~10계명은 애인(愛人)과 관련한 계명이다.

신약성경의 윤리관의 핵심 원리 역시 '경천애인'이다. 어느 날 유대의 구약성경 전문가인 율법사가 예수를 시험하기 위해서 율법 중에서 어느 계명이 크냐고 질문했다. 그때 예수님께서는 "네 마음을 다하고 목숨을 다하고 뜻을 다하여 주 너의 하나님을 사랑하라 하셨으니 이것이 크고 첫째 되는 계명이요(경천: 敬天) 둘째도 그와 같으니 네 이웃을 네 자신 같이 사랑하라 하셨으니(애인: 愛人) 이 두 계명이 온 율법과 선지자의 강령이다."라고 대답하셨다.

이 경천애인이 곧 기독교 윤리의 대강령이다. '나 중심'의 현대사회를 변화시키기 위해서는 하나님과 인간과 자연이 조화와 균형을 이루는 '경천애인'의 윤리와 가치관이 현대인들의 가슴속에 심어져야 한다.

5세기 초기 교부이며 신학자인 아우구스티누스는 역사를 움직이는 두 가지 동기가 있는데 첫째는 하나님을 사랑하는 것이고 둘째는 자기와 타인, 즉 사람을 사랑하는 것이라고 보았다. 이와 같이 '경천애인'으로 대변되는 '사랑'에 대한 아우구스티누스의 견해는 예수님의 가르침에서 비롯되었다.

특히 하나님에 대한 사랑은 말할 것도 없겠지만 무엇보다도 아우구스티누스는 예수님이 사람을 사랑하실 때, 마치 이 세상에서 사랑할 사람이 그 사람밖에 없는 것처럼 사랑하셨다는 것을 알았다. 달리 말해, 예수님은 다른 사람을 향해 애정과 사랑을 쏟으실 때, 철저하게 그 사람 하나를 위해 '개별화'하셨다는 것이다.

마치 숲은 보지 못하고, 나무만 쳐다보는 사람처럼, 예수님은 기꺼이 그렇게 어리석게 되기를 마다하지 않으셨다는 사실이다. 예수님께서는 각 개인 속에 있는 독특하고 유별난 '개별성'에 초점을 맞추셨다.

아울러 아우구스티누스는 또다시 강조했다. 예수님께서는 각 개인을 '개별적으로' 사랑하셨던 것만큼이나 '모든' 사람을 사랑하셨다는 것이다. 사람을 개별화된 사랑으로 사랑하셨던 예수님이 동시에 우주적인 사랑을 하셨다는 것을 아우구스티누스는 말한다. 예수님은 모든 사람을 보듬어 품에 안으시는 바다 같이 넓은 사랑을 하셨다. 이 두 가지 사랑의 특성, 즉 개별화된 사랑과 우주적인 사랑 중에 어느 것이 더 놀라운 것인지 잘 모르겠지만 아우구스티누스가 성경에 묘사된 예수님에 대해 제대로 말한 것만은 틀림없다.

아우구스티누스의 사랑에 대한 개념을 보다 더 구체적으로 정리한 사랑에 대한 C. S. 루이스(C. S. Lewis)의 놀라운 통찰은 '경천애인'의 사랑을 이해하는 데에 큰 도움을 준다. 이 탁월한 학자는 자신의 저서인 《네 가지 사랑》에서 '사랑'에 해당하는 유명한 헬라어 단어들을 모두 조사한 다음에 이렇게 결론을 내렸다(이종태 역, 2005).

사랑은 근본적으로 두 종류의 사랑으로 구분할 수 있는데, 하나는 'need love', 즉 '필요에 따른 사랑'이고, 다른 하나는 'gift love', '선물로 주시는 사랑'이라는 것이다. 루이스에 의하면 '필요에 따른 사랑'은 언제나 공허함과 허전함으로부터 비롯되는 사랑이다. 자신의 필요를 채우기 위해 끊임없이 집착하는 사랑이다. '필요에 따른 사랑'은 오직 자기만을 위한 사랑이다. 다른 사람을 이용해서라도 자기의 유익을 우선하는 사랑이다.

그런데 이런 이미지와 대조되는 전혀 다른 사랑이 있다. 루이스가 '선물로 주시는 사랑'이라고 부르는 것이다. '선물로 주시는 사랑'은 결핍이나 비어 있음으로부터 시작되는 사랑이 아니라 충만함과 가득함으로부터 태어나는 사랑이다. '선물로 주시는 사랑'의 목표는 사랑받는 자를 풍성하게 채워주는 것이다. 사랑하는 대상으로부터 가치를 빼내지 않는다. '선물로 주시는 사랑'은 상대방으로부터 무엇인가를 얻어내거나 상대의 것을 줄어들게 하지 않는다. '선물로 주시는 사랑'은 상대방을 축복하고 증가시키고 자라게 하기 위해 움직인다.

루이스는 결론적으로 말한다. 하나님의 사랑은 '필요에 따른 사랑'이 아니라 '선물로 주시는 사랑'이라고 말이다. 이러한 '선물로 주시는 사랑'에 대한 루이스의 묘사는 아우구스티누스가 묘사하는 예수님께서 사랑하시는 방식에 기초하고 있는 것이기도 하다. 예수님은 영원하고 무조건적인 하나님의 사랑에 근거해서 우리를 '개별적'으로 그리고 동시에 '모두' 사랑하신 것이다.

그러나 현대사회는 하나님의 사랑, 즉 '선물로 주시는 사랑'은 사라져가고, 자기중심적인 사랑, 바로 '필요에 따른 사랑'만 강조되는 이기적인 사회로 급속히 변모해 가고 있다. 자기중심이란 어느 시대에나 존재했지만 현대사회의 자기 사랑은 그 어느 시대보다 치열한 자기 보존을 위한 생존방법이 되어 가고 있다.

이미 현대사회에서는 자기의 생명과 삶을 보존하기 위해서 타인을 희생하는 것을 당연시 여기게 되었다. 16세기 영국의 철학자 홉스(Thomas Hobbes)는 이런 사회를 "만인의 만인에 대한 전쟁"이라고 표현했다. 현대사회에서 아우구스티누스가 말한 역사의 동기로서의 하나님 사랑, 이웃 사랑은 사라지고 있으며 이웃과의 관계는 생존의 경쟁자이며 적으로 변모되어 가고 있다. 이러한 가치관의 혼란이 지속되면 현대사회는 홉스의 예견대로 '만인의 만인에 대한 전쟁터'로 폐허가 되어 버릴지도 모른다.

그러므로 기독교 윤리의 대강령인 '경천애인'은 자기 보존과 생존을 위한 전쟁터로 변질되어 가는 현대사회를 하나님 사랑, 이웃 사랑의 행복한 공동체로 변화시키는 구원의 메시지이며 삶의 핵심 원리인 것이다. 동시에 하나님의 '선물로 주시는 사랑'을 이 땅에 실현하는 일목요연한 성경적 가치를 나타낸다. 이 세상 모든 이들을 보듬어 안는 우주적인 사랑과 한 영혼의 소중함을 담보로 하는 개별화된 사랑이 통합적으로 하나님을 향해서 아울러 사람으로 다가가는 '경천애인'의 사랑을 펼쳐가야 한다.

4. 기독교 윤리의 원칙

기독교적 가치관으로서의 '경천애인'의 원리는 일상생활에서 기독교인들이 가져야 할 삶의 방식이 되어야 한다. 하지만 실제 삶의 현장에서 부딪치는 수많은 의사결정의 상황들은 다양한 윤리적인 문제들을 불러일으킨다. 그때에 '경천애인'의 시각에서 결정을 내리기란 쉬운 일이 아니다. 이 세상의 모든 일들은 인간을 대상으로 하고 있고, 인간이란 너무나 다양해서 윤리적 문제도 다양하게 표출되기 때문이다.

그러므로 기독교인은 이 세상에서 기독교적 가치관을 실현하며 살아가기 위해 기독교적인 윤리결정의 준거 틀을 갖고 있어야 한다. 이는 당연히 성경에서 도출되어야 한다. 성경이 우리들의 신앙과 생활의 유일한 규범이기 때문이다. 한 예로 예수 그리스도가 '안식일 율법'의 운용에서 바리새파 사람들에게 보인 것처럼, 기독교인이 이 세상을 살아갈 때에도 자신의 인간관, 가치관이 개입된다. 기독교인은 다른 어떤 비기독교인들보다도 몰아적(沒我的)이고, 이타적(利他的)인 삶의 윤리가 필요하다.

1) 믿음 · 소망 · 사랑의 원칙

기독교인의 삶의 윤리는 성경 전반에 걸쳐 광범위하게 나타나지만, 사도 바울이 〈고린도전서〉 13장 13절에서 밝힌 것이 핵심이다.

> 그런즉 믿음, 소망, 사랑, 이 세 가지는 항상 있을 것인데 그중에 제일은 사랑이라. (고린도전서 13:13)

바로 믿음과 소망, 사랑에 기초한 삶이 교회와 세상에서 이루어지고, 또한 이러한 가치관을 가진 기독교인의 삶에서 하나님 나라를 향한 신앙의 모습이 나타날 때, 이 땅은 진정으로 행복한 공동체가 될 것이다.

(1) 믿음의 원칙

"믿음이 없이는 하나님을 기쁘시게 하지 못하나니(히브리서 11:6)." 하나님께 나아가는 자는 반드시 성경의 말씀에 충실히 경청하고 순종하려는 신앙의 자세가 있어야 한다. 성경은 어느 시대나 하나님의 말씀으로 기독교 구원의 진리를 알려준다. 뿐만 아니라 인간 삶의 의의와 목적을 밝혀 주며, 하나님과 그리스도를 '주'로 믿는 자들의 삶을 생명으로 인도하는 구원의 진리이다. 기독교인들이 이 세상에서 어떻게 살아야 할 것인가를 교훈하는 신앙과 행위의 규범이 되는 책이 바로 성경이다. 따라서 성경에 대한 관심과 연구는 모든 기독교인들에게 꼭 필요하다.

신앙이란 기독교인으로서 마땅히 가져야 할 온전한 인격을 뜻한다고 할 수 있다. 따라서 기독교인들에게 이와 같은 온전한 신앙이 없다면 하나님의 뜻대로 이 세상을 살아가는 데 어려움이 많으리라 생각된다. 그리고 이러한 신앙은 기독교인의 인격에도 커다란 영향을 미친다. 이 세상에서 자신에게 주어진 일터와 다양한 삶의 현장에서 기독교인이 사용할 수 있는 가장 중요한 도구는 그의 인격이다. 기독교인의 삶으로부터 그가 하는 일이 나온다고 말할 수 있다. 즉 기독교인이 '어떤 사람인가?'하는 문제는 그가 '무엇을 할 수 있는가?'보다 훨씬 더 중요하다. 그가 '어떤 사람인가'하는 것은 그가 어떤 일을 할 수 있는 힘을 주기 때문이다.

(2) 소망의 원칙

"믿음은 바라는 것들의 실상이요 보이지 않는 것들의 증거니(히브리서 11:1)."라고 언급하고 있듯이 소망은 기대하는 '바람'이자 하나님께 미래를 맡기는 것이다. 예를 들면 이것은 하나님으로부터 받은 대홍수의 계시에 대한 노아의 순종하는 믿음이나, "가는 곳도 모르고" 떠난 아브라함의 신앙에서 분명히 드러난다. 또한 '눈물의 선지자'라고 불리는 예레미야와 같이 박해의 슬픔이 계속되어도, 하나님으로부터 '소명'으로서 자신이 해야 할 역할을 담담히 해낸 선지자들의 신앙에서 기독교인들은 많은 것을 배워야 한다.

그리고 소망의 신앙은 적극적이고 능동적인 신앙을 의미한다. 예수님은 "할 수 있거든이 무슨 말이냐. 믿는 자에게는 능히 하지 못할 일이 없느니라(마가복음 9:23)."고 말씀하셨고 또한 "무릇 사람이 할 수 없는 것을 하나님은 하실 수 있느니라(누가복음 18:27)."고 하셨다. 뿐만 아니라 사도 바울은 "내게 능력 주시는 자 안에서 내가 모든 것을 할 수 있느니라(빌립보서 4:13)."고 가르쳤다. 성경은 부정적이지 않다. 성경에는 모든 일에 대하여 무한한 가능성을 인간에게 열어 놓았다. 그러므로 기독교인들은 어느 경우에도 낙심하거나 절망해서는 안 된다. 모든 일을 항상 긍정적으로 바라보는 태도를 지녀야 한다.

(3) 사랑의 원칙

기독교의 사랑이란 하나님으로부터 무조건적이며 일방적으로 받는 절대적인 사랑이다. 따라서 이 세상 사람들은 하나님으로부터 모두 공평하게 사랑을 받고 있는 것이다. 즉 이 세상에 살고 있는 사람이라면 모두가 사랑을 받고 살아가고 있는 것이다. 이러한 사실을 깨닫게 될 때, 비로소 인간은 타인을 사랑할 수 있게 된다. 그래서 다른 사람의 결점이나 약점까지도 포용하고 그를 사랑할 수 있는 것이다.

그러므로 기독교인들은 무슨 일을 하든지 간에 이러한 사랑의 시각을 갖고 있어야 한다. 실제로 예수님께서 중풍병자에게 "작은 자야 네 죄 사함을 받았느니라(마가복음 2:5)."고 말씀하신 것처럼, 어느 누구든 예수님을 영접하기만 하면 죄 사함을 받는 존재인 것을 자각하여, 용서받는 존재로서의 타자(他者)로 다른 사람들을 수용적인 자세로 대해야 한다. 기독교인은 사랑의 삶을 주어진 인생 가운데에 펼쳐 가야 한다.

그래서 기독교인은 어려운 여건 속에서도 묵묵히 사회봉

사를 섬김과 나눔의 정신으로 감당해야 한다. 바로 이것이야말로 성경에서 말하는 '이웃 사랑(마태복음 22:37-39)'이다. 더욱이 이웃 사랑의 극치는 "사람이 친구를 위하여 자기 목숨을 버리면 이에서 더 큰 사랑이 없나니(요한복음 15:13)."와 같이 자신의 목숨까지도 기꺼이 남을 위해 바칠 수 있을 정도로 다른 사람을 이해하는 데까지 이르는 것이다. 물론 이는 대단히 어려운 일이다. 하지만 기독교인은 하나님의 뜻대로 살기 위해 최선을 다해야 한다.

2) 자율성 존중의 원칙

기독교인들은 어느 누구와의 관계에 있어서도 상대방의 자율성을 존중해야 한다. 창세기 1장에 나오는 선악과 사건은 절대자이신 하나님께서 피조물인 인간을 얼마나 자율적인 존재로 인정하셨는지를 보여주는 대표적인 사건이다. 비록 인간에게 '치명적인' 결과(창세기 2:17)를 초래할 가능성이 있음에도 불구하고 하나님은 선악을 알게 하는 나무에 대한 인간의 자율적 접근을 강제로 막지 않으셨다. 인간의 자율성의 근원은 '스스로 있는 자(출애굽기 3:14)'이신 하나님의 형상을 따라 지음 받음에 기인하며 마땅히 존중되어야 한다.

3) 악행금지의 원칙

누군가에게 해로운 결과가 예상되는 실험이나 치료의 금지, 불필요한 생명유지 장치의 철회와 같은 내용을 포함한다. 악행금지의 원칙 역시 인간이 우연에 의한 존재가 아니고 태초부터 각자의 부르심의 소명 안에서 하나님의 형상을 따라 지음 받은 존재라는 점에 근거를 두고 있다(창세기 1:26). 인간의 생명은 하나님께 속한 것이며(사무엘상 2:6), 인간의 육체는 하나님의 성령이 거하시는 성전이다(고린도전서 3:16). 다른 사람의 생명을 해하는 것은 십계명 중에서 여섯 번째 계명을 어기는 것이다(출애굽기 20:13).

4) 선행의 원칙

기독교인은 값없이 은혜로 구원받은 축복의 사람이다. 그러므로 그 은혜를 갚으려는 마음을 가져야 한다. 가장 좋은 방법 중의 하나가 선행을 하는 것이다. 선행이 구원의 조건은 아니지만 구원받은 사람으로서 선행을 하는 것은 당연하다. "내 이웃이 누구오니이까?"라는 율법사의 물음에 대한 예수님의 답변이었던 선한 사마리아인 이야기(누가복음 10:30-37)는 선행의 원칙을 잘 함축하고 있는 사례이다.

어려움에 처한 이웃에게 '이르러(come where the man was)', '불쌍히 여겨(took pity on)', '돌보고(saw)', '이 사람을 돌보아 주라 부비가 더 들면 돌아올 때 갚으리라(follow-up care)'고 당부하는 사마리아인의 모습은 기독교인의 선행이 어떠해야 함을 잘 보여준다. 신구약 성경 전체를 통하여 일관되게 나타나는 율법의 핵심은 '내 이웃을 내 몸과 같이 사랑하는 것(레위기 19:18; 마가복음 12:31-33)'이었고, 말씀 그대로 예수님은 고아와 과부, 세리와 창기, 각종 병든 자들의 친구로서의 삶을 사셨다.

5) 정의의 원칙

정의의 원칙은 인간을 그 지위나 재산의 많고 적음에 따라서 차별하지 말 것과 평등하게 다룰 것을 주장한다. 그러나 획일적인 평등은 빈곤한 사람들과 장애인, 아동 등과 같이 스스로의 권익을 주장하지 못하는 계층에게는 오히려 불평등이 될 수 있다. 온정주의란 이러한 소외계층의 권익을 부모의 마음으로 대변해주자는 것으로 정의의 원칙을 보완하고 있다.

평등이 오히려 손해일 수 있는 인권이 유린되고 말살되려는 상황에서 하나님의 정의를 깨우치고 회개를 촉구함으로써 인권을 되살리려 하였던 구약의 선지자들이나(미가 3:1, 8, 9; 아모스 5:7, 15, 24), 범죄 현장에서 붙잡힌 창기에 대한 군중들의 분노 가운데에서 창기의 친구를 자처하신 예수님(요한복음 8:1-11), 늘 이방인과 어린아이의 편에 서셨던 예수님의 태도(마태복음 18:1-5; 19:13-14)는 약한 자의 편에서 정의를 실천하시는 하나님의 마음을 보여준다. 또한 추수할 때 나그네와 과부를 위하여 이삭줍기를 금하셨던 구약의 율법(레위기 19:9)은 기독교인이 가져야 하는 성경적 온정주의라고 할 수 있다.

6) 유용성의 원칙

유용성의 원칙은 '최소한의 투자로 최대의 유용성'을 창출하자는 것이다. 모세의 재판권에 대한 부담을 덜어 주기 위하여 장인 이드로를 통하여 천부장, 백부장 제도를 명하셨고

(출애굽기 18:13-27), 보리떡 다섯 개와 물고기 두 마리로 오천 명을 먹이신 디베랴 바닷가의 기적(마태복음 14:13-21; 요한복음 6:1-15)은 성경의 유용성의 원칙을 보여주는 사건이라고 할 수 있을 것이다.

7) 정직함과 비밀 보장의 원칙

정직함은 기독교인이 반드시 갖고 있어야 할 윤리적 원칙이다. 사도 바울은 이 부분에서 많은 가르침을 제공해준다. 사도 바울은 사람들을 속이지 않았고, 아첨하지 않았으며, 불순한 동기를 가지고 일하지 않았다(데살로니가전서 2:5-7). 그는 그리스도의 사랑을 보여주기 위해 노력하였다. 사도란 그 자신을 사심 없이 주고, 다른 사람들이 성화된 삶을 살도록 격려하고, 위로하며, 재촉하는 일을 위임받은 사람이다. 그는 바로 이 사도로서의 사명을 정직하게 감당하려고 애썼다(데살로니가전서 2:3, 8, 10-12). 이렇게 정직함의 원칙을 준수하는 기독교인은 동시에 함께 생활하거나 일하는 누구와도 비밀 보장의 원칙을 지켜야 한다. 다른 사람들이 겪게 될지도 모를 희생적인 피해와 사고를 막기 위한 '합리적인 보호'가 비밀 보장을 통해서 이루어진다.

이상의 일곱 가지 원칙은 기독교인이 세상 속에 살아갈 때 기본적인 지침이 될 수 있다. 성숙한 기독교인으로서의 삶은 기독교 신앙의 실천과 밀접하게 관련되며 그것은 기독교적 가치와 윤리적 원칙의 구체적인 정립을 통해서 가능하다.

TALK

1. 기독교 세계관이란 무엇인가?
2. '경천애인'을 적용하는 실제적인 사례에 대해 이야기해보자.
3. 우리 사회에 선한 영향력을 미치고 있는 기독시민운동단체들을 찾아보고 주요 활동에 대해 이야기해보자.

☞ 추천 단체 : 기독교윤리실천운동, 좋은교사운동

제13장
복지와 선교의 조화가 가능한가?

선교 초기 한국사회에 전파된 기독교는 '사랑과 섬김, 나눔의 기독교 사회봉사'를 세계 어느 선교지보다도 강렬하게 펼쳤다. 비록 사회복지라는 용어는 사용되지 않았으나 거의 '사회복지'라고 해도 될 정도로 체계적인 교회사회복지실천의 모습으로 기독교 사회봉사를 했다. 그래서 사회복지의 빛나는 전통이 '기독교가 한국사회에 전파되고 변천되는 과정' 속에 포함되어 있다.[5)]

민경배(2009)는 이와 같은 한국초기의 교회를 교인들끼리의 교회가 아니라 민족과 함께하는 교회라는 뜻에서 "민족교회"라고 칭했다. 한국교회의 맨 처음 구조는 민족교회였고 전도의 교회가 아니라 희생과 봉사의 교회였다는 것이다. 이처럼 한국교회는 그 초기부터 사회문제에 적극적으로 참여하였고, 고통당하는 백성들을 위한 봉사적 사회운동을 주도해왔다. 지금의 시각에서 봐도 분명한 사회복지실천이었다.

그러나 한국교회는 우리나라가 경제적으로 급성장하는 1960년대와 1970년대에 이르러 사회복지 활동을 통해 주도해왔던 사회복지적인 기능을 정부기관과 민간단체(교회 밖의 사회복지기관들)에 넘겨주게 되었고, 무리한 산업화의 과정에서 사회가 급변하고 사회문제가 고도에 달했던 1980년대에 와서는 교회가 최소한의 사회복지적인 기능마저 수행하기를 꺼린다는 비난의 소리를 듣게 된다. 그리고 1990년대에 들어 한국교회는 자신들이 외면했던 사회로부터 역으로 외면당하는 상황에 직면하게 되었고, 이런 현상은 더욱 가속화되고 있다.

---

5) 한반도에 기독교가 들어온 이래 교회는 복음전도에 앞서 광혜원(이후에 '제중원'으로 개칭)이라는 병원을 개설하였다. 이것이 한국 최초의 근대적 병원의 시작이었다. 또 경신, 연희, 배재, 이화, 광성, 숭덕, 정의, 숭실 등 여러 기독교 학교들이 설립되면서 이들 학교들이 신교육을 주도해 나갔다. 교회는 구라(救癩)사업, 형정개선사업, 콜레라퇴치사업, 결핵퇴치운동 등을 전개하였으며 1904년 평양에 조선 최초의 맹아학교를 설립한 이후 전국 각지에 장애인 학교를 설립하였다. 또한 아동들을 위한 복지사업으로 고아원을 설립하고, 극빈자를 위한 숙소와 식사를 제공하는 구제사업에 앞장섰다. 이와 같이 교회는 여성운동, 절제운동, 농촌운동 등 각종 계몽운동과 삼일만세운동을 비롯한 여러 독립운동의 중심적 세력으로서의 역할을 확실하게 감당한 것이다.

이제 교회는 선교와 복지를 조화롭게 융합시켜 성경적 목회를 현실화해야 한다. 이를 통해 선교 초기 민족교회로서의 사명과 역할을 회복해야 한다.

내용검색 검색

복지와 선교를 통합적으로 실천해 나가기 위해서는 우선적으로 선교에 대한 개념을 정립할 필요가 있다. 선교란 무엇인가? 전도가 예수님의 복음을 전하는 것이고, 예수님이 전하고자 하는 복음의 본질이 '하나님 나라'라고 한다면 선교는 예수님께서 구원받을 대상자들에게 하나님 나라를 구현하시고자 직접 행하신 사역이다(누가복음 7:21-23, 17:14, 18:42; 마태복음 8:3, 9:30; 마가복음 7:35, 8:25; 요한복음 9:7 등). 따라서 선교는 하나님의 모든 피조물이 온전한 평화를 누리고 하나님께 찬양과 영광을 돌리며 행복하게 공존하는 하나님 나라를 실현하는 것이다.

하나님 나라는 기독교 경전이라고 할 수 있는 성경의 중심 메시지이자 우리 주 예수 그리스도의 중심 메시지다. 실제로 예수님의 공생애 핵심 주제는 하나님 나라의 구현, 즉 하나님 나라 운동이다. 하나님 나라가 눈물과 탄식과 고통이 가득한 이 땅에 온전히 구현되게 하는 것, 이것이 바로 메시야로 이 땅에 오신 예수님의 핵심 사명이다. 예수님께서 선포하셨던 하나님 나라는 죄와 사탄의 통치 세력이 무너지고, 공의와 사랑과 평화가 구현되며 하나님의 왕적 통치가 이루어지는 영향권을 의미하였다. 그리고 그 영향권이 확대되어가는 활동이 바로 하나님 나라 운동이라 할 수 있다.

그래서 진정한 하나님 나라는 하나님의 샬롬(평화)으로 구현된 그 하나님의 사랑으로 하여금 하나님 나라 구성원들의 삶을 소망으로 연결시킨다. 인간은 그 소망 안에서 사회적 고립을 극복하여 남녀노소, 인종, 민족, 나아가 장애인과 비장애인, 건강한 자와 병든 자 등 모든 계층 간의 진정으로 하나된 생활 공동체를 이룰 수 있는 근거가 된다. 다시 말해서 하나님 나라에 대한 소망이야말로 인간적인 공동체를 갱신하는 근거가 되는 것이다.

1. 선교와 복지선교

복음이 전파되는 곳에 생명과 빛이 전파되고, 복음을 통해 우리는 구원받은 하나님 나라의 구성원이 된다. 예수님을 통해 이미 도래하였고, 주님이 다시 오실 그때, 완전하게 이루어질 그 하나님 나라의 백성이 되는 것이다. 이때 거듭난 하나님 나라 백성의 삶을 사는 사람들은 영적 구원뿐만 아니라 세상에서의 행복한 삶을 위해서도 구체적인 노력을 기울일 수 있게 된다. 하지만 개인의 수고만으로는 그들이 원하는 진정한 행복을 얻기 어려울 수도 있다. 잘못된 사회제도나 미흡한 사회복지, 교육, 의료, 보건 등의 현실이 사람들을 고통받게 할 수 있다.

여기에서 '영적 구원'과 '복지 문제(신체 · 심리 · 사회 · 직업 등)'를 해결하는 전인적인 복지선교가 나타나야 한다. 선교는 상호 연관되는 영적 구원과 복지, 이 두 개의 큰 축이 통합되는 순간 '복지선교'로 거듭나게 된다. 사람의 영적 구원과 신체적 · 물질적(복지) 욕구(needs)가 동시에 충족될 수 있는 길이 열려지게 된다. 따라서 하나님 나라 운동인 선교의 정의를 정리해보면, “선교란 교회가 사람에 대해 복음전도를 함으로써 영적인 구원의 기회를 제공하며 기독교적 안목으로 사회복지와 교육, 상담, 재활 등 회복을 위한 다양한 서비스를 제공함과 동시에 사회적 불평등 극복을 위한 옹호, 사회운동, 제도 개선 등을 해 나가는 총체적인 활동.”을 말한다.

이와 같은 선교의 정의는 결과적으로 ‘복지선교’라는 용어로 대체될 수 있다. 왜냐하면 선교는 엄밀하게 말하면 타문화권이나 다른 삶의 현장에 있는 사람들에 대한 복음전도를 의미하기 때문이다. 그런데 선교가 사람들에게 복음을 전하는 한편, 그들의 현실적인 어려움을 나누는 ‘교회사회복지실천(교회의 자원을 활용하여 수혜자의 제반 문제를 기독교적 정신으로 도와주는 사회복지실천)’까지 포괄하는 개념으로 확대된 것은 하나님 나라를 지향하는 선교의 독특성 때문이다.

2. 하나님 나라 운동으로서의 복지선교

하나님 나라를 실현해 나가는 활동을 하나님 나라 운동으로 볼 때, 하나님 나라 운동으로서의 복지선교는 하나님 나라를 구현하기 위한 '복음전도+사회봉사'로 정의할 수 있다. 실제로 예수님의 사역은 하나님 나라 선포에 기초를 둔 복지선교였다. 다시 말해 하나님 나라 운동으로서의 복지선교를 실천하셨다는 것이다. 물론 성경에는 복지선교라는 용어가 없다. 그렇지만 복지선교로 볼 수 있는 예수님의 사역은 얼마든지 찾을 수 있다. 그중에 대표적인 것을 꼽으라면 '치유'를 들 수 있다. 그리고 그 치유는 기독교 세계관적 관점에서 실제적으로 설명될 수 있다.

예수님은 하나님 나라의 선포와 치유를 병행시켰다. 왜냐하면 예수님의 치유는 그가 선포하는 하나님의 구원 통치가 실현되고 있음을 '증거'하는 것이기 때문이었다. 그래서 예수님의 치유는 그가 선포하는 하나님 나라의 구원이 실재가 되게 하는 사건이었다. 예수님께서 제자들을 선교를 위해 파송할 때도 하나님 나라의 복음을 선포하고 축귀(귀신 쫓음)와

병 고침의 사역을 하도록 명령했고(마태복음 10:7-8; 마가복음 6:14-15; 누가복음 10:9), 제자들의 성공적인 하나님 나라의 복음 선포와 축귀 및 치유 사역은 곧 하나님의 통치가 사단의 통치를 패퇴시켜가는 과정이었다.

그러므로 여기서의 치유란 전인적이고 포괄적인 의미로 이해해야 하는 것이다. 즉 하나님의 구원의 통치가 가져오는 치유는 육신의 병고를 제거하는 것만으로 이해해서는 안 되고, 다양한 고난들의 해소까지를 포함하는 것으로 이해해야 한다. 따라서 치유란 부정적으로 말하면 모든 고난의 제거, 긍정적으로 말하면 우리를 온전케 하는 것을 말한다. 바로 여기에서 치유는 하나님의 '창조-타락-구속과 회복'이라는 기독교 세계관적 관점을 명확하게 보여주는 행위가 된다.

이와 같은 예수님의 하나님 나라 선포와 치유는 하나님 나라 운동으로서의 복지선교와 그 맥락에 있어서 유사하며 이는 동시에 복지선교가 기독교 세계관적 관점에서 구체화될 필요성을 분명하게 제기한다. 실제로 하나님 나라의 복음을 받아들인 성경에 나오는 많은 사람들은 하나님과의 올바른 관계를 회복해서 하나님께 의지하고 순종하는 관계로 들어가게 된다. 예수님께서는 하나님 나라를 선포하면서 동시에 치유하셨는데 그 치유는 죄인들을 회개시켜 하나님의 통치를 받게 하고, 그리하여 그들로 하여금 하나님과 이웃과 샬롬의 상태 속에서 살게 한 것이다.

신약의 복음서들은 예수님께서 병자들 몇 명을 신체적으로 치유한 사건들을 부각시키는 경향이 있다. 하지만 복음서들을 자세히 보면, 예수님의 하나님 나라 선포를 통한 구원의 사역은 몇 사람의 환자나 장애인들을 치유하는 것에 국한되는 것이 아니라 주로 죄인들을 사단의 통치에서 불러내어 하나님 나라에 들어가게끔 한다. 그리하여 그들의 삶이 온전하게 되도록 하는 것이었다(마가복음 2:17; 누가복음 19:10).

결국 하나님 나라의 복음을 제대로 선포하면 포괄적인 의미로의 치유가 일어나게 되어 있다. 그 치유는 하나님 나라의 구원을 '현재화'하는 것이다. 즉 예수님의 능력의 말씀과 기적 행위들은 하나님 나라가 현재 실현되고 있음을 가시화하는 표현들이다. 하나님 나라는 믿음의 눈을 가진 사람들에게만 보이는 감추어진 실재다. 하지만 권세 있는 말씀이 선포되며 귀신들이 내어 쫓기고 각양각색의 병든 사람들이 치유함을 받는 것은 하나님 나라가 현재 세상으로 뚫고 들어오는 실재라는 것을 보여준다(마태복음 12:28; 누가복음 11:20). 말씀과 기적 행위들은 모두 하나님 나라가 현재 우리들 가운데 활동하고 있음을 보여주는 가시적 표현들이다.

그러나 기적 행위들은 말씀과 독립된 어떤 것이라기보다는 예수님의 말씀 사역에 종속되는 기능을 갖는다. 예수님께서는 단지 기적만을 베풀기 위해 오신 것이 아니라 하나님 나라의 복음을 선포하기 위해 오셨다. 하나님 나라의 통치, 하나님의 통치는 이 세상에서 실현되어야 하며, 그 결과 현재와 미래 모두에서 구원이 일어나야 한다. 그 구원은 인간을 위한 구원이면서 동시에 구원받은 인간을 통한 더 큰 세상의 구원이다. 이 구원이 사람을 향할 때, 그것이 바로 하나님 나라 운동으로서의 복지선교가 되는 것이다.

그리고 이러한 복지선교는 기독교 세계관을 통해 하나님

나라 운동으로서의 그 성격과 기능을 보다 더 분명하게 정립해낼 수 있다. 기독교 세계관은 하나님께서 이 세상의 구조와 세상이 나아가야 할 방향을 창조하셨다는 것을 전제로 한다. 하나님께서 창조하신 모든 피조물은 하나님의 목적을 따라 모든 것이 아름답고 완전하고 선한 것이다.

가령 이와 같은 기독교 세계관적 입장에서 보면, 장애인도 역시 하나님이 지으신 피조물로 그 목적에 따라 아름답고 완전하며 선한 존재임을 인정해야 한다. 그들은 비장애인들과 비교될 이유를 갖지 않는다. 하나님의 하시고자 하는 일을 위하여 지음받았을 뿐이다. 어떻게 보면 하나님께서는 장애인을 비장애인보다 더 크고 위대한 삶을 향하여 부르신 것이라고 볼 수 있다. 그래서 비장애인이 하나님을 찬양하는 것보다 장애인이 하나님께 감사하고 찬양하는 것은 더 위대하고 가치 있는 찬양이며 감사인 것이다. 장애인들이 갖는 신앙은 비장애인이 갖는 신앙과 비교할 수 없는 차원 높은 신앙임에 틀림이 없다. 그들이 생애를 통해 갖는 '깨달음(insight)'은 비장애인의 그것과 비교할 수 없이 강렬하고 절대적이다. 그들의 순종은 지고지순의 아름다운 것이다.

그런데 인간은 타락된 방향으로 나아가 인간을 차별하고, 소외시키며 비하할 뿐 아니라 그들의 정당한 권리를 박탈한다. 생활을 고립 또는 격리시키고 숭고한 생명의 존엄성을 가치절하시켜 하나의 생명력 없는 부양의 대상으로 추락시키고 말았다. 하나님 나라 중심의 선교 운동은 이러한 타락적인 방향을 되돌려 구속적 방향으로 나아가도록 하는 운동이다. 그래서 교회는 인간으로 하여금 자신의 존엄성과 가치를 회복하도록 도우며, 그들을 다양한 사회적 영역에 참여시켜야 한다. 그들의 권한을 강화하고 위임하고 존중하여 사회적 역할을 담당하도록 가치부여를 수행할 뿐만 아니라 삶의 공동체 안에서 일치와 화해를 경험하게 만들어야 한다.

3. 복지와 선교의 조화로 인한 결과 : 공동체적 하나님 나라

예수 그리스도를 따르는 사람의 생활에는 복지(사회봉사)와 선교(전도)가 자연히 나타난다. 그 이유는 복음은 뿌리이므로 그 뿌리에서 자라난 나무의 열매에서는 복지와 선교라는 두 가지 열매가 맺혀지기 때문이다. 따라서 복음의 나무에서 선교만 열려야 한다든가 복지의 열매만 열려야 한다는 논쟁은 매우 이상한 것이다. 왜냐하면 복음의 근원이 되시는 예수님께서는 공생애 시절에 "두루 다니사 …… 가르치시며 …… 전파하시고(마태복음 4:23, 9:35)", "두루 다니시며 선한 일을 행하시고 …… 고치신(사도행전 10:38)" 것이 분명하기 때문이다.

복지와 선교는 둘이 아닌 하나다. 그래서 진정한 선교는 복지선교(복음전도+사회봉사/사회복지실천)다. 이와 같은 복지선교는 하나님 나라를 지향해 나가는 중요한 방법이 된다.

그렇다면 장차 오실 하나님 나라를 꿈꾸며 복지선교를 통해 오늘 이 시대, 이 세상 가운데 건설해 나가야 할 하나님 나라는 어떤 모습이어야 할까?

1) 함께 어울리는 하나님 나라

복지선교를 통해 실현해 나갈 하나님 나라는 장애와 비장애, 남녀노소, 빈부, 학벌 등 온갖 현실적인 차이에도 불구하고 더불어 살아가며 함께 어울리는 공동체이다. 서로가 서로에게 관심을 갖는 특히 관심 밖으로 밀려난 이웃, 관심이 필요한 이웃에게 관심을 주고 함께 사랑으로 어울리는 서로 연합하는 공동체이다.

가령 걸을 수는 없으나 듣고 볼 수 있는 사람은 다리가 불편한 사람들의 다리가 되어 주고, 팔이 건강한 사람은 팔이 불편한 사람들의 팔이 되어 주며, 마음이 건강하지 못한 사람들은 마음이 건강한 사람들로부터 사랑의 도움을 받고, 건강한 비장애인들은 오히려 장애인의 순수한 신앙의 열정에 도전을 받는 공동체, 눈빛만 보아도 서로의 아픔과 기쁨을 감지할 수 있는 마음과 마음이 통하는 공동체, 바로 그러한 공동체를 꿈꾸어 보는 것이다. 인간의 죄로 인해 이것은 지극히 비현실적인 이상일지도 모른다. 그러나 그리스도와 함께한 가운데 비록 완전하지는 못할지라도 함께 더불어 어울리는 이 공동체를 향해 한국교회와 기독교는 헌신과 사랑의 수고를 해 나가야 한다.

2) 함께 믿음이 커 가는 하나님 나라

진정한 하나님 나라는 자기 자신과 타인이 어우러져 하나님을 만나 신앙 안에서 함께 살아가기에 서로를 믿고 서로의 무한한 가능성을 믿는다. 이는 서로가 서로에게 믿음을 일깨워 가며 서로의 부족함을 함께 채워 가는 하나되는 믿음의 세계이다. 복지선교를 통해 우리의 믿음이 성장해 나갈 수 있다. 복지선교를 통해 말씀을 묵상하고 말씀을 배우며 말씀대로 실천하려는 노력이 생겨날 수 있다. 체계적이고 계획된 말씀대로 실천하려는 노력이 일어날 수 있다.

하나님께서는 인간을 위해 하시는 모든 사업을 철저하게 책임을 지시고 행하셨다. 태초의 창조 사건으로부터 유대 나라 백성과의 약속, 그리스도의 오심과 성령의 역사하심 그리고 예수님의 재림 등 모든 인간 구원의 역사에서 철저한 책임을 나타내셨다. 인간을 사랑하사 구원하시겠다는 약속의 이행은 그의 독생자 예수 그리스도가 십자가에서 돌아가시게 하심으로 하나님의 인간에 대한 책임을 지키셨고(요한복음 3:16), 교회를 향하여 그렇게 책임을 지고 복지선교를 실천할 것을 요구하고 계신다. 그 이유는 인간의 생명과 도탄에 빠진 생명구원 사업은 선택의 문제가 아닌 필수적인 임무이기 때문이다.

지금까지 한국교회의 사회봉사는 복음의 핵심적 요소로 간주하지 않았기 때문에 구제사업이나 구호사업의 정도로 실시해왔다. 즉 도움을 필요로 하는 사람의 생명을 끝까지 책임져 준다는 철저한 기독교적 신앙정신에 입각하지 않고, 교회의 사정에 따라서 비정규적으로 물질로 그리고 자원봉사로 구제사업을 실천해왔다. 그러므로 예수님께서 "수고하고 무거운 짐 진 자들아 다 내게로 오라. 내가 너희를 쉬게 하리라(마태복음 11:28)."고 한 책임 있는 말씀대로 하지 못하고, 교회가 원할 때, 간헐적으로 봉사를 해왔던 것이다.

한 가지 분명한 사실은 인간의 생명은 그렇게 불규칙하고 일시적이며 제한된 봉사로 유지될 수 없고, 또한 하나님의 창조섭리대로 그 생명이 번창하여 뻗어나갈 수 없다는 사실이다. 예수님께서 이 사실을 상기시켜주시기 위하여 "네 이웃을 네 자신같이 사랑하라(마태복음 22:39)."고 말씀하신 것은 곧 우리가 살아가기 위해서는 기본적인 의 · 식 · 주와 보건 · 의료의 조건이 반드시 필요하다는 사실을 깨닫게 하시고, 이 기본적인 전제하에서 이웃에 대한 책임 있는 복지선교를 명하셨다고 보아야 한다.

그러므로 한국교회는 이 세상에서 빛과 소금의 역할을 다하기 위해 '복지선교 공동체'로서 이웃에 대하여 책임 있는 생명 중심의 복지선교적인 사명을 재발견하고 실천해 나가야 한다. 이를 통해 우리 사회가 사회적 약자를 배려하고 책임지는 사회로 발전해 나가도록 해야 한다. 이렇게 되기 위해서는 기독교인의 믿음이 성숙되어야 한다. 그렇게 될 때, 하나님 나라도 완성되어 갈 것이다. 하나님 나라를 실현해 나가는 것이 예수님의 제자 된 우리가 감당해야 할 사명이며 책임이다. 예수 그리스도의 십자가는 이 책임 완수의 영원한 모범을 보여준다.

> 이르시되 때가 찼고 하나님의 나라가 가까이 왔으니 회개하고 복음을 믿으라 하시더라. (마가복음 1:15)

이 말씀에서 하나님 나라가 예수님의 오심과 함께 시작되었음을 알 수 있다. 하나님 나라는 죽어서 가는 천국만이 아니다. 지금 우리는 하나님 나라를 이 땅에서부터 사는 것이다. 그러므로 하나님 나라는 예수 그리스도의 십자가 죽음과 부활사건을 통하여 믿는 자들이 '지금 여기(now and here)'에서 하나님 나라를 사는 것이다. 동시에 예수 그리스도를 믿는 사람은 '이미(already)'와 '아직(not yet)' 사이에 살고 있다. 우리는 믿음으로 이미 하나님 나라의 삶을 살지만 아직 충분하게, 완전하게 하나님 나라를 살지 못하고 있다. 완전한 하나님 나라는 예수 그리스도께서 재림하실 때 가능하다. 하나님 나라는 하나님으로부터 하나님의 행동으로 시작되고, 하나님의 능력으로 이루어지는 나라다.

그래서 예수님은 모든 사람들에게 하나님 나라가 가까이 왔으니 회개하라고 외쳤다. 하나님 나라의 기준에 맞추라는 것이다. 하나님 나라 백성다운 품격과 수준으로 살라는 것이다. 누구나 회개하고 복음을 믿는 자는 하나님 나라의 백성이 될 수 있다. 여기서 중요한 것은 예수님은 부자에게만 회개하라고 하지 않으시고, 가난한 자에게도 회개하라고 말씀하셨다.

> 무엇이든지 밖에서 사람에게로 들어가는 것은 능히 사람을 더럽게 하지 못하되 사람 안에서 나오는 것이 사람을 더럽게 하는 것이니라 하시고. (마가복음 7:15-16)

그리고 예수님께서는 사람 안에서 나오는 것들에 대하여 자세하게 말씀하셨다.

속에서 곧 사람의 마음에서 나오는 것은 악한 생각 곧 음란과 도둑질과 살인과 간음과 탐욕과 악독과 속임과 음탕과 질투와 비방과 교만과 우매함이니. (마가복음 7:21-22)

예수님은 세상의 문제가 사회구조에도 문제가 있지만 인간 자체에 문제가 있다고 말씀하신다. 인간의 본래 적은 인간이 만든 상황이 아니라 바로 인간 자신이다. 그러므로 인간은 구원을 필요로 한다. 선한 것은 오직 하나님뿐이다. 탕자가 그의 아버지께 돌아가듯이 인간은 하나님께로 돌아가야 한다.

예수께서 대답하여 이르시되 진실로 진실로 네게 이르노니 사람이 거듭나지(Jerusalem Bible: born from above; New Living Translation: born again; New International Version: born again) 아니하면 하나님의 나라를 볼 수 없느니라. (요한복음 3:3)

예수님은 하나님 나라로 들어가려면 '위로부터(from above)', '다시 태어남(born again)'으로서 새로 지음받아야 한다고 말한다. '위로부터'는 '하늘로부터' 또는 '성령으로'라는 뜻이다. 인간은 절대 스스로 구원을 얻을 수 없다.

그러므로 하나님 나라는 사람이 자신을 의지하지 않고 그리스도 안에서 살아갈 때 이기적인 자기중심성에서 벗어나 다른 사람의 어려움을 생각하며, 다른 사람을 자신보다 낫게 여기고, 이 세계를 '중독'시키는 이기적 욕망으로부터 자유로워지는 새사람이 될 것을 말하고 있다. 따라서 함께 믿음이 성숙되어 간다는 것은 예수 그리스도로 인해 새사람 된 주의 제자들이 모인 신앙공동체인 교회가 오실 하나님 나라를 바라보며 이 세상을 하나님 나라로 치열한 노력을 통해 만들어가는 것이다.

3) 함께 기도하는 하나님 나라

복지선교를 통해 구현될 하나님 나라는 개인이나 소수의 뜻만이 아닌 하나님의 뜻을 찾고자 꾸준히 기도하는 공동체이다. 기도는 영적인 호흡이며 그리스도인의 삶이 그리스도인답게 하는 원동력이다. 공동체적 삶 속에서 개인과 공동체 모두가 하나님과의 깊은 만남을 체험해 가며 공동체 구성원들이 보다 밝은 마음을 키워 가기 위해서는 기도가 반드시 필요하다.

그래서 예수님께서 가르쳐 주신 주기도문 중에서 "나라가 임하시오며."라고 기도할 때, 그 '하나님의 나라'를 이 땅에 임하게 하는데, 여기에서 교회가 감당해야 할 구체적인 소명을 인식하고, 고백하며, 실천하겠다는 '헌신(Commitment)'을 하게 된다. 결국 '하나님의 나라' 또는 '하늘나라'는 구름 속이나 인간의 마음속에만 머물러 있는 것이 아니라 교회를 매개로 해서 이 땅에 등장하는 것이다.

무엇보다 새롭고 거룩한 하나님의 백성은 세계사의 잘못된 길에 서 있는 모든 사람들의 희망이 되어야 한다. 교회는 변화된 삶을 살며 변화를 일으키는 새로운 집단으로서 세계를 동요시키고 전복하며 하나님의 혁명을 선포하고 촉진하는 새로운 하나님의 백성으로 등장해야 한다. 이 일을 위해서는 기도가 있어야 한다. 하나님 나라는 기도로 시작해서 기도로 끝을 맺는다.

4) 나눔과 섬김의 하나님 나라

하나님 나라는 함께 생활하면서 서로 섬기며 사랑의 나눔을 지속적으로 실천해 가는 공동체이다.

예수를 믿지 않는 사람들에게 복지선교 실천을 통해 참된 나눔과 섬김의 모습을 보여주어야 한다. 그렇게 함으로써 이 세상이 보다 아름답게 만들어지도록 하는 구체적인 전략과 방법으로서 복지선교는 크게 기여할 수 있다.

세상은 하나님 나라를 실험하는 현장이다. 인간은 경쟁과 증오, 전쟁을 낳는 질서를 폐기하고, '모든 사물의 새로운 질서' 즉 평화를 추구할 때에만 사랑을 실천할 수 있다. 그래서 복지선교는 고통을 감소시키고, 상처를 치유하며, 사회적 보상을 하는 것일 뿐만 아니라, 새로운 삶과 새로운 공동체 그리고 자유로운 세계인 하나님 나라를 이루어 나가는 것이다. 그래서 복지선교는 인간에게 나타나는 고통뿐만 아니라 인간의 진정한 미래라고 할 수 있는 하나님 나라를 지향한다. 하나님 나라에 대한 소망이 없다면 복지선교는 그저 보상하고, 회복시켜 주는 역할을 하는 이상(理想) 없는 사랑이 되고 만다. 복지선교가 없이는 하나님 나라에 대한 소망은 단지 요구하고 고발이나 하는 사랑 없는 유토피아가 되고 만다.

그래서 복지선교는 사랑을 소망과 관련시키고, 하나님 나라를 구체적인 필요와 관련시키는 것에서 나타난다. 하나님 나라에 대한 소망이 없는 복지선교는 기독교적이라고 규정될 수 없고, 실천과 이론에 있어서 현대 사회복지제도 아래 또 하나의 일반적인 사회복지실천에 불과하게 된다. 그러나 하나님 나라에 대한 소망에 의해서 수행되는 복지선교는 기독교적으로 되지 않을 수 없고, 사회적 보상에 그치지 않으며, 인간적 공동체를 새롭게 갱신하는 근거이자 하나님 나라의 완성을 목표로 하는 하나님 나라를 실험하는 것으로 나아간다.

이러한 복지선교를 실천하는 교회는 하나님 나라를 실현해 나가는 전진기지이며 거점이 된다. 그런 교회는 진정으로 세상의 빛과 소금이 된다. 그렇다면 한국교회가 꿈꾸어야 하는 복지선교는 어떤 모습이어야 할까?

(1) 생명의 복지선교

하나님 나라를 선포하는 성경의 중심사상은 인간의 생명이다. 하나님의 창조사역의 핵심은 생명(Life)이다. 하나님의 창조과정을 보면 인간의 생명에 필요한 모든 복지적 조건을 마련(창조)한 후에 비로소 생명을 창조하셨다. 곧 인간에게서 가장 소중한 것은 생명 자체라는 사실을 분명히 하셨다.

인간 최초의 지역사회는 생명을 보호하고, 지지하며, 번영하게 하는 생명의 지역사회였다. 그러므로 그곳에는 '생명나무'와 '생명의 강'이 흐르도록 하였다. 최초의 인간과 하나님의 관계는 생명의 관계였다. 그러나 인간이 하나님께서 소중히 여기셨던 생명에 대한 파괴행위를 초래하면서 최초의 불복종이 시작되었다.

예수님의 대속(代贖) 사역도 역시 인간의 생명구원이었다. 그래서 자신의 속성을 "길이요, 진리요, 생명이다."라고 말씀하셨다. 자신을 '생명의 떡', '생명의 물'로 지칭함으로써 하나님 나라에서 가장 소중한 것은 '인간의 생명'임을 거듭 강조하셨다. 생명의 '교회 사회봉사'는 하나님의 최대관심인 인간의 생명을 발견하는 일이다. 이런 관점에서 지역사회는 하나님의 생명이 사는 곳이며, 생명의 공동체인 교회는 이 생명을 발견하기 위하여 지역사회로 나아가야 한다.

(2) 사랑의 복지선교

생명 창조에서 하나님은 생명이 사랑이라는 조건이 주어질 때 생명다워지며 또 생명이 번창하게 됨을 전제로 하셨다. 그러므로 생명의 창조주이신 하나님은 또한 사랑의 본체가 되셨다. 성경은 그리스도인을 "사랑하는 자들아."라고 불렀고, 사랑을 통해서 하나님을 볼 수 있다고 말씀하신다. 하나님은 인간의 생명에다 사랑 이외의 것(예: 시기, 갈등, 증오, 거짓, 권모, 술수, 교만 등)을 먹이면 생명이 파괴된다는 사실을 신구약 성경 전체를 통해서 분명히 밝히고 있다. 예수님도 내가 너희를 사랑한 것같이 너희도 서로 사랑하라고 강권하셨다. 지역사회의 생명을 대하는 교회 공동체는 사랑을 실천하는 책임 공동체가 되지 않을 수 없다. 세속사회의 사회봉사와 복지선교의 차별성은 바로 이러한 '생명이 사랑의 대상'이라는 복음적 진리를 갖고 있다는 데 있다.

(3) 섬김의 복지선교

이제 굶주린 지역주민의 생명에다가 누가 그리스도의 사랑을 먹여줄 것인가라는 구체적인 섬김의 문제가 나타난다. 인간의 생명을 발견하고, 그 생명 사랑의 필요성을 깨닫고, 인정하는 일은 복음의 선포에서 이루어진다. 그렇다면 이 선포된 하나님의 생명에다가 그리스도의 사랑으로 먹여 주는 봉사의 행동, 곧 복음의 실천이 중요한 과제로 대두된다. 예수님은 자신이 세상에 온 목적을 자신의 생명을 주기까지 인간을 사랑하사 섬기려 왔지 섬김을 받으러 온 것이 아니라고 천명하셨다. "사람이 친구를 위하여 자기 목숨을 버리면(섬기면) 이보다 더 큰 사랑이 없나니(요한복음 15:13)."라고 말씀하신 내용은 하나님 나라에서 생명에다 사랑으로 봉사하는 것이 복음의 선포이며 실천이라는 사실을 말해주는 것이다.

따라서 교회는 지역사회 내에 어떤 생명들이 어떤 사랑(의 · 식 · 주, 의료, 교육, 직업 · 수입유지, 보호, 오락 · 휴식, 영적 상담 등)을 원하는지 귀로 듣고, 눈으로 보고, 입으로 묻고, 손으로 만져 지역의 욕구를 파악하고, 이에 따라 구체적인 복지선교 실천을 펼쳐야 한다. 그리고 작은 자에게 물 한잔을 내 이름으로 대접한 것이 곧 나를 대접한 것이라고 하신 예수님의 말씀을 깨닫고 실천에 옮겨야 할 것이다.

TALK

1. 하나님 나라 중심의 복지선교란 무엇인가?
2. 복지선교를 통해 실현될 각자의 하나님 나라를 이야기해보자.

제14장
성경적 결혼을 소망한다!

인생은 다양하다. 그 속에서 사는 사람들의 삶도 다양하다. 다소 시간이 흘렀지만 2003년 여름, 젊은이들의 뜨거운 관심과 주목을 받으며 개봉된 영화가 있었다. 영화 제목은 '싱글즈(Singles)'였다. 이 영화는 결혼에 얽매이지 않는 자유로운 삶 속에서 살아가는 젊은이들의 사랑과 우정, 갈등을 그린 영화로 젊은 세대들로부터 폭발적인 인기를 얻었다. 이 영화에 대한 젊은 세대의 엄청난 반응은 곧 현대사회의 성향과 흐름을 반영한다고 볼 수 있다.

통계청(2010)에 의하면 2000년 220만 가구였던 우리나라의 1인 가구 수는 2005년 317만, 2010년에는 410만 가구로 늘어났다. 10년 만에 배가 뛴 것으로 다섯 가구 중 한 가구가 1인 가구인 셈이다. 늦은 결혼, 이혼 증가, 독신 생활 등으로 혼자 사는 사람이 급격하게 늘어나면서 생긴 일이다. 부모 혹은 부모 외의 가족과 함께 거주하는 '싱글 맘, 싱글 대디'까지 합치면 최소한 500만은 족히 넘을 것이다.

2005년 조선일보와 리서치플러스가 30~40대 싱글 328명을 대상으로 실시한 독신자들의 가치관 성향을 보면, 그들이 인생에서 가장 중요하게 여기는 것들은, 건강(44%), 돈(19%), 자아실현(14%)의 순으로 나타났고, 가족(12%)과 결혼(7%)은 우선순위에서 밀렸다. 그러나 "앞으로 결혼할 계획이 있느냐?"는 질문에 대해서는 남성 65%와 여성 40.5%가 "계획은 없지만 결혼할 의사는 있다."고 대답했다(조선일보, 2005).

전 세계적으로 독신이 하나의 가족 형태로 뿌리를 내리고 있다. 그러나 독신 생활의 현실을 보면 미국의 인기 시트콤 '프렌즈(Friends)'나 '섹스 앤 더 시티(Sex and the City)'에 나오는 '싱글즈'처럼 '화려한 싱글즈'만 있는 것이 아니다.

근사해보이는 생활 뒤에는 처절한 현실을 감내해야 하는 '초라한 싱글즈'가 대다수이다. 무엇보다 '화려한 싱글'로 살기 위해서는 재정적 여유와 안정된 직장이 따라줘야 하는데 현실은 만만치가 않다. '퇴근 후 빈집으로 들어가 불을 켤 때 느끼는 고독함, 주말 저녁에 불고기와 냉면이 먹고 싶어도 혼자라서 주저해야 하는 외로움' 등도 '싱글'들이 견뎌야 할 힘든 현실의 문제들이다.

그렇다면 기독교는 결혼에 대해 무엇이라고 말하며 기독교적인 결혼생활은 어떠해야 하는가? 이번 장은 바로 이와 같은 질문에 대해 성경적 해답을 찾아가는 내용으로 구성될 것이다.

내용검색 검색

구약성경에서 결혼은 하나님이 정하신 제도이며 '창조의 질서'임이 분명하게 천명된다. 그러므로 남녀가 결혼해서 가정을 이루어 자녀를 낳고, 일을 해서 세상을 꾸려 나가는 것은 인간에게 주어진 하나님의 사명이다. 물론 신약성경의 입장은 조금 다르다. 가령 사도 바울은 초기 기독교 시대의 대표적인 독신주의자였다. 그는 "결혼하는 자도 잘하거니와 결혼하지 아니하는 자는 더 잘하는 것이니라(고린도전서 7:38)."라고 가르쳤다. 그 후 교회는 중세에 이르기까지 사도 바울의 영향으로 경건한 신앙생활을 위해서 독신을 선호하는 경향이 강했다. 가톨릭 성직자들의 독신주의도 여기에서 비롯되었다.

그런데 주목해야 할 것은 사도 바울의 독신주의에는 특별한 이유가 있었다는 사실이다. 당시 사도 바울을 포함한 초대 기독교인들은 세상의 종말이 임박했다는 신앙을 가지고 있었다. 사도 바울은 가정을 가진 사람보다는 독신으로 사는 것이 임박한 세상의 종말을 준비하기가 용이하다는 생각에서 독신주의를 주장한 것이다. 그러면서도 사도 바울은 독신주의는 자신의 개인적 의견이며 결혼을 하고 안하는 것은 개인의 문제이지 죄와는 관계없다고 분명히 말한다(고린도전서 7:28).

1. 성경적 결혼관[6)]

인생에는 몇 가지 중요한 선택이 있다. 그 선택을 얼마나 잘하느냐에 따라 삶의 행복과 성공이 좌우된다. 그 중요한 선택의 하나가 결혼이다.

1) 결혼 : 하나님의 경영하심

신약성경 〈마가복음〉 10장 6절부터 9절까지 보면, 사람의 남녀 됨과 부부관계, 결혼생활이 창조세계에 대한 하나님의 경영과 직결되어 있다고 말한다.

> 창조 때로부터 사람을 남자와 여자로 지으셨으니 이러므로 사람이 그 부모를 떠나서 그 둘이 한 몸이 될지니라. 이러한즉 이제 둘이 아니요 한 몸이니 그러므로 하나님이 짝지어 주신 것을 사람이 나누지 못할지니라 하시더라. (마가복음 10:6–9)

---

6) 성경적 결혼관에 대한 통찰과 내용은 김재영(2010)의 《기독교 세계관 여행: 하나님 나라의 자유를 찾다》 중에서 일부(pp. 147-173)를 발췌하여 요약·정리하였음을 밝힌다.

즉, 구약성경은 결혼의 의미를 '남자가 부모를 떠나 그 아내와 연합하여 둘이 한 몸이 되는 것'이라고 정의하고 있다(창세기 1:27; 2:24-25). 창조주 하나님은 특히 땅을 가꾸고 경작하는 일에 사람을 두셨다. 이 일을 단 한 사람에게만 맡긴 것이 아니라 최초의 부부로부터 출발해서 모든 인류에게 이 일을 맡기셨다. 이 속에 남녀의 존재, 특히 부부관계와 결혼생활이 지니고 있는 중요한 의미가 담겨있다.

창세기 앞부분을 보면, 하나님이 창조하신 이 세상의 정점에 사람이 있고, 그 사람이 남자와 여자로 구분되어 있음을 명시한다. 그리고 이 남자와 여자는 "생육하고 번성하여 땅을 정복하고 다스리며 보살피라."는 하나님의 명령과 긴밀하게 연결되어 있다.

> 하나님이 자기 형상 곧 하나님의 형상대로 사람을 창조하시되 남자와 여자를 창조하시고 하나님이 그들에게 복을 주시며 하나님이 그들에게 이르시되 생육하고 번성하여 땅에 충만하라, 땅을 정복하라, 바다의 물고기와 하늘의 새와 땅에 움직이는 모든 생물을 다스리라 하시니라. (창세기 1:27-28)

이 명령을 잘 읽어 보면, 하나님께서 맡겨 주신 그 땅이 사람의 생육 활동과 수풀, 삼림, 동식물, 새들과 어류들을 다스리는 일을 바탕으로 제시되어 있음을 알 수 있다. 하나님께서 문화명령을 통해서 원하셨던 것은 그 환경 가운데서 사람의 활동 자체, 사람의 생육과 관리와 경영, 그리고 거기에서 생겨나는 문화와 그 창작물이었음을 알 수 있다. 다시 말해 땅을 가꾸고, 다스리고, 정복하는 일은 인간 자신의 생육과 활동, 그리고 발전과 관련되어 있다. 그러므로 어떤 면에서는 인간의 생육과 활동, 발전과 번영이 그 명령의 핵심이다. 땅의 개발과 가꾸기 자체가 목적이 아니다. 땅의 개발과 가꾸기는 사람의 활동과 샬롬(평화 혹은 평안)의 일환이다.

하나님께서는 사람에게 이 일을 맡기실 때에 남자와 여자를 만드시고 남녀를 부부로 맺어 주시고 그들 가운데서 자녀들이 태어나고 성장하게 하심으로써 이 일을 감당하게 하셨다. 말하자면 남녀, 부부를 중심으로 이루어진 가정이 창조 사역과 땅을 돌보는 일의 가장 기본적인 매개체가 되게 하셨다.

하나님의 형상인 한 개인도 물론 이 세상의 문화와 삶의 양식을 발전시키며 그것들을 후세에 전달하는 기본적인 단위가 될 수 있지만, 남자와 여자로 맺어진 부부야말로 실질적으로 발전과 전달에서 가장 기본적이며 영속적인 기본을 이룬다.

바로 여기에서 현대인들이 갖고 있는 '성(性)'과 결혼, 결혼생활에 대한 인식과 성경적 관점 사이에서 불일치가 발생된다. 오늘날 우리 사회는 성을 문화적인 것과는 거의 무관한 자연적이며 본성적인 것으로 이해한다. 원초적 본능을 해결하거나 억제하는 식으로 성에 대해 이해하는 것이다. 혹은 '부부'라는 사회적 합의에 따라 도덕적이며 윤리적인 차원에서 주로 이 문제에 접근한다.

그런데 성경은 이 문제를 하나님의 창조세계에 대한 계획과 섭리에 따른 피조물들과의 관계 안에서 다룬다. 이것을 달리 말하면 성이라는 문제, 남녀문제, 부부문제, 결혼문제, 가정문제를 신학적 차원에서 다루고 있다는 것이다. 여기에서 신학적 문제라고 하는 것은 하나님과 관련된 주제라는 의미이다. 그것은 단지 생물학적인 문제도 아니고 본능적인 욕구문제도 아닐 뿐더러 부부관계에 대한 의무를 논하는 도덕적 차원도 아니라는 것이다. 하나님의 창조 계획과 섭리, 창조세계에 대한 하나님의 경영하심과 관련되어 있다.

2) 결혼 : 하나님의 특별한 선물

남편과 아내와의 관계에 대한 창세기 2장의 설명은 매우 특이하다. 창세기 2장 18절부터 25절까지에서 결혼에 대한 몇 가지 특징을 찾을 수 있다.

첫째, 결혼은 하나님의 생각과 배려에서 나온 것이다. “여호와 하나님이 이르시되 사람이 혼자 사는 것이 좋지 아니하니 내가 그를 위하여 돕는 배필을 지으리라 하시니라(창세기 2:18).” 아담의 배필로서 하와는 하나님의 배려로 주어진 특별한 선물이다. 여기에서 부부관계는 하나님에게서 비롯했음을 알 수 있다.

둘째, 아담의 배필은 아담의 맞수, 맞상대로 지음받았다. 아담보다 낮은 다른 생물들은 아담의 배필이 아니었다. “모든 가축과 공중의 새와 들의 모든 짐승들” 중에는 아담을 도울 수 있는 배필이 없었다(창세기 2:20). 하와는 아담보다 못한 자가 아니라 아담과 어울리는 동급이었다.

셋째, 그 배필은 아담의 일부로 이루어졌다. “여호와 하나님이 아담을 깊이 잠들게 하시니 잠들매 그가 그 갈빗대 하나를 취하고 살로 대신 채우시고 여호와 하나님이 아담에게서 취하신 그 갈빗대로 여자를 만드시고 그를 아담에게로 이끌어 오시니(창세기 2:21-22).” 이 갈빗대라는 말 때문에 정말 여러 가지 억측이 많이 나왔다. 그런데 더 정확히는 갈빗대가 아니라 측면 옆구리 전체를 뜻한다. 그리고 갈빗대 하나가 아니라 “옆구리에서 한 움큼을 떼어냈다.”는 뜻이다. 큰 덩어리를 떼어냈다는 말이다. 아마도 거의 아담의 절반에 해당할 정도로 많은 양일 것이다. 단지 갈빗대 한 개가 아니라 남자의 절반이 여자라는 의미인 것이다. 그래서 남자와 여자가 부부로서 맺어지는 것은 하나가 된다는 뜻이기도 하다. 부부는 하나이며 또한 하나가 되어 간다.

3) 결혼 : 하나님의 언약

성경은 결혼을 하나의 시작으로만 보지 않고 지속적으로 서로 사랑해야 할 언약의 공동체임을 말한다. 특히 예수님께서는 이렇게 말씀하셨다.

> 창조 때로부터 사람을 남자와 여자로 지으셨으니 이러므로 사람이 그 부모를 떠나서 그 둘이 한 몸이 될지니라. 이러한즉 이제 둘이 아니요 한 몸이니 그러므로 하나님이 짝지어 주신 것을 사람이 나누지 못할지니라 하시더라. (마가복음 10:6-9)

이렇게 예수님께서는 모세가 전한 창세기의 하나님 말씀을 다시 인용하면서 중요한 해석, “그러므로 하나님이 짝지어 주신 것을 사람이 나누지 못할지니라.”를 덧붙이셨다. 이 부연 설명이자 선언의 중요한 의미는, 하나님이 대표적으로 아담과 하와를 짝지어 주셔서 "남자와 여자는 이렇게 짝을 짓는 것이다!"라고 예를 보여주시는 것에 그치는 것이 아니라 각 부부마다 "하나님이 짝지어 주신 것."이라고 적용하셨다는 데에 있다. 구체적으로 총각 아무개와 처녀 아무개가 결혼하여 짝을 짓게 되는 것, 그리하여 부부가 되어 사는 것이야말로 하나님께서 맺어주신 결과라는 것이다. 즉, 결혼하는 한 커플 한 커플마다 하나님이 짝지어 주신다는 선언이다.

주님의 이 선언은 결혼이 하나님의 언약임을 보여준다. 창세기 2장 24절에서 "그의 아내와 합하여."라는 표현은 육체적인 성관계로 한 몸이 되었음을 뜻한다기보다는 더 근원적으로 남편과 아내의 언약 관계를 의미한다. 남편과 아내를 언약으로, 언약을 통해서 하나로 맺어 주셨다는 말이다. 언약 관계란 부부가 몸으로는 떨어져 있다가 성관계를 갖는 그 순간에만 한 몸이 된다는 뜻이 아니라 남편과 아내가 지속적인 관계로서 하나 됨을 뜻한다. 그리고 하나님은 남편과 아내의 언약식(결혼식)의 '집례자'가 되셨다. 다시 말해서, 하나님은 아담과 하와를 남편과 아내라는 언약 관계로 인도하시고 맺어 주심으로써 그들의 혼인을 주관하셨다는 뜻이다. 바로 이 점에서 하나님이 짝지어 주신 것이다. 짝지어 주심은 언약을 말한다.

언약은 사람이 자기 존재를 걸고 사람끼리 맺는 약속이다. 자기 인격의 헌신과 상대방에 대한 신뢰가 걸려 있다. 신뢰가 없는 사람끼리는 언약을 맺지 않는다. 그리고 일단 언약을 맺으면 그것을 지키려는 신뢰가 있어야 한다. 또한 언약 관계는 단기간의 관계가 아니라 평생의 관계다. 죽을 때까지 이어진다. 그리고 믿음을 통해 이루어지는 그리스도와의 언약은 영원히 지속된다.

언약으로서의 결혼 관계는 죽을 때까지 평생토록 이어지는 약속이며 헌신이다. 그러므로 만일 언약이 깨지면 인격에 커다란 금이 가고 심각한 상처가 생긴다. 성경에서는 언약이 깨지는 일을 주로 죽음으로 다루었다. 또한 언약은 인격적이며 지속적으로 이루어지는 약속의 관계, 의리의 관계다. 그러므로 특히 혼인 언약의 핵심적인 덕목은 지속적으로 이루어지는 상호 보호와, 상호 섬김, 상호 복종, 상호 존경이다.

2. 기독교인의 결혼생활

하나님의 경영하심 가운데에 주어진 특별한 선물이자 언약의 결과로서 결혼을 이해하게 되면 기독교인의 가정, 기독교인의 부부 관계는 하나님께서 주신 소중한 소명이 된다. 그래서 심지어 사도 바울은 진정한 언약의 표상인 그리스도와 교회의 관계를 기독교인 부부 관계에 적용시키며, 실제로 그렇게 되기를 바란다. 〈에베소서〉에 나오는 부부 관계에 대한 그의 설명과 권면을 보라. 〈에베소서〉 5장 21절부터 23절까지, 그리고 25절, 이어서 31절부터 33절까지 말이다.

> 그리스도를 경외함으로 피차 복종하라. 아내들이여 자기 남편에게 복종하기를 주께 하듯 하라. 이는 남편이 아내의 머리 됨이 그리스도께서 교회의 머리 됨과 같음이니 그가 바로 몸의 구주시니라. …… 남편들아 아내 사랑하기를 그리스도께서 교회를 사랑하시고 그 교회를 위하여 자신을 주심 같이 하라. …… 그러므로 사람이 부모를 떠나 그의 아내와 합하여 그 둘이 한 육체가 될지니 이 비밀이 크도다. 나는 그리스도와

> 교회에 대하여 말하노라. 그러나 너희도 각각 자기 아내 사랑하기를 자신같이 하고 아내도 자기 남편을 존경하라.
>
> (에베소서 5:21-23, 25, 31-33)

이렇게 사도 바울은 그리스도께서 자기를 다 드려 교회를 건져내시고 자기 것으로 삼아 사랑으로 보살피듯이 남편도 아내에게 그렇게 해야 하고, 교회가 그리스도에게 순종하고 헌신하듯이 아내도 그렇게 해야 한다고 강조한다.

결국 사도 바울에 의하면, 그리스도와 교회의 관계가 남편과 아내 관계의 모델이다. 그리고 우리가 그리스도의 모범을 따르는 이유는 우리가 그리스도와의 언약 관계로 맺어져 있기 때문이다. 그래서 부부 관계 즉, 부부로서 하나로 생활해 나가는 모든 삶의 바탕은 우리가 그리스도와 맺은 새 언약 관계에 근거한다. 우리가 그리스도와 하나가 되었기 때문에 성령을 힘입고 그리스도를 본받아서 믿음으로 행하는 모든 일이 남편으로서 혹은, 아내로서의 생활에서 그대로 적용된다. 언약 안에서 한 몸으로 맺어진 부부는 결혼을 한 이후부터는 함께 본능과 몸과 삶을 나누며 하나가 되어 살아가기 때문에 부부 생활이야말로 부부가 누리는 믿음의 현장이자 바로 그 실체가 된다.

그렇다면 기독교인의 결혼 생활은 어떠해야 하는가? 남편과 아내가 서로 하나님의 형상임을 인정하고 존중해야 한다. 하나님께서 사람을 하나님의 형상대로 창조하실 때에 남자와 여자로 창조하셨기 때문이다. 이 말은 남자도 하나님의 형상이며, 여자도 하나님의 형상이라는 말이다. 하나님께서는 남자와 여자를 하나님의 형상으로 만드시고, 서로 협력하여 하나되어 함께 하나님의 사명을 감당하는 자들로 부르셨다. 남자와 여자는 생육하는 일을 서로 도울 뿐 아니라 하나님의 형상으로서 서로를 계발하고 함양하는 일을 서로 돕는다.

남녀는 서로에게 하나님의 형상을 드러내는 사랑의 대상이다. 드러내면 드러낼수록 각자가 더욱 영광스러운 형상으로 변하도록 돕는 특수한 동반자이다. 따라서 이 세상 속에서 기독교인의 결혼생활은 그리스도의 새 언약 안에서의 새로운 소명이다. 서로를 세워 나가는 소명 말이다. 그 소명을 삶 가운데서 감당하며 살 때, 결혼생활과 기독교인의 가정은 세상의 가정들에게 소망의 빛이 되고, 모범이 될 것이다.

3. 행복한 결혼 생활의 세 가지 원리

행복한 결혼 생활을 위한 지침서와 참고서는 서점과 인터넷에 넘쳐나고 있다. 그러나 가장 기초적이고 위대한 원리는 성경 속에 있다. 성경은 인간에게 필요한 영원한 가치가 세 가지 있다고 가르친다. 그 세 가지는 믿음, 소망, 사랑인데 그중에서도 가장 중요한 가치는 사랑이다.

> 그런즉 믿음, 소망, 사랑, 이 세 가지는 항상 있을 것인데 그중의 제일은 사랑이라. (고린도전서 13:13)

이 구절은 인간의 삶에 있어서 가장 중요한 핵심 원리이며 동시에 결혼 생활의 원리라고 할 수 있다. 이 구절이 제시하는 믿음, 소망, 사랑의 세 가지 원리의 의미를 생각해보자.

1) 믿음

믿음은 하나님을 대상으로 하는 신앙과 인간을 대상으로 하는 신뢰로 구별할 수 있다. 행복하고 평안한 삶은 명예나 권력, 또는 물질에서 얻을 수 있는 것이 아니라 하나님에 대한 신앙과 사람(사회)에 대한 신뢰로부터 오는 것이다. 한자어로 믿음을 뜻하는 신(信)은 사람(人)과 말씀(言)이 결합된 단어이다. 즉 신앙이란 하나님의 진리의 말씀을 믿고 의지하는 것이고, 신뢰란 인간의 말을 믿고 의지하는 것을 의미한다. 행복한 부부는 첫째, 하나님의 말씀을 믿는 신앙심이 있어야 하고, 둘째, 서로의 말을 신뢰할 수 있는 관계가 되어야 한다. 그러므로 부부는 자신의 말에 신중해야 하고 책임의식을 가져야 한다.

2) 소망

신앙의 눈은 현실의 절망과 어려움 속에서도 소망으로 앞을 바라보게 한다. 그러므로 신앙의 눈을 가진 사람들은 현실의 어떤 어려운 상황 속에서도 결코 희망을 잃지 않고 미래를 바라보는 긍정적 태도를 지닌 미래지향적 사람들이다. 매사에 긍정적 희망을 잃지 않는 사람들은 가정과 사회를 행복하게 만든다. 그러나 매사에 부정적이며 소망이 없이 사는 사람들은 자신과 이웃을 불행하게 만든다. 그러므로 부부가 긍정적으로 서로를 이해하고 협력하며 현실의 어려움 속에서도 공동의 소망을 만들어 가는 가정이 진정으로 행복한 가정이다.

3) 사랑

신약성경은 세상에 영원한 가치가 세 가지 있는데 그것은 믿음, 소망, 사랑이며 그중에 가장 중요한 것은 사랑이라고 가르친다. 모든 삶의 가치와 원리는 사랑의 기초 위에 세워져야 한다. 그 사랑이 가장 먼저 적용되어야 할 장소가 가정이다. 그런데 고린도전서 13장에서 의미하는 사랑은 우리가 이해하는 감정적 사랑이 아니라 예수 그리스도의 아가페 사랑이다. 예수 그리스도의 아가페 사랑의 특징은 다음의 몇 가지로 요약할 수 있다.

① 행동(action)하는 사랑 : 예수님은 자신의 사랑을 행동으로 실천하기 위해 세상으로 내려오셨다.
② 무조건적 사랑 : 예수님의 사랑은 조건을 따지지 않는다.
③ 능동적 사랑 : 예수님은 세상이 그분을 알기 전에 먼저 세상을 사랑하셨다. 예수님께서는 "남에게 대접을 받고자 하는 대로 너희도 남을 대접하라(누가복음 6:31)."고 가르치셨는데 이 가르침을 인간관계의 '황금률'이라고 부른다.
④ 희생의 사랑 : 예수님은 자신의 생명을 십자가 위에서 희생하심으로 세상을 구원하셨다.
⑤ 감정이입(empathy)의 사랑 : 예수님은 죄인과 병자들의 삶 속으로 들어가 그들의 고통과 슬픔을 함께 나누셨다.

부부의 사랑이 인간적인 사랑의 수준으로부터 예수 그리스도의 아가페 사랑의 수준으로 도약할 때, 부부는 진정한 사랑과 행복의 기쁨을 경험하게 될 것이다. 신약성경의 고린도전서 13장은 '사랑의 장'으로 유명한 장이다. 사도 바울은 고린도전서 13장 4절에서 7절까지에서 모든 행복한 인간관계의 기초가 되는 아가페 사랑의 구체적인 실천 방법을 다음과 같이 제시하고 있다.

> 사랑은 오래 참고 사랑은 온유하며 시기하지 아니하며 사랑은 자랑하지 아니하며 교만하지 아니하며 무례히 행하지 아니하며 자기의 유익을 구하지 아니하며 성내지 아니하며 악한 것을 생각하지 아니하며 불의를 기뻐하지 아니하며 진리와 함께 기뻐하고 모든 것을 참으며 모든 것을 믿으며 모든 것을 바라며 모든 것을 견디느니라. (고린도전서 13:4-7)

TALK

1. 성경적 결혼관에 대해 말해보자.
2. 기독교인의 결혼생활은 어떠해야 할까?
3. 행복한 결혼생활의 원리는 무엇인가?

제15장
하나님 나라는 이 땅에 있다

'천국' 혹은 '하나님 나라'라는 말은 참으로 아득해 보인다. 오늘날 대부분의 기독교인들에게 '천국'은 미래의 천국이다. 천국은 시간적으로 먼 미래에 들어가게 될 하나님의 나라이다. 지금은 신앙생활을 잘하면 되는 것이고 신앙생활을 잘하다가 죽었을 때에 드디어 들어가게 되는 나라이다. 하지만 하나님 나라는 미래에만 존재하는 그런 관념적인 나라가 아니다.

하나님 나라는 예수 그리스도를 믿는 신자의 마음속에 평강과 기쁨으로 채워지는 '심상(心想) 천국'으로 시작하여 이 땅에 하나님 나라를 만들어가는 '지상(地上) 천국'을 거쳐 영원하면서 완전한 하나님 나라인 '천상(天上) 천국'을 포괄하는 개념으로 이해해야 한다. 이렇게 볼 때, 하나님 나라는 단지 죽음 이후의 세계로만 한정 지을 수 없다.

성경에 의하면 교회의 본질과 사명은 예수 그리스도에게서 위임받은 하나님 나라의 사역을 실천하는 일이다. 그것은 개인의 영혼구원은 물론 사회구원, 자연의 구원, 종교(교리와 신학)와 질병과 죽음으로부터의 해방을 포함하는 온전한 복음의 진리를 선포하는 것이다. 이러한 교회는 "하나님 나라가 가까이 왔다."는 임박한 종말을 선포하고 가르치는 종말론적 공동체와 하나님 나라의 도래를 위하여 세상의 악과 싸우는 해방 공동체이다. 다시 말해서 교회는 종말론적 희망 속에서 하나님 나라의 복음을 선포하고 하나님 나라의 실현을 위하여 일해야 한다.

또한 교회는 본래 예수 그리스도와 함께 시작되었고 오순절 성령강림사건을 통해서 태동된 은사 공동체이다. 그것은 교회가 성령 체험에 근거한 신앙 공동체라는 것을 의미한다. 교회의 교회됨은 하나님 체험(혹은 성령 체험)을 통해서 역동적 신앙과 체험적 신앙을 회복할 때 가능하다. 그러므로 교회는 성령 체험을 강조하는 은사 공동체로 거듭나야 한다. 성령 체험이 없는 교인은 소명감이 없고 구원에 대한 확신이 없기 때문에 미지근한 신앙생활을 한다. 따라서 교인들은 말씀의 선포, 성경연구, 기도모임, 사회봉사를 통하여 하나님을 만나는 영적 체험을 풍성하게 해야 한다.

성령의 은사는 이미 오순절 성령강림사건을 통해서 하나님의 백성들에게 주어졌으며 하나님 나라의 실현을 위해 세상의 권세와 싸우는 영적 무기로써 세계를 향한 선교와 봉사의 행위를 통해서 나타나야 한다. 그러므로 교회는 하나님 나라의 사역을 효율적으로 실천하기 위해서 다양한 성령의 은사를 활용해야 한다. 특히 교회의 직무는 종교적 권력이 아니라 예수 그리스도가 위임한 하나님 나라의 사역과 관련되어 있기 때문에 성령의 은사에 따라서 정해져야 한다.

그래서 교회는 교인들의 은사를 잘 파악하여 그들이 자신의 은사에 따라서 하나님 나라 사역을 위하여 일할 수 있도록 해야 한다. 따라서 교회는 하나님 나라의 도래를 위하여 선택받은 종말론적 백성으로서 이 세상에서 예수 그리스도의 사역을 실현하는 공동체가 되어야 한다. 즉 교회는 모든 삶의 영역에 하나님의 사랑과 정의를 선포하는 종말론적 은사 공동체가 되어야 한다.

결국 교회는 이 땅에 하나님 나라를 이루어 가는 '전진 기지'일 뿐만 아니라 '천상 천국'과 '심상 천국' 그리고 '지상 천국'을 연결하는 거점 기관인 것이다.

1. '하나님 나라'와 '하나님 나라 운동'의 개념

예수님께서 사역을 처음 시작하시면서 제일 먼저 선포하신 말씀은 "하나님 나라가 가까이 왔다."는 것이었다. 예수님께서는 처음 공생애를 시작하실 때뿐만 아니라 부활하신 이후에도 제자들에게 '하나님 나라의 일'에 대해서 말씀하셨다(사도행전 1:3).

예수님은 길이나 시장에서, 회당이나 성전 또는 가정집에서 하나님 나라에 대해 말씀하셨고, 제자들에게 기도를 가르칠 때에도 "당신의 나라가 임하옵소서."라고 기도하라고 가르치셨다(마태복음 6:10). 심지어 사람들이 의식주를 위해 애쓰듯이 삶의 모든 영역에서 하나님 나라를 찾고 갈구하라고 하셨다(마태복음 6:33).

그래서 예수님의 복음은 하나님 나라를 선포하는 것이었고, 이런 맥락에서 복음화는 하나님 나라를 이루고자 노력해 나가는 모든 활동, 즉 하나님 나라 운동이라고 할 수 있다.

1) 하나님 나라의 개념

(1) 영역

예수님께서 세상에 오신 궁극적인 목적은 세상 속에서 하나님 나라를 실현하는 것이다. 하나님 나라는 하나님이 왕으로서 통치하시는 모든 영역을 가리킨다. 하나님의 통치권이 미치는 곳은 어디나 그의 나라이다. 하나님 나라가 '영역'을 말한다고 해서 반드시 가시적인 것을 의미하지는 않는다. 하나님 나라에는 세상 나라처럼 통치권이 미치지 못하는 국경선이 있는 것은 아니다. 하나님의 통치 영역은 보이지 않는 영적 실재이다. 그러므로 보이는 세계나 보이지 않는 영적 세계가 모두 하나님이 다스리는 통치영역이 된다(이한수, 1992).

(2) 통치

왕국에는 반드시 다스리는 왕이 있어야 한다. 하나님 나라를 다스리시는 왕은 말할 것도 없이 하나님 자신이다. 하나님 나라를 실현한다는 것은 모든 창조 영역에서 하나님만이 왕이 되시고, 다스리신다는 사실을 확증하고 드러내는 것을 뜻한다. 개인이나 가정이나 교회 또는 사회 속에서 모든 인간은 낮아지고 하나님만이 주인이 되시고 하나님이 친히 다스리시도록 하는 것이 하나님 나라를 실현하는 길이다. 하나님께서 왕으로서 다스리실 때만이 평화와 자유와 공의가 실현될 수 있다는 것이다.

(3) 구성원

예수님께서 세우시려고 하는 하나님 나라는 큰 군대와 정치적인 권력으로 오는 나라가 아니다. 그 나라는 하나님의 왕 되심을 인정하는 사람들로 구성되어 확장되어 가는 감추어진 나라이다. 장차 예수님께서 재림하실 때, 하나님의 왕 되심을 인정하지 않는 모든 세력들을 굴복시키고 영광스러운 왕국을 세우실 터이지만, 아직 그 나라는 세상 속에서 비밀로 남아있다(마가복음 4:11). 하나님 나라는 처음에는 작은 겨자씨와 같다(마가복음 4:30-32). 아무도 그것의 존재를 눈여겨보지 않는다. 작은 씨는 스스로 자라고 열매를 맺지만 사람들은 "어떻게 그리 되는지를 알지 못하느니라."고 하였다(마가복음 4:26-29). 마찬가지로 하나님 나라는 예수님께서 하나님의 아들 되심을 믿고, 그의 "말씀을 듣고 받아 삼십 배나 육십 배나 백 배의 결실(마가복음 4:20)."을 하는 사람들을 통해 확장되지만, 믿음이 없는 사람들은 그것을 눈에 보이는 실재로 경험할 수 없는 특성을 갖고 있다.

또한 하나님 나라는 아무나 들어갈 수 있는 나라가 아니다. 지금 하나님 나라의 실재를 인정하는 사람들만이 하나님 나라에 들어갈 수 있다. 예수님께서는 "하나님의 나라가 가까이 왔으니 회개하고 복음을 믿으라(마가복음 1:15)."고 설교하셨다. 회개하라는 말씀은 세상의 가치관에 따라 자기중심으로 살았던 삶을 포기하고 하나님께 주권을 이양하라는 뜻이다. 이제 하나님만이 왕이 되고, 주인 되게 하라는 뜻이다. 하나님 나라는 이렇게 주권을 이양하는 사람들에 의해 실현된다.

뿐만 아니라 “재물이 있는 자는 하나님의 나라에 들어가기가 심히 어렵도다(마가복음 10:23).”라고 하셨다. 부자들은 물질을 최고의 가치로 생각하기 쉽기 때문에 하나님 나라의 구성원이 되기 힘들다는 것이다. 이 말씀은 본래 예수님께서 어느 부자 청년과 대화하신 결과로 나온 교훈의 말씀이다. 예수님께서 자기를 찾아온 부자 청년에게 그의 모든 소유를 팔아 가난한 자들에게 주고 와서 “나를 좇으라.”고 하셨지만 그는 재물이 많은 사람이었기 때문에 예수를 따르지 못하고 결국 슬픈 기색을 띠고 물러가고 말았다. 전후 문맥을 통해 볼 때, 예수를 좇는 것은 단지 ‘하늘의 보화(마가복음 10:21)’를 얻는 것뿐만 아니라 ‘하나님 나라에 들어가는 일(마가복음 10:25)’과도 깊은 관련이 있다. 예수를 따르는 일은 다른 어떤 것과도 바꿀 수 없는 궁극적인 가치이다. 그를 따라가기 위해서는 때로는 자신의 소유를 포기하고 인간적인 옛 관계들을 끊어 버려야 할 때도 있다. 부자 청년은 그 일을 하지 못했다.

결국 하나님 나라에 들어가려면 먼저 예수님께서 고난당하는 인자와 메시아라는 사실을 알아야 하고, 죄에 대해서는 민감하여 죄를 짓느니 차라리 자신의 눈이라도 뺄 것처럼 굳은 결심을 내려야 하며(마가복음 9:47), 어린아이처럼 겸손하고 지위와 명예를 추구하지 않아야 하며, 필요할 때 자신의 부와 옛 인간관계들을 끊어 버릴 준비가 되어 있어야 한다. 그리고 남들보다 높아져 그들 위에 군림하려는 욕망을 버리고 도리어 섬기는 종의 태도를 가져야만 한다. 이들이 하나님 나라의 구성원이 될 수 있는 사람들이다. 하나님 나라는 또한 예수님의 나라이기 때문에 천국의 구성원이 되려면 예수님의 인격과 교훈에 헌신하는 사람들이 되어야 한다. 회개는 예수님께서 하나님의 아들이심을 믿고 그가 전하신 복음을 받아들이는, 전인적이고 전폭적인 헌신을 뜻한다. 하나님 나라는 이런 반응을 보이는 사람들이 들어가는 영역이며, 예수님 자신의 순종과 섬김의 삶을 재현하는 사람들이 들어가는 질서이다(이한수, 1992).

(4) 예수님의 나라

하나님 나라는 하나님 아들의 나라이다. 예수님께서는 하나님의 아들로서 하나님 자신의 권한을 행사하신다. 그는 하나님만이 소유하고 있는 죄 용서의 권한을 주장하고 선언하셨으며(마가복음 2:7-10), 안식일의 주인은 하나님 자신임에도 자신이 곧 안식일의 주인이라고 주장하셨다(마가복음 2:28). 하나님께서는 더 이상 선지자들을 보내지 않고 자신의 아들을 직접 보내셨다(마가복음 12:6). 하나님의 아들은 이렇게 아버지로부터 모든 권세를 넘겨 받았기 때문에(마태복음 11:27; 28:18), 하나님 나라는 곧 예수님의 나라, 인자의 나라이다. 따라서 하나님께서 왕이라고 불리는 것처럼, 예수님께서도 왕으로 불린다(마가복음 15:9, 12, 26).

그러므로 예수님과 바른 인격적인 관계를 맺지 못하면 하나님 나라에 들어갈 수가 없다. 예수님께서 교훈하신 비유의 말씀을 바로 깨닫는 자는 '하나님 나라의 비밀'이 주어진 자이며(마가복음 3:11), 하나님 나라가 가져올 축복들 중 하나인 죄 용서를 이미 경험한 사람이다(마가복음 3:12). '씨 뿌리는 자의 비유'가 교훈하는 핵심 내용은 예수님의 말씀을 듣고 삼십 배와 육십 배와 백 배의 결실을 맺는 일과 관련이 있다(마가복음 4:13-20). 이 비유는 누가 예수의 참 가족인가라는 질문에 대한 예수의 답변과 깊은 관련이 있다. 예수님의 참 가족은 '하나님의 뜻대로 행하는 자'이다(마가복음 3:33-35). 그렇다면 예수님의 말씀은 곧 하나님의 뜻이며, 예수님의 말씀을 듣고 행하는 사람이 곧 예수님의 참 가족이며 하나님 나라의 구성원이 될 수 있다는 것을 뜻한다.[7)]

2) 하나님 나라 운동의 개념

앞서 말한 대로, 하나님 나라 운동은 예수님께서 선포하신 하나님 나라를 구현해 나가는 활동이며 다른 말로 '복음화'라고 할 수 있다. 사실 지금까지 교회에서 복음화란 소위 보수적인 신학 및 내세지향적인 측면에서 복음의 원리를 기계적으로 내면화하는 과정으로 종종 이해되었다. 하지만 하나님 나라 운동을 복음화로 보게 되면, 복음화는 다음과 같이 새롭게 이해될 수 있다.

---

7) 어떤 사람들이 예수님께서 만져 주시기를 바라고 어린아이들을 데려왔다. 그러나 제자들이 도리어 꾸짖으면서 데려오지 못하도록 방해하였다. 이때 예수님께서는 "어린아이들이 내게 오는 것을 용납하고 금하지 말라. 하나님의 나라가 이런 자의 것이니라(마가복음 10:14)."고 말씀하셨다. 여기서 예수님께 '오는' 것이 하나님 나라를 소유하는 것과 동일시되고 있다(이한수, 1992). 예수님과 바른 관계를 맺지 못한 사람은 결코 하나님 나라의 구성원이 될 수 없다. 예수님 없는 하나님 나라란 결코 있을 수 없다. 뿐만 아니라 어린아이들처럼 하나님 나라를 '받들지 아니하면' 하나님 나라에 들어갈 수도 없다(마가복음 10:15). 하나님 나라에 들어가기 위해서는 어린아이처럼 겸손해야 하며, 열두 제자들처럼 어떤 지위나 명예를 구해서는 안 된다. 하나님 나라는 바로 어린아이들처럼 살아가는 사람들이 들어가는 곳이다.

(1) 기독교적 자아정체감의 형성

복음화는 예수 그리스도와의 인격적인 만남과 관계성을 증진시킴으로써 신자로 하여금 기독교적 자아정체감을 형성해 나가는 과정이다. 즉 복음화는 예수 그리스도와의 인격적 사귐을 통해 세상 속에서 그리스도인의 자아정체감을 갖고 복음을 실천하도록 이끄는 것이다.

(2) 세상을 향한 진군과 변혁

복음화는 사람들로 하여금 신앙공동체 속으로 들어오도록 끌어들이는 데 그 목적이 있는 것이 아니라 오히려 신자들을 교회 밖 세상으로 이끌어내는 데 그 목적이 있다. 그럼으로써 신자들로 하여금 세상을 변혁시켜 나가는 주체가 되게끔 한다. 특히 종말을 선포하고 가르치는 종말론적 공동체로서, 다양한 은사를 갖고 있는 믿음의 사람들로 결속된 은사공동체로서, 세상의 악과 싸우는 해방공동체로서 교회와 신자는 세상을 하나님 나라로 변화시켜 가야 할 책임을 소명으로 부여받고 있다. 이 소명적인 사명을 삶 속에서 실천하고자 하는 것이 하나님 나라 운동이며 바로 복음화이다.

(3) 전도와 성숙

복음화는 그리스도와 복음을 잘 모르는 사람들에게 복음을 전하는 것일 뿐만 아니라 더 나아가 이미 복음을 알고 있는 사람들로 하여금 더욱 깊고 높은 신앙의 성숙에 이르도록 격려하면서 동시에 그렇게 되게끔 하는 것이다. 예수님을 영접하는 것은 일회적인 순간을 통해서 이루어질 수 있지만 성숙을 향한 성화의 과정은 마치 선승(禪僧)들이 화두를 붙잡고 지속적인 번민의 과정을 가지듯이 그렇게 쉽지는 않다. 성숙은 점진적인 성화의 과정을 통해서 이루어질 수 있는 것이다. 하나님 나라도 성화와 같이 더디게 이루어져 갈 수 있다. 어쨌든 하나님 나라를 이루기 위한 복음화는 전도와 성숙을 추구해 나감으로써 점차 가능하게 된다.

2. 이 땅에 하나님 나라를 실현하기 위한 방법

1) '사회정의' 구현

'사회정의' 구현이라고 하니까 과거 전두환 대통령 시절의 국정 구호를 떠올릴지도 모르겠다. 아마도 "정의사회 구현"이었을 것이다. 물론 여기서 말하고자 하는 사회정의 구현과 제5공화국의 그것은 전혀 관계가 없다.

'사회정의'라는 말은 〈창세기〉에서부터 〈요한계시록〉에 이르기까지 이 세상을 바로잡고자 하는 하나님의 의도를 뜻한다(톰 라이트 저, 양혜원 역, 2009). 그 하나님의 의도는 과거에 있었던 예수님의 부활과 미래에 있을 하나님의 새로운 세상 사이에서 의식을 가지고 사회적 무관심에서 벗어나야 함을 전제하고 있다. 예수 그리스도가 부활했기 때문에 하나님 나라는 이미 현재에 도래한 것이고, 장차 이루어질 완전한 하나님 나라를 만들어 가는 것이다. 그러므로 현재의 사회정의를 위해서 수행되는 구체적인 활동들은 하나님 나라를 건설하기 위한 선교와 목회 활동이라고 할 수 있다. 이런 관점에서 볼 때, 이를테면 빈곤한 장애인들에 대한 경제적 대책을 수립하는 일[8)]이며 장애인을 양산할 수밖에 없는 오염된 환경에 대한 생태학적 책임에 대한 개입 등은 사회정의를 구현하는 교회사역의 실질적인 방법들이 될 수 있다.

실제로 예수님께서 활동하셨던 1세기 사회에서 예수님의 하나님 나라 선포와 그 속에서 분명하게 말씀하셨던 부활의 교리는 그 당시로서는 매우 파격적이며 혁명적인 교리였다. 당연히 당시의 기득권자였던 사두개인들은 부활의 교리가 자신들의 위치를 위협한다고 받아들였다. 그들은 부활이, 하나님이 이 세상을 뒤집으신다는 것을 뜻함을 알았다. 왜냐하면 부활은 유배로부터의 참된 귀환, 억압과 노예생활로부터의 위대한 해방, 이스라엘이 그토록 갈망하던 그 해방을 상징적으로 모두 말해주고 있는 구약성경에서부터 이미 예언

8) 능률과 생산이라는 가치를 높이 사는 21세기 고도 자본주의 사회에서 장애인 계층은 필연적으로 무능력자와 사회적 낙오자로 전락될 수밖에 없고, 비장애인 위주의 사회구조와 의식이 더욱 심화되어 갈수록 장애인은 정상인처럼 살고 싶다는 허위의식과 인간다운 생활의 최저수준도 미치지 못하는 열악한 상황에서 불만과 좌절은 더욱 커지고 급기야 사회문제로 발전하게 된다. 더욱이 경제적 빈곤의 가장 큰 요인이라고 할 수 있는 장애인 고용은 아직도 활성화되지 못하고 있다. 장애인을 고용하는 기업이 있다고 하더라도 터무니없이 싼 임금을 강요하거나 마지못해 기업의 이미지 제고나 벌금으로 내야 하는 고용부담금 등의 이유 때문인 경우를 종종 보게 된다. 이와 같은 저조한 장애인 고용 현실은 장애인의 빈약한 직업생활로 이어지고 이는 또다시 필연적으로 경제적 빈곤으로 연결되어 결과적으로 장애인들을 사회적 하위계층으로 전락하게끔 하는 악순환을 되풀이시키고 있다. 또한 경제적 빈곤과 함께 장애인들을 더욱 서글프게 만드는 것은 그들에 대한 사회의 인식부족과 그로 인한 사회적 냉대이다. 장애인들에 대한 비장애인들의 상대적인 우월감과 장애인들에 대한 무관심, 그리고 이기심 등이 복합적으로 작용하여 장애인들을 냉대하고 배척한다. 더욱이 타락한 이 사회를 참된 그리스도의 사랑으로 변화시켜야 할 교회마저도 아니 그리스도인마저도 이와 같이 장애인들을 소외시킬 때가 많다.

되었던 바로 그 말이었기 때문이었다(톰 라이트 저, 양혜원 역, 2009).

그러므로 부활의 복음은 해방의 복음이다. 사도 바울은 그리스도 안에서 이루어진 하나님의 나라 혹은 새 창조에서는 옛 창조의 전형적인 세 가지의 차별적 구분들이 다 해소되었다고 선언한다(김세윤, 2003). 즉 유대인과 이방인 간의 인종적 그리고 구원사적 구분, 남자와 여자 간의 성적 구분, 그리고 상전과 노예 간의 사회신분적 구분이 해소되었다는 것이다(갈라디아서 3:28). 그리스도 안에서의 새 창조의 질서를 표현하는 것이 하나님 나라 운동이라면 하나님 나라 운동에 기반한 선교와 목회 활동은 이런 신분적 · 성적 · 인종적 구분에 의한 차별을 제거해 나가야 하며 장애와 비장애 간의 차별이 가져오는 불의와 억압을 없애도록 해야 하는 것이다. 이것이 '사회정의'의 구현이며 이를 통해 빈곤과 남녀 간, 연령 간, 또한 장애 등이 해방되고, 약하고 가난한 사람들의 인권이 증진될 수 있다.

2) 아름다움의 회복

복음이 전파되고 구원받은 하나님의 자녀가 되면 심미적인 인식과 예술적 창조성 등이 회복될 수 있다. 하나님의 은총을 입게 되면 누구라도 창조하는 사람이 될 수 있으며 놀라운 예술적 재능을 발휘할 수 있게 된다. 그 이유는 사람은 하나님의 형상이기 때문이다. 예수님께서 새 창조의 첫 번째 사례이면서 동시에 강력한 능력으로 죽은 자 가운데서 부활하셨을 때, 그 못 자국은 단지 예수님의 손과 발에 남아 있는 가시적인 흔적만은 아니었을 것이다. 그 못 자국은 예수님을 알아볼 수 있는 십자가 사건을 경험해야만 하셨던 그분의 상징이며 표시였다고 할 수 있다(톰 라이트 저, 양혜원 역, 2009).

그러므로 예수님을 믿게 되면 그 어떤 고통과 어려움 속에 있다고 해도 심지어 장애를 갖고 있다고 해도 뛰어난 창의력을 발휘할 수 있다. 이를테면 장애가 고통과 상처의 흔적으로만 머물지 않고, 아름다움으로 승화할 수 있다면 장애는 찬란한 부활의 영광이 될 것이다. 이처럼 예술이 이 세상의 상처와 부활의 약속 모두를 다룰 수 있게 되고 동시에 그 두 가지 모두를 표현하고 거기에 반응하는 법을 배우게 될 때, 우리는 새로운 비전, 새로운 임무를 향해 가는 길에 설 수 있게 될 것이다.

이를 위해서 교인들로 하여금 진지하면서도 참신한 상상력을 가지게끔 교회는 지원할 필요가 있다. 십자가를 향한 간절한 묵상과 기도로 시작되는 상상력, 부활을 통해 자신의 아름다운 창조세계를 심판하시면서 동시에 다시 긍정하시는 하나님의 신비를 분별하는 상상력이 필요하다. 이렇게 상상력을 배양하면서 적극적으로 기독교인 예술가를 양성하고, 이를 아름다움으로 창출해내는 일은 하나님 나라 건설에 매우 유용한 선교와 목회의 한 방법이 될 것이다.

3) 예배

기독교인의 삶에서 예배는 시계의 큰 태엽과 같고, 자동차의 엔진과 같다. 그러므로 예배는 한 장소나 시간 또는 우리 삶의 한 부분으로 고립되거나 밀려나서는 안 된다. 이기적이고 육적인 삶을 살면서 말로만 하나님께 감사하고 찬양할 수는 없다. 그러한 노력은 왜곡된 것이다. 진정한 예배의 행위는 끊임없이 예배하는 삶에서 흘러나와야만 한다(존 맥아더 지음, 유정희 역, 2013).

하지만 오늘날 수많은 교회들이 교회의 사역 안에서 행해지는 모든 활동 속에서 안타깝게도 예배의 요소가 많이 사라지고 있다. 사역을 중시하는 데 비해 정작 예배는 중시하지 않는 경향이 있다. 지나칠 정도로 실용적이면서 오로지 무엇이 효과가 있는지만 알고 싶어 하는 반면, 하나님께서 믿음의 자녀들에게 주신 소명은 쉽게 무시해버린다. 예배는 믿음의 사람들에게 주시는 소명을 깨닫고 확인하며 순종할 힘을 얻는 소중한 삶의 활동이다.

하나님께서 진정으로 기뻐하실 예배는 말씀이 충만하고 희생적이며 적극적일 뿐만 아니라 생산적이다. 하나님은 순수한 예배, 사람들이 함께 더불어 교제하며 선을 행하는 가운데 하나님께 찬양과 경배를 드림으로써 삶의 모든 면에 지속적으로 나타나는 예배이다. 이런 예배야말로 하나님 나라를 건설하는 데에 매우 유용한 방법이 된다.

4) 전도

전도는 예수님께서 직접 행하셨고, 제자들에게 본을 보이시며 하라고 명령하셨고, 승천하시면서 다시 오실 때까지 모든 하나님의 자녀들에게 주신 '지상명령(The Greatest Commandment)'이다. 예수님께서 제자들에게 제자 삼으라고 주신 위임명령이기도 하다. 하나님의 뜻은 하나님의 나라가 이 땅에 펼쳐지는 것이며, 그 방법은 전도로 가능하다.

예수님께서는 〈요한복음〉 15장 26절부터 27절에서 증거의 영 곧 성령을 약속하였고, 〈사도행전〉 1장 8절에서 전도할 수 있도록 힘을 주시는 분 즉, 성령의 권능을 약속하셨다. 〈사도행전〉 2장 1절에서 4절까지 보면, 성령 충만을 통하여 증인들은 은사를 받고 전도하는 삶을 살기 시작하여 〈사도행전〉 7장 59절에서 순교를 당하기까지 전도하는 삶을 살았다. 〈사도행전〉 2장 38절과 8장 39절 그리고 10장 47절에서 성령은 제자들의 전도를 통하여 역사하기 시작하였고, 제자들을 이끌어내어 인간의 편견과 종교적 선입관, 인종적 벽을 허물어 복음을 전하도록 하셨다. 따라서 전도는 단지 구원의 확신을 체험한 사람들의 감격적인 활동에서 그치는 것이 아니라, 성령이신 하나님의 직접적인 역사이며 활동이고, 하나님 나라의 확장 운동이며, 인간의 죄악으로 무너졌던 하나됨을 회복시키는 종말론적 성취일 뿐만 아니라, 〈요한복음〉 17장에 나오는 예수님의 대제사장적 기도를 이루는 하나님의 일인 것이다.

5) 기도

기도는 하나님과의 영적인 호흡을 뜻한다. 하나님과의 소통이 없는 인생, 바른 영성적인 호흡이 막혀버린 사람은 영적으로 곤고해지거나 죽을 수밖에 없다. 그러므로 그리스도인들이 해야 할 필수적인 일은 기도하는 것이다. 그런데 기도는 바르게 배워야 한다. 오직 예수님만이 바른 기도가 어떤 것인가를 가르쳐 주실 수 있다. 주님께서는 제자들의 요청에 따라 주기도문을 가르쳐 주셨다. 주기도문은 그 자체가 완전한 기도다. 주기도문은 우리 기도의 지침이다. 그렇다면 주님께서는 왜 제자들에게 주님의 기도를 가르쳐 주셨을까?

> 또 기도할 때에 이방인과 같이 중언부언하지 말라. 그들은 말을 많이 하여야 들으실 줄 생각하느니라. 그러므로 그들을 본받지 말라. 구하기 전에 너희에게 있어야 할 것을 하나님 너희 아버지께서 아시느니라. (마태복음 6:7-8)

주님 보시기에 당시 유대인들의 기도는 우상을 섬기는 이방인들과 똑같았다. 그들이 같은 내용의 기도를 계속 중언부언 되풀이했기 때문이다.

왜 그들이 중언부언했을까? 하나님께서 자기 기도를 들으셨다는 믿음이 없는 까닭이었다. 기도의 대상이 되는 분이 자신의 기도를 확실히 들었다고 생각하면 중언부언할 이유가 없다. 이방인들은 나무나 돌 혹은 쇠붙이로 만든 우상을 놓고 기도했기에 계속 똑같은 내용을 반복할 수밖에 없었다. 자기 기도를 들었다는 확신을 갖지 못했기 때문이었다. 그런데 살아계신 하나님을 믿는다는 유대인들의 기도도 마찬가지였다. 말하자면 하나님의 선민이라고 하는 유대인들도 의심하면서 기도한 것이다. 그래서 주님께서는 제자들에게 바른 기도를 가르쳐 주신 것이다.

그러므로 너희는 이렇게 기도하라. 하늘에 계신 우리 아버지여 이름이 거룩히 여김을 받으시오며. (마태복음 6:9)

주님께서 주기도문을 가르쳐 주시는 목적을 우리는 '그러므로'로 시작하는 접속사를 통해 구체적으로 이해할 수 있다. 이것은 그 앞뒤의 구절이 서로 밀접하게 연결되어 있다는 의미이다. 그 앞 구절의 내용은 조금 전에 살펴본 것처럼 "그러므로 그들을 본받지 말라 구하기 전에 너희에게 있어야 할 것을 하나님 너희 아버지께서 아시느니라(마태복음 6:8)." 이다. 하나님께서 우리에게 있어야 할 것을 다 아시므로, '그러므로' 주님께서 가르쳐 주시는 것처럼 기도하라는 것이다. 더 이상 자기의 필요를 위해서 욕심대로 중언부언하지 말고 믿음의 기초 위에서 기도의 수준을 높이라는 의미이다. 기도의 수준을 향상시키는 것, 바로 이것이 주님께서 주기도문을 제자들과 오늘 이 시대의 성도들에게 주신 가장 핵심적인 목적이다.

이렇게 볼 때, 기도는 하나님 나라를 이 땅에 실현해 나가는 데에 반드시 필요한 중요한 방법이 된다. 주기도문을 통해서 기도를 가르쳐 주신 주님의 목적은 이 세상에 하나님의 나라를 실현해 나가야 할 기독교인의 삶의 목적과도 동일하다. 기도는 하나님의 나라를 체험하고 그 나라를 완성시켜 나가는 귀한 도구인 것이다. 특히 '나라가 임하시오며'라는 내용은 바로 주기도문의 핵심이라고 할 수 있다. 그 기도가 주기도문의 가장 큰 주제가 된다는 것이다. 기독교인은 하나님 나라를 소망하며 하나님 나라를 이루어 가는 사람들이다.

앞서도 언급했듯이 예수님을 믿으면 심령 속에 하나님 나라가 이루어진다. 바로 '심상 천국'이다. 〈로마서〉 14장 17절을 보면 하나님의 나라가 심령 속에 이루어지게 되면 그 나라의 특성은 의와 평강과 희락이라고 했다.

> 하나님의 나라는 먹는 것과 마시는 것이 아니요. 오직 성령 안에 있는 의와 평강과 희락이라. (로마서 14:17)

기독교인의 마음속에 심상 천국이 이루어지면 하나님의 의를 추구하게 된다. 주님께서 주시는 평강으로 가득 찬 평화의 삶을 살게 된다. 기쁨이 충만한 생활을 하게 된다. 기독교인은 이 심상 천국을 실현한 힘을 가지고 우리가 사는 이 땅을 지상 천국으로 즉 이 땅 위에 하나님 나라를 건설하기 위해 노력해야 한다. 하지만 완전한 하나님 나라는 저 천상 천국이 도래해야만 이루어진다. 그러므로 "나라가 임하시오며."라는 것은 심상 천국, 지상 천국, 천상 천국을 우리에게 허락해 달라는 기도이다. 그래서 그다음에 나오는 주기도문은 "뜻이 하늘에서 이루어진 것 같이 땅에서도 이루어지이다."이다. 즉 하나님께서 원하시는 그 뜻이 이 땅에 이루어지게 해 달라는 것이다. 천상 천국의 모습을 지상 천국에서 이룰 수 있게 해 달라는 기도이다. 결국 기도는 하나님 나라를 실현하기 위해 꼭 필요한 방법들 중 하나인 것이다.

6) 민주주의 실현

하나님 나라 백성은 예수님의 말씀을 통해 하나님 나라의 새로운 질서가 칠흑과 같은 이 땅에 이루어지도록 분투하는 것이다. 우리는 "하나님 나라가 임하게 하여 주시옵소서."라고 기도하면서 동시에 하나님의 뜻이 하늘에서 이루어진 것 같이 땅에서 이루어질 것을 위해 분투해야 한다. 하나님 나라의 새로운 질서가 세상 나라의 낡은 체제를 전복시키려면 하나님 나라 백성인 우리는 이 땅의 모든 영역에서 이 시대의 지배적인 가치와 결탁하지 않아야 한다. 하나님 나라는 정치적인 나라들과 세력들에 대항하여 도발하는 새로운 정치이다. 그리고 그 정치와 가장 근접하다고 볼 수 있는 이 세상의 '정치 및 사회 이념'이 바로 '민주주의'라고 할 수 있다.

그런데 성경에는 민주주의(민주정치, 민주정, 다수결 원칙 등)란 말은 한 군데도 나오지 않는다. 물론 민주주의란 개념이 근대 시민혁명 이후에 활발히 사용되었고, 고대 그리스에서 민주주의 개념은 성경이 완성될 무렵에는 아직 전달되지 않았을 것으로 생각된다. 다만 민주주의와 대응되는 개념이라 할 수 있는 인권, 억압, 탄압 등의 용어는 성경에 자주 등장한다.

그렇다면 무슨 근거로 하나님 나라의 정치체제와 가장 유사한 것을 민주주의로 말하는가? 여기에 대한 답은 민주주의의 기본적인 개념을 성경적 관점에서 살펴보면 쉽게 정리할 수 있다.

(1) '민주주의'의 개념

본래 민주주의(民主主義, democracy)란 국민이 주권을 행사하는 정치 형태이며, 이는 그리스어의 '데모스(demos)'와 '크라토스(kratos)'의 합성어로 '시민에 의한 지배'를 의미한다. 초기 그리스에서는 모든 국민이 다수결의 원칙 아래 정치적 결정에 직접 권한을 행사하는 정부 형태로 '직접민주주의'가 적용되었다.

민주주의의 개념은 현대에 이르러 다음과 같은 다양한 의미로 사용되고 있다.

첫째, 정치적 의사결정권이 다수지배의 원칙에 따라 전체 시민에 의하여 행사되는 통치형태로 흔히 '직접 민주주의'라고 알려져 있다.

둘째, 정치적 의사결정권이 일반 시민들이 선출하고 일반 시민들에 대해 책임을 지는 대표자들에 의해서 행사되는 이른바 '대의제 민주주의'이다.

셋째, 대의제 민주주의의 제반 요소와 더불어 시민들이 언론 · 출판 · 종교의 자유와 같은 기본적인 인권을 향유할 수 있도록 헌법상의 제한이 마련되고 있는 자유주의적 · 입헌주의적 민주주의를 의미한다.

넷째, 사유재산의 불공정한 분배에서 파생하는 사회·경제적 불평등을 최소화하는 데 초점을 맞춘 정치사회적 체제의 민주주의를 말한다.

다섯째 유형의 경우는 '사회적 · 경제적 민주주의'로서 국민의 복리증진과 경제적 안정 등을 우선적으로 표방하는 정치체제를 말한다.

또한 민주주의가 유지되기 위한 필수 요건으로는 다음과 같이 대략 여섯 가지가 지적되고 있다.

첫째, 국민은 1인 1표의 보통 선거권을 통하여 절대 권한을 행사할 수 있어야 한다.

둘째, 적어도 2개 이상의 정당들이 선거에서 정치 강령과 후보들을 내세울 수 있어야 한다.

셋째, 국가는 모든 구성원의 민권(民權)을 보장하여야 하는데, 이 민권에는 출판 · 결사 · 언론의 자유가 포함되며 적법 절차 없이 국민을 체포 · 구금할 수 없다.

넷째, 정부의 시책은 국민의 복리 증진을 위한 것이어야 한다.

다섯째, 국가는 효율적인 지도력과 책임 있는 비판을 보장하여야 한다. 정부 관리들과 공직자들은 계속적으로 의회와 언론에서 반대의견을 들을 수 있어야 하고, 모든 시민은 독립된 사법제도의 보호를 받아야 한다.

여섯째, 정권교체는 평화적 방법으로 이루어져야 한다.

(2) 하나님 나라의 정치방식에 따른 교회의 역할

이상에서 다룬 민주주의의 개념은 성경적인 하나님 나라의 정치방식과 상당히 유사하다. 다만 확연하게 다른 것은 완전하시고 완벽하신 하나님의 주권하에서 이루어지는 민주주의가 하나님의 나라라면 세상은 그 절대적인 기준이 없이 민주주의가 실행되고 있다는 것이다.

다시 말해 하나님의 뜻이 담겨진 말씀, 즉 성경이라는 분명한 기준과 원칙하에서 이루어지는 평등과 공평, 정의 등의 구현이 실제로 이루어지는 것이 하나님 나라인데 반해 그와 같은 기준과 원칙이 다수결에 따라 언제든 변경될 수 있다는 현실이 이 세상의 민주주의인 것이다.

그럼에도 민주주의가 실행되는 방식은 결과적으로 하나님 나라에서 운행되는 모습과 대단히 흡사하다. 그래서 이 세상의 민주주의를 교회는 잘 활용해야 한다. 그리고 이를 활용해야 할 교회는 하나님 나라의 관점, 즉 성경적 관점에 따라 기독교적 생각과 의견을 만들고 이 땅에 바람직한 성경적 여론을 형성해야 한다. 그리고 그 여론이 많은 국민들의 공감을 얻을 수 있도록 노력해야 한다.

보다 구체적으로 한 가지 예를 들면, 기독교인은 기독교적 가치와 도덕성에 따라 적극적으로 투표해야 한다는 것이다. 오랜 세월 동안 특별한 몇몇 사람들에 의해서 국가적 결정들이 독점되고 있을 때, 모든 사람들이 함께 참여하는 보통선거를 이루고자 얼마나 많은 사람이 피를 흘렸는지 모른다. 여성들이 투표하게 된 것은 1900년대에 와서야 간신히 달성된 것이다. 사실 세상을 바꾸는 일이야말로 교회의 사명이자 역할이다. 교회는 세상의 빛과 소금이기 때문이다. 선거가 세상을 바꾸는 데 중요한 역할을 한다고 말할 순 없지만, 민주주의 속에서 믿음의 시민들이 관심을 둬야 할 부분인 것은 분명하다. 그러므로 기독교인들은 꼭 투표해야 한다. 누가 기독교 가치에 합당한가를 보아야 한다.

(3) 민주주의와 기독교 원리

교회에서 사용하는 민주주의란 민주주의의 본래의 의미를 크게 축소하여 극히 부분적인 내용만을 제한적으로 사용하는 경우가 있다. 교회에서의 민주주의란 단지 다수결의 원칙을 의미하는 경우가 많다. 민주주의를 논할 때 우리는 먼저 '민주주의의 원리 또는 근본사상의 차원'과 그 민주주의를 실천하기 위한 '방법 혹은 과정의 차원'을 구분하여 생각할 필요가 있다. 다수결이나 1인 1표제 등은 그 후자인 방법상의 차원이라 할 수 있다. 세부적이고 상대적으로 작은 방법상 차원의 문제를 가지고 원리와 근본사상까지를 문제시하는 것은 사안을 바로 보는 접근이라고 할 수 없을 것이다.

민주주의는 오랜 역사와 긴 투쟁을 통해 얻어진 하나님의 영으로 지음받은 인류가 발견한 것으로 현재까지는 최고의 제도로 평가되며, 다양한 원리와 근본사상을 내포하고 있다.

첫째, 민주주의의 가장 중요한 원리 또는 가치는 인권을 들 수 있다. 인권이란 '사람이 사람답게 살기 위해 필요한 것이며 당연히 인정된 기본적 권리'를 말한다. 인권에는 모든 개인에게 보편적으로 해당하는 광범위한 가치가 포함된다. 인권의 개념은 헬레니즘 시대의 스토아학파의 자연법사상에서 유래했다. 스토아학파는 모든 창조물에는 어떤 보편적인 힘이 스며들어 있기 때문에 인간의 행동은 자연법과 만민법에 따라 평가되어야 한다고 보았다.

만민법은 로마 시민의 권리를 넘어서는 보편적인 권리들을 담은 것으로 노예와 농노에게도 적용됐다. 인권이 보편적인 사회적 요구와 현실로 받아들여진 것은 르네상스에서부터 17세기에 이르는 기간이다. 토마스 아퀴나스(Thomas Aquinas), 그로티우스(Hugo Grotius)의 저술과 마그나 카르타(1215), 권리청원(1628), 영국의 권리장전(1689) 등은 "모든 사람은 태어나면서부터 타인에게 양도할 수 없는 고유한 권리를 가지고 있다."는 천부인권(天賦人權) 사상을 반영하고 있다. 이러한 사상은 동시에 국가의 모든 권력이 국민에게서 나온다는 주권재민(主權在民)의 사상으로 귀결된다.

둘째, 자유와 책임사상이다. 인간은 자유롭게 태어났으며 부당하게 외부로부터 자유를 박탈당하지 않는다는 것이다. 역사적으로 자유는 '~으로부터의 자유'에서 '~으로의 자유'로 발전해왔으며, 인권으로 대표되는 권리는 자유를 소극적인 측면으로 나타낸 것이라고 할 수 있다. 동시에 민주주의는 자유에 상응하는 책임을 요구하고 있다.

셋째, 평등사상이다. 고대의 노예와 중세의 농노 그리고 동양의 반상(班常)의 차이들이 용인되지 않고 모든 사람이 법 앞에 평등하며, 동등한 권리(참정권, 행복추구권, 환경권 등)를 누린다는 것이다.

넷째, 생명사상이다. 사람의 생명을 존중하고 함부로 죽이거나 해하지 못하게 한다. 오늘날 모든 민주국가들이 헌법에서 국민의 생존권과 생명권을 존중하고 있다.

다섯째, 박애사상을 들 수 있다. 시민혁명의 주장 중의 하나가 박애사상이다. 더불어 넓게 사랑하고 돕는 사상이라고 할 것이다. 나만의 욕심과 지나친 자유는 다른 사람의 행복을 저해할 수 있기 때문에 나와 더불어 남을 동시에 넓게 이해하고 사랑하는 지향점이라 할 수 있다.

이러한 민주주의 원칙들은 대부분 기독교적인 원리와 부합된다. 어찌 보면 이런 모든 사상의 원천이 바로 성경이며 하나님 나라의 관점으로 볼 수 있다.

먼저, 인권은 기독교의 기본 가르침임과 동시에 하나님 나라 운동의 궁극적인 지향점이다. 종이나 노예도 그들의 인격을 인정하고, 빚진 자들도 희년이 되면 자유로워진다. 십계명의 제5계명 이후의 계명들에는 인간의 인권을 존중하고 사랑하라는 하나님의 섭리와 가르침이 담겨져 있다. 그리고 이스라엘의 초대 왕인 사울과 2대 왕인 다윗도 하나님의 기름 부으심과 아울러 당시의 민중이라고 할 수 있는 야곱의 12지파들의 폭넓은 지지를 통해서 왕이 되었다. 이는 민주주의의 '주권재민(主權在民)'과 상치된다고 할 수 없을 것이다.

둘째, 자유와 책임에 대해 기독교는 더욱 근원적인 자유를 제시한다. 이 자유는 하나님 나라에서 온전하게 누리게 될 것이다. 성경은 "진리를 알지니 진리가 너희를 자유롭게 하리라(요한복음 8:32)."고 하시며 진정한 자유를 보여주신다. 예수님은 당시 소외받고 가난하고 병든 자들에게 영적으로 육적으로 참자유를 주셨다.

셋째, 예수님은 어린아이나 여자나 사마리아인이나 이방인이나 세리나 창기나 모두에게 복음을 주시고 가르치시며 평등한 하나님의 나라를 선포하셨다.

넷째, 예수님은 생명의 주인이시며 죽은 자를 살리시고, 스스로 예수님은 사망권세를 이기셨고, 사탄이 왕 노릇하는 세상을 이기시고 부활하셨다.

다섯째, 예수님은 가르침을 요약하여 "내 계명은 곧 내가 너희를 사랑한 것 같이 너희도 서로 사랑하라 하는 이것이니라(요한복음 15:12)."고 하셨고, "온 율법은 네 이웃 사랑하기를 네 자신 같이 하라 하신 한 말씀에 이루어졌나니(갈라디아서 5:14)"에서 보듯이 하나님 사랑과 이웃 사랑이 기독교의 핵심이다.

이렇게 기독교에서 일관되게 주장하고 있는 하나님 나라의 관점 속에는 이 세상에서 말하는 민주주의의 원리들이 모두 포함되어 있다.

민주주의란 어떤 국가나 조직에서 특정 개인이나 특정 기관, 단체에 권력이 집중되어 그 조직이 부패되고 파멸되거나 그 구성원의 정당한 권리가 박탈당하지 않도록 하는 제도라고 할 수 있다. 그 자체로 완벽하지 못하고 비효율적인 점도 있으나 유사 이래 인간이 만든 모든 제도 중에서 가장 덜 나쁜 것이 민주주의라고 할 수 있다. 정치, 경제, 사회, 문화 등 모든 분야에서 하나님의 정의가 세워지고, 공정한 규범들이 지켜진다. 더 나아가 사회적 약자들이 보호받도록 하는 것이 하나님 나라에서 가장 강조하는 요소라면, 건전한 민주주의를 확립하는 것은 하나님 나라를 완성해 나가는 하나의 실천이 아닐 수 없다.

7) 위기개입 성격의 적극적인 사회봉사

오늘날과 같이 사회복지제도가 발전된 경우, 교회 사회봉사는 공공복지의 부족한 부분을 채우는 수준으로 유용할 수 있다. 하지만 긴급한 위기상황에 처한 경우에는 보다 적극적으로 교회가 사회봉사를 해야 할 필요가 있다. 만약 교회가 위기상황에서 미온적으로 대처하면 정작 교회의 도움이 절실한 때라 할지라도 도움을 받지 못하게 된다. 결과적으로 생명이 손상되고, 생명이 소외될 수 있다. 이는 하나님 나라

운동이라는 차원에서 볼 때, 심각한 문제로 나타난다. 하나님 나라에서 인간의 생명은 하나님이 주신 존귀한 것으로 일시적인 구호나 구제의 대상이 되어서는 안 된다. 그 생명은 보호받고, 내일의 삶을 보장받아야 하는 하나님의 생명으로서 교회는 주님의 심정으로 그 모든 생명들을 살리고 보호하며 섬겨야 한다. 이를 위해서 교회는 다차원적으로 위기상황에서 위기개입 성격의 사회봉사를 실천해야 한다.

(1) 사회구조적인 봉사기능

지역사회에서 나타나는 소외계층, 취약계층의 발생 원인이 어디서부터 시작되었고, 이런 계층의 사회적 문제를 해결하기 위한 법적 · 제도적 장치가 되어 있는지 복음적 차원에서 검토하는 기능을 사회구조적 봉사기능이라고 할 수 있다. 물론 이런 구체적인 사회문제에 대한 영적 관찰은 어떻게 현존하는 제도가 개선되거나 개혁(reform)되어야 하고, 또 새로운 제도가 개발되어야 하는지를 깨닫게 한다. 교회는 지역사회 내에서 어떻게 이런 사회개선이나 개혁문제를 지역주민 대표와 함께 해결해 나갈 것인지를 생각해야 한다.

특히 지역주민의 의 · 식 · 주문제, 보건 · 의료문제, 교육 · 직업훈련문제, 취업과 수입유지문제, 보호문제, 오락 · 휴식문제는 지역사회에서 수행해야 하는 교회 사회봉사의 핵심적인 이슈들로서 하나님의 생명을 지켜주는 필수적인 요소들이다. 이런 의미에서 교회는 복음 전파에서 사회정의와 공의, 그리고 사회구성원의 평등과 자유 등의 내용을 실질적으로 담아내야 할 것이다.

예를 들면 개별 교회에서 문제시되는 지역사회의 문제는 노회를 거쳐 총회의 안건으로 제기되어야 한다. 총회는 하나님 나라를 대변하는 차원에서 사회에 대하여, 그리고 정부에 대하여 잘못된 점을 지적하고, 새로운 대안을 제시해야 한다. 이것은 정치적 선언이며, 사회를 향한 교회의 양심 선언일 뿐만 아니라 영적 선언이기도 하다. 교회 사회봉사에서 이러한 사회구조적 봉사기능은 하나님 나라 건설에 있어서 매우 중요한 의미를 갖는다고 본다. 교회가 제한된 서비스를 제공하는 것도 중요하지만 그러한 서비스가 하나님의 원칙에 입각하여 제도화되고 이로써 많은 사람이 도움을 받게 하는 거시적 안목과 접근도 필요하다.

(2) 사회구호적인 봉사기능

'구호'라는 용어는 시혜적인 느낌이 있어서 다소 조심스럽게 사용할 필요가 있다. 하지만 사회구호적인 봉사란 직접 사람들이 원하는 긴급한 욕구를 채워 준다는 개념으로 이해할 필요가 있다. 특히 현대사회에서 아무리 사회복지제도가 발전해 가고 있다고 해도 여전히 복지 사각지대는 존재하고 있으며 자연재해 내지 국가적 재난 상황은 언제든지 발생할 가능성이 있다. 그러므로 교회는 사회구호적인 봉사를 실시함에 있어 향후에는 보다 조직적이며 적극적인 전략에 의해 실천해 나가야 할 것이다.

따라서 교회가 하는 사회구호적인 봉사기능은 지역주민 또는 지역사회 내 가족을 복지의 객체로 생각할 때, 긴급하게 부족한 점을 보조해주는 보조적 서비스(supportive service),

빨리 채워야 하지만 지금은 없는 부분을 보충해주는 보충적 서비스(supplementary service), 그리고 있어야 하는데 없어서 시급히 대치해주어야 하는, 가령 가정 해체로 고아가 생길 때 가정을 대치해주는 일 등과 같은 대리적 서비스(substitutive service) 기능을 해야 한다.

TALK

1. 하나님 나라와 하나님 나라 운동의 개념은 무엇인가?
2. 민주주의 원칙과 기독교 원리의 공통점은 무엇인가?
3. 기독교인으로서 우리나라의 정치 · 사회 전반에 대해 그동안 무관심하지는 않았는지 돌아보고 어떻게 하면 삶의 모든 영역에서 하나님 나라를 실현해 나갈 수 있을지를 생각해보자.

| 참고문헌 |

강현정 · 전성은(2015). 거창고 아이들의 직업을 찾는 위대한 질문. 서울: 메디치미디어.

곽혜원(2014). 존엄한 삶, 존엄한 죽음. 서울: 새물결플러스.

김덕준 편저(1985). 기독교사회복지. 서울: 한국기독교사회복지학회.

김상섭(2009). 현대인의 교사 루소. 서울: 학지사.

김세윤(2003). 복음이란 무엇인가. 서울: 두란노.

김은식(2011). 자연과 인간을 연결해주는 학문 생태학. 네이버캐스트.

김재영(2010). 기독교 세계관 여행: 하나님 나라의 자유를 찾다. 서울: 국제제자훈련원.

김필수(2010). 통합적 리더십의 모델로서 느헤미야 연구. 구세군사관학교 100주년 기념 세미나 자료집.

맹용길(2006). 종교단체 환경지침서 I -기독교와 환경생명사상. 서울: (재) 한국환경민간단체진흥회.

민경배(2009). 한국교회의 사회사. 서울: 연세대학교출판부.

박영돈(2013). 일그러진 한국 교회의 얼굴. 서울: 한국기독학생회출판부.

양승훈(1999). 기독교 세계관의 이해와 적용. 서울: 도서출판 CUP.

양승훈(2012). 창조와 진화 : 진화론 비판과 창조 모델로 살펴본 생물의 기원. 서울: SFC출판부.

유장춘(2008). 영성적 사회복지를 위한 연구의 범위. 교회사회사업 7: 127-168.

윤갑수 · 전철민 · 박형순 · 이준우(2012). 기독교 이해. 고양: 서현사.

윤실(2013). 창세기의 과학 · 창조의 자연법칙 : 유신진화론자의 진화적 창조론. 서울: 전파과학사.

이준우(2014). 교회사회복지실천의 새 지평: 복지선교와 복지목회. 파주: 나남출판.

이한수(1992). 누가 예수의 제자들인가. 서울: 도서출판 대장간.

장경철(2001). 장경철 교수의 문화 읽기. 서울: 두란노.
전광식(1998). 학문의 숲길을 걷는 기쁨. 서울: 도서출판 CUP.
정수영(2014). 창조 신앙. 서울: 쿰란.
통계청(2010). 2010 인구주택총조사.
한국창조과학회(2010). 30가지 테마로 본 창조과학. 서울: 생명의말씀사.
환경부 · 기상청(2015). 한국 기후변화 평가보고서 2014.
Boldt, Laurence G. (1996). 내가 사랑하는 일. 이철민 역(1998). 서울: 좋은생각. How to Find the Work You Love.
Burns, James MacGregor. (2003). 역사를 바꾸는 리더십 : 변혁의 정치 리더십 연구. 조중빈 역(2006). 서울: 한국방송통신대학교출판부: 지식의날개. Transforming leadership : a new pursuit of happiness.
Burrows, W. (1978). 로마서(하). 이기문 역(1987). 서울: 기독교문사. (The) Preacher' s Complete Homiletic Commentary : On The Epistle of ST. Paul The Apostle to the Romans.
Giono, Jean, (1988). 나무를 심은 사람. 김경온 역(2005). 서울: 두레. L' homme qui plantait des arbres.
Grant, Anthony M., Leigh, Alison. (2010). 행복은 어디에서 오는가 : 한 나라의 행복지수를 뒤바꾼 초대형 심리 프로젝트. 정지현 역(2013). 서울: 비즈니스북스. Eight steps to happiness.
Guinness, Os. (2003). 20대, 당신을 향한 소명. 홍병룡 역(2009). 서울: 한국기독학생회출판부(IVP). Rising To The Call.
IPCC(2007). IPCC 제4차 평가보고서.
IPCC(2014). IPCC 제5차 평가종합보고서.
Kilby, Clyde S. (1995). C. S. 루이스의 기독교 세계. 양혜원 역(2006). 서울: 예영커뮤니케이션. (The) Christian world of C. S. Lewis.
Lewis, C. S. (1991). 네 가지 사랑. 이종태 역(2005). 서울: 홍성사. The four loves.
MacArthur, John. (2012). 예배 : 우리는 예배드리기 위해 구원받았다. 유정희 역(2013). 서울: 아가페북스. Worship.
Mcgrath, Alister E. (2013). 믿음이란 무엇인가. 양혜원 역(2014). 서울: 성서유니온. Faith and the Creeds.
Sagan, Dorion. & Volk, Tyler. (1959). 죽음과 섹스 : 생명은 어떻게 끝나고 다시 시작하는가? 김한영 역(2012). 파주: 동녘사이언스. Death.
Sire, James (1976). 기독교 세계관과 현대사상. 김헌수 역(2011). 서울:

한국기독학생회출판부. The universe Next Door: A Basic World View Catalog.

Stern, Nicholas. (2006). 스턴 보고서 요약본. 박년배 역(2006). 에너지관리공단. Stern Review on the Economics of Climate Change.

Stott, John R. W. (2006). 현대 사회 문제와 그리스도인의 책임. 정옥배 역(2011). 서울: 서울기독학생회출판부. Issues Facing Christians Today (4th ed.).

Tolstoy, Lev N. 톨스토이의 어떻게 살 것인가 : 톨스토이가 인류에게 전하는 인생의 지혜. 이선미 역(2014). 서울: 소울메이트.

Wolters, Albert M. (1985). Creation Regained: Biblical Basics for a Reformational Worldview. Grand Rapids: William B Eerdmans Publishing Co.

Wolters, Albert M., Goheen, Michael W. (2005). 창조 타락 구속. 양성만·홍병룡 역(2007). 서울: 한국기독학생회 출판부. Creation regained : biblical basics for a reformational worldview (2nd ed.).

Wright, Nicholas Thomas. (2008) 마침내 드러난 하나님 나라. 양혜원 역(2009). 서울 : 한국기독학생회. Surprised by hope.

Ziglar, Zig. (1982). 정상에서 만납시다. 이은정 역(2015). 서울: 산수야. See You At The Top.

▸ 기사 자료

연합뉴스(2015). '실직 · 재취업 실패' …… 일가족 살해사건, 시대의 자화상. (2015년 1월 6일자).

조선일보(2005). [600만 싱글의 힘] 사회를 바꾸는 '글로벌 트렌드' 〈1〉 한곳서 먹고 쉬고 즐기고 …… "결혼요? 인생의 옵션일 뿐". (2005년 6월 16일자).

한겨레(2005). 온난화 '재앙 시간표' 나왔다. (2005년 2월 4일자).

CBS노컷뉴스(2014). 대한민국 행복지수 세계 '74위' …… 우리 국민 14% "나는 행복하다". (2014년 9월 17일자).

폴리뉴스(2014). 직업 선택 요소 1위 '직업의 안정성' 고용안정-정년보장. (2014년 10월 28일자).

▸ 인터넷 사이트

기독교윤리실천운동. http://www.cemk.org.

기상청 기후변화정보센터. https://www.climate.go.kr.

네이버 지식백과. http://terms.naver.com.

네이버캐스트. http://navercast.naver.com.
좋은교사운동. http://www.goodteacher.org.
통계청 국가통계포털. http://kosis.kr.
한국생태학회. http://www.ecosk.org.
John Goddard 홈페이지. http://www.johngoddard.info.
한국고용정보원. http://www.keis.or.kr.

1. 설문지

학과　　　　　　　　　　　　　　　　성별　　　　　남/ 여

아래의 설문은 학생들의 신앙과 기독교 이해 교육을 위해 필요한 내용을 담고 있습니다. 성의껏 설문에 대답하여 주시기 바랍니다.
(이 설문은 기독교 이해 공통으로 강의에 참석한 학생들은 전원 제출해야 하며 리포트과제 점수에 반영합니다.)

1. 현재 학생의 종교는 무엇입니까?
   ① 기독교　② 천주교　③ 불교
   ④ 무교　⑤ 기타(　　　　　　)

2. (종교가 있는 학생들만) 나는 언제부터 종교생활을 시작하였습니까?
   ① 태어나면서　② 초등학교 이전부터　③ 초등학교 시절
   ④ 중학교 시절　⑤ 고등학교 시절

3. (종교가 없는 학생들만) 앞으로 종교생활을 위해서 자신이 원하는 종교는?
   ① 기독교　② 천주교　③ 불교
   ④ 이슬람교　⑤ 기타(　　　　　　)

4. 내가 생각하는 종교의 이미지는 무엇입니까? (5곳에 표시해주세요.)
   ① 사랑　② 독선　③ 희생　④ 기득권
   ⑤ 사회구제 및 봉사　⑥ 이기주의　⑦ 포용
   ⑧ 마음의 안정　⑨ 정의　⑩ 배타적　⑪ 비이성적
   ⑫ 공동체　⑬ 고난　⑭ 고리타분　⑮ 신뢰
   ⑯ 진보적　⑰ 보수적　⑱ 비리　⑲ 맹목적
   ⑳ 비합리적

5. (기독교신앙을 가지고 있는 학생들만) 나의 신앙의 정도는?
   ① 매주 교회 예배에만 출석하고 있다.
   ② 세례도 받았고 교회에서 봉사도 하고 있다.
   ③ 가끔 교회에 출석하고 있다.
   ④ 예수님을 위하여 헌신적으로 신앙생활을 하고 있다.

6. (기독교신앙을 가지지 않은 학생들만) 나의 기독교에 대한 관심은?
   ① 기독교에 대한 관심이 있고, 기회가 있으면 신앙생활을 하고 싶다.
   ② 세계 역사에 영향을 준 위대한 사상 중의 하나로 생각한다.
   ③ 한번도 교회에 가본 적도 없고 별 관심이 없다.
   ④ 다른 종교와 별반 차이가 없다.

7. 강남대학교가 기독교대학인지 알았습니까? 또한 '기독교 관련(채플, 기독교 이해)' 교과목이 있다는 것을 알고 있었습니까?
   ① 둘 다 알고 있었다. ② 알고 있었다, 모르고 있었다.
   ③ 모르고 있었다, 알고 있었다. ④ 둘 다 모르고 있었다.

8. 학생은 이번 강의를 통해 기독교를 얼마나 이해하고 인생관과 가치관 형성에 어느 정도 영향을 미칠 것이라고 생각하십니까?
   ① 매우 높다 ② 높다 ③ 보통이다 ④ 낮다 ⑤ 매우 낮다

9. 기독교를 통해서 얻고자 하는 것은?
   ① 올바른 가치관 함양 ② 마음의 평안 ③ 축복받는 삶
   ④ 섬김의 삶 ⑤ 새로운 인생의 변화

10. 이 강의를 위하여 제안하고 싶은 것이 있다면 적어주시기 바랍니다.

1. 리포트

학 부(과) : 학년 : 학번 : 이름 :

담당교수 : 제출일자 :

나는 하나님이 만드신 특별한 존재이다. 하나님께서 나를 만드신 목적이 무엇일지 생각해보고, 내가 해야 할 일에 대해 계획해보자.

2. 리포트

학 부(과) : 학년 : 학번 : 이름 :

담당교수 : 제출일자 :

하나님 나라는 이 땅에 있다. 기독교인이면 이 땅의 복지와 선교에 대한 개인의 생각을 말해보고, 기독교인이 아니라면 이 땅의 복지는 어떻게 이루어져야 할지 생각해보자.

[저자 약력]

이준우(李峻宇)
총신대학교 종교교육학과, 동 신학대학원 졸업
숭실대학교 대학원 사회복지학 석사·박사학위 취득
미국 사우스웨스턴침례신학대학원 목회학 박사과정 수료
강남대학교 사회복지전문대학원 교수
강남대학교 교목실장
강남대학교 부설 강남대학교회 담임목사
강남대학교 부설 한국위기상황스트레스관리(CISM)연구소 소장

윤승태(尹承泰)
루터대학교 신학과 졸업
강남대학교 일반대학원 신학 석사
주안대학원대학교 선교학 박사(Ph.D) 과정
강남대학교 교양학부 교수
강남대학교 교목
강남대학교 부설 강남대학교회 부목사

김은우(金垠祐)
강남대학교 신학과, 숭실대학교 철학과 졸업
백석대학교 신학대학원 졸업
연세대학교 교육대학원 교육학 석사
성균관대학교 대학원 교육철학 박사과정 수료
강남대학교 교양교수부 교수
강남대학교 부설 강남대학교회 교육목사

인지

기독교 이해 그리고 삶

2015년 2월 15일 1판 1쇄 인쇄
2015년 2월 25일 1판 1쇄 발행
2015년 8월 10일 1판 2쇄 발행
2019년 9월 16일 1판 3쇄 발행

저　자 이준우, 윤승태, 김은우
펴낸이 조재성
펴낸곳 서현사
등　록 2002년 8월 14일 제 03-01392호
주　소 경기도 고양시 일산동구 중앙로 1055번지 레이크하임 206호
전　화 031-919-6643
팩　스 031-912-6643
ISBN 978-89-94044-69-9 93230
정　가 16,000원

'이 책의 수익금은 기독학생 지원에 전부 사용됩니다.'